Na Ubook você tem acesso a este e outros milhares de títulos para ler e ouvir. Ilimitados!

## Audiobooks Podcasts Músicas Ebooks Notícias Revistas Séries & Docs

Junto com este livro, você ganhou **30 dias grátis** para experimentar a maior plataforma de audiotainment da América Latina.

Use o QR Code

**OU**

1. Acesse **ubook.com** e clique em Planos no menu superior.
2. Insira o código **GOUBOOK** no campo Voucher Promocional.
3. Conclua sua assinatura.

ubookapp

ubookapp

ubookapp

**ubook**
Paixão por contar histórias

# JASON LAURITSEN

# ALTA PERFORMANCE

## COMO ENGAJAR PESSOAS A ATINGIR SEU POTENCIAL MÁXIMO

TRADUÇÃO
UBK Publishing House

© 2018, Jason Lauritsen
Copyright da tradução © 2020, Ubook Editora S.A.

Publicado mediante acordo com Kogan Page Limited. Edição original do livro *Unlocking High Performance: How to use performance management to engage and empower employees to reach their full potential*, publicada por Kogan Page Limited.

Todos os direitos reservados. Nenhuma parte deste livro pode ser utilizada ou reproduzida sob quaisquer meios existentes sem autorização por escrito dos editores.

| | |
|---|---|
| COPIDESQUE | Janir Hollanda |
| REVISÃO | Lohaine Vimercate \| Larissa Salomé |
| CAPA E PROJETO GRÁFICO | Bruno Santos |
| IMAGEM DE CAPA | Bruno Santos |

Dados Internacionais de Catalogação na Publicação (CIP)
(Câmara Brasileira do Livro, SP, Brasil)

Lauritsen, Jason
  Alta performance : como engajar pessoas a atingir seu potencial máximo / Jason Lauritsen ; [tradução UBK Publishing House]. -- Rio de Janeiro : Ubook Editora, 2020.

  Título original: Unlocking high performance : how to use performance management to engage and empower employees to reach their full potential
  ISBN 978-85-9556-224-0

  1. Desempenho 2. Desempenho - Administração 3. Tecnologia de desempenho I. Título.

20-33303                        CDD-658.3125

**Ubook Editora S.A**
Av. das Américas, 500, Bloco 12, Salas 303/304,
Barra da Tijuca, Rio de Janeiro/RJ.
Cep.: 22.640-100
Tel.: (21) 3570-8150

*À minha mulher Angie, a melhor parceira
que eu podia pedir, e aos meus três filhos.
Eles são a razão de tudo o que faço.*

# Prefácio

**Por Cy Wakeman**

*Pesquisadora de teatro, autora best-seller do* The New York Times *com* Reality-Based Leadership *e* No Ego, *apresentadora do premiado* No Ego Podcast, *número dezenove na lista* Top Leadership Gurus *e combatente do mito da sabedoria da liderança convencional.*

Eu fico superentusiasmada com pessoas inteligentes e curiosas, que questionam o *status quo* e unem pesquisa e experiência para escrever livros incríveis. Fiquei muito animada quando li esta obra de Jason Lauritsen.

Devo admitir que raramente concordo em endossar ou escrever um prefácio para livros novos de recursos humanos e liderança. Não porque eu não acredite em apoiar meus colegas, mas porque raramente leio uma obra que vai ao encontro da minha própria pesquisa e fala a verdade sobre o que é falho no trabalho com maneiras aplicáveis para corrigi-lo. Este livro faz a diferença, e é uma honra escrever algumas palavras sobre o seu conteúdo e autor.

Primeiro de tudo, sou uma grande fã de Jason Lauritsen.

Nós nos conhecemos há anos, quando eu era consultora e ele líder de Recursos Humanos (RH), no que parecia ser um trabalho simples sobre a implementação de um sistema padrão de gerenciamento de talentos. Eu era meio que a rebelde do RH na época, pregando algumas coisas bastante inovadoras, e Jason era um profissional inteligente, ansioso e brilhante, disposto a fazer tudo para obter os melhores processos em vigor para sua organização. Por sorte, ele foi apoiado por um CEO jovem e genial que se preocupava com o futuro.

Sabe aqueles momentos da sua carreira em que você está convencido de que o universo orquestra as circunstâncias perfeitas para algumas descobertas incríveis para além da sua imaginação mais louca? Sim, foi exatamente o que aconteceu. Jason e eu questionamos, pensamos, dialogamos, planejamos, inovamos e criamos alguns processos e sistemas úteis para liberar o talento em sua organização. Foi significativo, uma explosão, o início de um grande relacionamento e compromisso para seguir em frente e tornar o trabalho melhor.

Alguns de vocês que conhecem o meu trabalho sabem que tenho meus preferidos, e Jason é um deles. Enquanto estávamos trabalhando juntos, ele se mostrou altamente responsável e um eterno caçador. Ele era curioso e um questionador do *status quo*, um sócio verdadeiro do negócio. Acertei ao escolhê-lo para me ajudar na minha pesquisa sobre como acabar com o direito em práticas de engajamento e encontrar maneiras de medir os níveis de responsabilização em indivíduos e organizações. Ele é uma das minhas pessoas de confiança para um bom debate e pensamento inovador.

Jason e eu nos tornamos parceiros no crime, contradizendo as abordagens tradicionais, buscando novas teorias e espalhando o que aprendemos por toda a comunidade da área de recursos humanos. Ambos amamos a destruição de mitos de liderança, a desestabilização do nosso setor, a facilitação de um diálogo melhor e mais intenso sobre como lideramos e como trabalhamos. E o que mais adoro em Jason é que ele não está lá fora simplesmente perturbando, apontando o que está errado, mas sim indicando o que fazer e oferecendo soluções sobre como corrigir os problemas.

Anos atrás, parecia que éramos pioneiros no assunto, os primeiros a desmistificar certos conceitos. Foi empolgante e, por vezes, angustiante pensar que, talvez, a área de recursos humanos pudesse não despertar. Mas nós mantivemos a fé, e estou muito feliz por termos recebido a companhia de muitos que, hoje, concordam que os métodos de liderança e filosofias tradicionais não estavam funcionando havia algum tempo. Nada funciona ou dura para sempre, é hora de seguir em frente e adotar uma filosofia de liderança moderna.

Isso não é apenas um sentimento. De acordo com minha pesquisa, a situação só piora, o engajamento é, na melhor das hipóteses, *flat*, e gastamos cada vez mais em sistemas de RH e de desenvolvimento de liderança. A minha conclusão? Nossas abordagens tradicionais estão ultrapassadas e acabam piorando a situação. É hora de modernizar nossa abordagem de liderança e recursos humanos.

Isso parece tão simples para mim — introduzir uma filosofia e medir o seu sucesso de todos os ângulos. "Os resultados desejados para o negócio são obtidos?" "Encanta o cliente?" "Atrai e empolga os funcionários?" "É fácil para todos darem o seu melhor?" "É sustentável e bom para o nosso mundo?" Quando as respostas são "Não" ou "Mais ou menos", nós questionamos, dialogamos, criamos, melhoramos, pensamos, encontramos melhores caminhos e adotamos soluções adequadas. Esse é simplesmente o ciclo de cocriação com o nosso mundo, uma função-chave para os líderes.

Simples, sim, fácil, não. Muitos líderes e profissionais de RH sabem que o nosso caminho não está funcionando e, ainda assim, poucos adotam o que há de novo. Acho interessante. Perguntei a muitos líderes o que os detém e a resposta foi: "Não sabemos o que fazer para mudar."

Bem, a partir de hoje, você sabe... Pelo menos, quando se trata de desbloquear o potencial do seu talento por meio de uma mudança nas suas práticas de gestão de desempenho.

Jason fez um trabalho fabuloso neste livro, e ajuda você a entender o quão desatualizada e até destrutiva é nossa atual abordagem de gerenciamento de desempenho. Com seu estilo característico, simples e articulado, ele vai mostrar a você como construir, peça por peça, um novo tratamento para destravar o potencial humano. Este não é um livro crítico sobre o que está errado, mas um sobre como pode ser tão diferente.

Se você gostou do meu trabalho ao longo dos anos, vai adorar o de Jason, que apresenta uma teoria baseada na realidade para chamar seus leitores à grandeza. Ele ensina como compartilhar a responsabilidade enquanto se interage com os outros para esclarecer as expectativas e desenvolver metas significativas e medições objetivas de impacto. Ele mostra como manter as conversas de desempenho em um tom de bate-papo em vez de confronto. Seu modelo adota a autorreflexão, que não é apenas a base para a responsabilização, mas, segundo a minha pesquisa, o maior difusor dramático.

As recomendações de Jason baseiam-se nas mais recentes evidências em saúde e economia comportamental e teoria da motivação. Suas sugestões são uma compilação brilhante dos melhores conselhos do mercado atual, às vezes, sutis, ao invés de propostas destruidoras para explodir sistemas inteiros. Estou convencida de que suas abordagens, quando usadas com os voluntários, irão criar locais de trabalho livres de dramas.

Aproveite este manual incrível e, ao fazer isso, adquira um para todos da sua equipe. Lembre-se: não fique apenas na teoria, execute-o e mude a forma de gerir o desempenho na sua organização.

# Introdução

Há 20 anos, quando saí da faculdade e fiquei disponível no mercado de trabalho pela primeira vez, eu tinha em mãos um diploma de uma carreira que não me interessava mais. O problema era que não sabia que tipo de atividade seria boa para mim.

Enquanto procurava conselhos sobre o que fazer, uma pessoa me disse para procurar uma vaga em vendas. Embora eu não soubesse muito sobre o assunto, parecia que os vendedores poderiam ganhar um bom dinheiro se trabalhassem duro e desenvolvessem suas habilidades. Candidatei-me a várias vagas, até, finalmente, conseguir uma na Minolta, empresa multinacional fabricante, entre outras coisas, de equipamentos para escritório.

Não foi um bom trabalho. O salário era terrível, e o dia a dia era ainda pior. Mas o que realmente me afetou foi a forma como fui tratado. Alguns dos gerentes com quem eu atuava eram pessoas decentes, mas, às vezes, parecia que tinham um total desrespeito pelo meu trabalho, o que afetava a mim e a minha vida. Para piorar, mexiam a todo momento no meu salário. Então, sete meses depois da minha carreira de vendedor de fotocopiadoras ter começado, ela terminava.

O que se seguiu foram mais cargos em vendas, nenhum menos disfuncional do que o primeiro. Por uma jogada do destino, minhas habilidades acabaram por me levar a encontrar um emprego em recrutamento. Ironicamente, fui contratado como recrutador de vendas, e deveria ajudar os meus clientes a encontrar bons vendedores.

Quando iniciava o contato com meus clientes, eu fazia perguntas para entender por que a vaga estava aberta. Por que a última pessoa saiu? Por que esta posição está aberta há seis meses? Por que a empresa tem tido tantos problemas em manter as pessoas nesta função?

O que comecei a perceber rapidamente foi que a maioria dessas posições estava vaga por causa de um ambiente de trabalho pobre ou mal gerido. Em alguns casos, os clientes contratavam o tipo errado de profissionais, porque não entendiam realmente do que precisavam. Havia disfunção em todos os lugares em que eu analisava.

Ao mesmo tempo, enquanto tentava recrutar pessoas para os meus clientes, eu lhes perguntava sobre os seus empregos e por que procuravam uma oportunidade melhor. Muitas vezes, eles descreveriam exatamente os mesmos desafios: má gestão, ambiente ruim, mudanças inexplicáveis na compensação e vários outros. A disfunção era generalizada.

Para ter sucesso como recrutador, aprendi a combinar o tipo certo de candidato com o tipo certo de característica. Era um jogo de emparelhamento de pessoas com as oportunidades para as quais estavam mais bem equipadas para sobreviver e, talvez, prosperar. Foi durante esse trabalho que fiquei fascinado pela dinâmica que existe entre as pessoas e o seu emprego. Queria compreender essa relação e todas as variáveis em jogo.

Nesta época, comecei a pensar: por que o trabalho tem de ser uma porcaria? No início, imaginei que talvez fossem só os empregos de vendas. Os meus tinham sido horríveis. Meus clientes ofereciam vagas que eram ruins de muitas maneiras, e a maioria dos candidatos com quem falei estavam em funções que não gostavam. As vendas não pareciam ser um ótimo lugar para trabalhar, a menos que você ganhasse dinheiro suficiente para tolerar a disfunção.

Mas não eram só em vendas. Muitos dos meus amigos e familiares também tinham trabalhos que odiavam ou que os deixavam insatisfeitos. A maioria deles dizia ter sobrevivido ao emprego, em vez de ter gostado dele. Na melhor das hipóteses, pareciam entorpecidos com o dia a dia. Eles apareciam, produziam e iam para casa com a esperança de encontrar o mínimo de problema a cada dia. Não é que nunca encontrasse alguém que amasse o seu trabalho, mas era raro. Eu via essas pessoas como exceções à regra. Presumi que devia ser acidental.

Embora parecesse que o trabalho era um motivo de tristeza para a maioria das pessoas, eu não queria acreditar que tinha que ser assim. Como alguém obcecado desde o nascimento por melhorar as coisas, eu queria resolver o problema. Por isso, decidi ir além do recrutamento externo e juntar-me às fileiras de recursos humanos da empresa, em uma tentativa de aprender a fazer com que essa realidade fosse menos chata.

Tive sorte. Aconteceu de eu aterrissar em um papel de gestão de RH em uma empresa liderada por um CEO que acreditava que o trabalho deveria ser um veículo que permitisse aos funcionários perseguir seus sonhos. Ele via o melhor nas pessoas e estava disposto a investir em práticas de trabalho para criar uma experiência que fosse boa para o funcionário. Ao produzir um local dinâmico e positivo, onde os colaboradores eram apoiados no seu desenvolvimento, a empresa prosperou. Ao envolver todos de forma mais completa, dobramos nossa receita por funcionário (em uma empresa com oitocentos) em um período de três anos.

A oportunidade de ajudar a liderar uma transformação como essa marcou o rumo da minha carreira para sempre. Embora ainda fosse verdade que o trabalho não funcionava para muitas pessoas, a partir daquele momento eu tive a certeza de que não era para ser assim. A culpa era dos líderes que escolhiam ou permitiam que fosse assim. Era uma decisão, não uma inevitabilidade.

# Sobre este livro

O objetivo definidor da minha carreira passou a ser ajudar líderes e organizações a tornar o trabalho mais humano. Ele não tem que ser uma porcaria. Na verdade, ele pode e deve ser uma experiência gratificante e afirmadora para todos os envolvidos. Quando o trabalho é projetado de forma mais eficaz em torno do que os seres humanos precisam para prosperar, todos ganham. Sei que é verdade porque já vi e vivenciei isso.

Se você foi criado na velha escola de administração, isso, provavelmente, soa como algo romântico que interferiria com a produtividade. Muito deste trabalho envolve emoções e relacionamento, então talvez seja um pouco romântico mesmo. Mas não se engane, tudo neste livro é destinado a ajudar a criar uma organização de alto desempenho. Como você vai descobrir, produzir uma experiência mais humana no trabalho é muito bom para o desempenho.

*Alta performance* é para aqueles que escolheram acreditar que o pico de desempenho é desbloqueado apenas quando os funcionários podem trabalhar de uma forma que lhes pareça positiva e natural. Este livro destina-se a fornecer inspiração, motivação e ferramentas para apoiar aqueles que estão tentando remodelar a sua organização desta forma.

O livro está organizado em cinco seções.

## Seção 1

A primeira seção é dedicada à mentalidade e compreensão. Primeiro, vamos desvendar por que nossas abordagens de gestão de desempenho e engajamento dos funcionários falharam. Isso incluirá uma curta viagem no tempo para avaliar como essas práticas evoluíram e persistiram. Em seguida, vamos explorar o que a pesquisa e os dados revelam sobre como os funcionários vivenciam o trabalho. Então, vamos recorrer a insights da disciplina do cliente e da experiência para iluminar o caminho a percorrer.

No fim desta seção, você estará motivado e equipado para iniciar o redesenho da experiência de trabalho em sua organização por meio de processos de gestão de desempenho.

## Seções 2, 3 e 4

Nessas seções intermediárias, forneceremos o plano para a construção de um sistema de gestão de desempenho que proporcionará e sustentará uma experiência positiva dos funcionários para liberar seu potencial. Cada seção é dedicada a um dos três processos-chave de gestão do desempenho. Você vai encontrar ferramentas, táticas e estudos de caso para começar a remodelar suas práticas e seus sistemas de gestão.

Criei as seções intermediárias como uma espécie de livro de receitas de gestão. O objetivo não é fazer todas elas, mas quis fornecer uma variedade de opções e ideias para serem usadas quando você projetar a melhor abordagem para a sua organização ou equipe.

## Seção 5

Minha esperança é que você encontre muitas dicas e insights que são imediatamente acionáveis. Ao longo do livro há táticas fáceis de serem implementadas individualmente. Esta seção final é dedicada ao sistema maior. Aqui você vai encontrar soluções sobre como projetar e implementar um sistema sustentável que ajude você a tornar muitas das práticas do livro na norma de como sua organização funciona.

Além disso, projetar um sistema de gerenciamento de alta performance não é muito útil se ele não for utilizado de forma eficaz. Vamos rever algumas abordagens e truques para uma gestão eficiente da mudança, execução e sustentabilidade, extraídos das minhas experiências e das pessoas que entrevistei para este livro.

A seção final irá ajudá-lo a juntar tudo e ir para a ação.

Vamos começar.

# SEÇÃO 1

## O trabalho está falido e os empregados pagam o preço

Um amigo demitiu-se recentemente do seu emprego. Ele trabalhou para essa empresa por mais de vinte anos. Estava lá há tanto tempo que ela se tornou parte de quem ele era.

Mas esta transição já se anunciava há muito tempo, pois havia anos que ele não gostava da organização. Sempre que o via, ele me contava uma nova história de maus-tratos nas mãos do seu chefe.

Às vezes era pessoal. Como na terceira, quarta ou quinta vez em que ele foi preterido por alguém de fora e menos experiente em uma disputa por uma vaga. Ou quando lhe foi dito, novamente, que ele não era elegível para um aumento, porque estava no nível máximo do seu salário.

Outras vezes, todos os funcionários eram impactados. Essas injustiças iam desde cortes arbitrários nos benefícios dos empregados até demissões em massa quase anuais .

O meu amigo atribuiu tudo isso à má gestão da organização. Mesmo assim, ele continuava a ir para o trabalho todos os dias. Era como se tivesse ficado indiferente e se tornado mais um observador de sua vida do que um participante. Ele ficava claramente mais feliz quando faltava, por isso eu lhe perguntava por que razão não procurava um novo emprego. Ele respondia que "deveria", mas a intenção era vazia. Era como se estivesse preso e nem sequer conseguisse reunir a força de vontade para se libertar.

Assim foi, até que ele encontrou uma oportunidade. Um antigo colega que escapara da sua empresa tinha se mudado para uma que tratava os funcionários de forma diferente. Eles tinham uma posição que era perfeita para o meu amigo e, quase que dele mesmo, ele foi libertado de sua turnê de mais de vinte anos de serviço em uma empresa que desprezava.

Desde que o conheci, foi naqueles dias perto da sua demissão que meu amigo pareceu mais feliz. Acho que ele encontrou mais alegria em uma tarde tomando cerveja comigo e sonhando com algumas maneiras descaradas de apresentar sua demissão do que em muitos anos.

Quando lhe perguntei sobre o novo emprego, ele disse que, os primeiros dias no escritório foram muito estranhos. Não foi só porque estava em uma empresa nova pela primeira vez em décadas, havia algo mais essencial. Por fim ele entendeu. As pessoas sorriam. Pareciam estar contentes por trabalharem lá. Por não ter vivenciado esta situação por anos, ele se sentia esquisito.

Até agora, o meu amigo continua bem com o seu emprego e a sua empresa. E se pergunta por que esperou tanto tempo para sair.

Essa história pode parecer familiar. Todos conhecemos pessoas, provavelmente muitas, que vivem essa mesma situação. Talvez seja a sua história.

A maioria de nós já esteve lá, presa em um trabalho que não gosta, mas convencida de que não pode ir embora. Precisamos muito do salário ou dos benefícios. Então, caminhamos todos os dias, desconfortavelmente entorpecidos, esperando que as coisas melhorem.

## Nossa crise de engajamento de funcionários

É assim que a falta de envolvimento com o trabalho parece e é sentida. De acordo com o State of the Global Workplace Report 2017, da Gallup, "no mundo todo, a porcentagem de adultos que trabalham em tempo integral para um empregador e estão engajados com o trabalho — altamente envolvidos e entusiasmados com seu emprego e local de trabalho — é de apenas 15%". Isso sugere que os outros 85% têm uma experiência de trabalho como o meu amigo — sempre à espera de algo melhor.

Os dados da Gallup pintam um quadro bastante sombrio a respeito do assunto. Outras informações, como as do relatório de 2017 Tendências no Engajamento Global de Empregados, da Aon Hewitt, sugerem que mais de 60% dos funcionários em todo o mundo estão engajados. A disparidade desses dois números destaca a complexidade de medir a experiência do funcionário de forma confiável. Acho que é seguro presumir que o verdadeiro número está em algum lugar no meio.

Isso significa que menos da metade das pessoas que trabalham todos os dias em todo o mundo está engajada. Alarmante. Apesar de discordarem sobre o percentual de funcionários engajados, tanto a Gallup quanto a Aon Hewitt concordam que o nível geral não tende para uma direção positiva. E parece estar piorando.

O que é mais alarmante sobre essa tendência é que eu nunca conheci um funcionário que não quisesse estar envolvido. Independentemente da idade, experiência, nível na empresa ou qualquer outra característica, cada pessoa com quem já tive uma conversa sobre trabalho quer que ele seja uma experiência positiva.

Muitos tentam se envolver por conta própria. Eles se arriscam e tentam perguntar o que os chefes querem. Fornecem ao seu gerente algum feedback sobre o que não está funcionando. Voltam a estudar ou buscam certificações para criar melhores oportunidades para si mesmos. Eles querem estar engajados.

Então, por que a desconexão?

Sei, ao passar quase uma década como líder de recursos humanos, que há muitos executivos e gerentes que ainda não estão convencidos de que o engajamento dos funcionários tenha algum mérito. Nas suas mentes, isso é algo romântico que não tem lugar no mundo empresarial. Eles acreditam que as pessoas deveriam estar felizes apenas por terem um emprego.

De alguma forma, alguns líderes esqueceram o que é sentir-se como um funcionário que está preso em um emprego ruim ou sofrendo sob um gerente incompetente (ou pior).

## Por que o engajamento é importante

Há alguns anos, comecei a usar um exercício simples para abrir meus seminários de gestão sobre engajamento de funcionários. O objetivo é levar os participantes a perceberem por que o engajamento é tão importante, a partir de nossas próprias experiências como colaboradores. É assim que funciona.

Lembre-se de um momento da sua vida em que esteve mesmo apaixonado pelo seu trabalho. Esperemos que tenha um exemplo recente para buscar na sua memória. Mas talvez tenha sido o seu primeiro emprego, depois de se formar. Se você está em seu trabalho atual por muitos anos, talvez tenha havido um momento ou projeto específico que você amou.

Busque as memórias dessa época da sua carreira. Pense nas pessoas com quem trabalhou, no que você fazia e como se lembra de se sentir sobre o trabalho nessa altura da sua carreira. Anote as respostas a estas três perguntas sobre o momento em que você esteve apaixonado pelo seu trabalho:

- Como o trabalho o fez se sentir?
- Como descreveria a qualidade do seu trabalho? Como se compara com outras épocas da sua carreira?
- Como o trabalho afetou a sua vida fora dele? Que impacto teve nas suas relações pessoais?

Depois de captar esses pensamentos, esqueça essas memórias. Viaje, então, para outro ponto de sua carreira, no extremo oposto do espectro. Pense em um ponto baixo, quando estava preso em um trabalho de que realmente não gostava. Isso pode ser em qualquer momento e, se tiver sorte, em um passado distante.

Como antes, volte às memórias para recordar as pessoas e a experiência desse período infeliz. Escreva as suas respostas às mesmas três perguntas:

- Como o trabalho o fez se sentir?
- Como descreveria a qualidade do seu trabalho? Como se compara com outras épocas da sua carreira?
- Como o trabalho afetou a sua vida fora dele? Que impacto teve nas suas relações pessoais?

Compare as suas respostas. O que você percebe sobre a diferença entre essas duas experiências? Nos meus workshops, peço aos participantes que discutam e comparem os seus escritos em pequenos grupos, para identificar tendências e semelhanças. Depois, partilhamos e comparamos as nossas respostas.

O que é surpreendente nesse exercício é a consistência das respostas, independentemente de quem está presente. Quando as pessoas amam seu trabalho, elas se sentem valorizadas, inspiradas, apreciadas, energizadas, motivadas e felizes. É uma emoção quase inteiramente positiva, mesmo quando estavam exacerbadas enfrentando um desafio difícil.

Quando as pessoas estão presas em um emprego ruim, elas se sentem desvalorizadas, frustradas, apáticas, desrespeitadas. É comum ouvir a menção ao "sentimento de vazio no estômago" no domingo à noite, quando sabem que têm que voltar para aquele lugar terrível pela manhã. Você pode perceber a angústia nos rostos de algumas pessoas quando elas se lembram dessas experiências. As emoções negativas são muito poderosas e impactam na nossa qualidade de trabalho.

As emoções positivas que experimentamos ao amar nosso trabalho nos fazem trabalhar melhor, ser mais criativos e senti um senso de propriedade maior por causa do impacto dele em nossas vidas. É mais provável que sejamos voluntários para ajudar ou contribuir com tempo ou esforço extra sem promessa de recompensa. Por outro lado, quando estamos presos em um emprego ruim, apenas fazemos o suficiente para sobreviver e não sermos despedidos, porque deixamos de nos importar.

Começamos a observar o relógio e o calendário, contando as horas para ir embora

É nessa lacuna que vemos o impacto nos negócios do engajamento dos funcionários e da experiência de trabalho. Quando amamos o que fazemos, atuamos melhor. Se não for assim, realizamos o mínimo para sobreviver até que algo mais satisfatório apareça. Essa lacuna é o que muitos chamam de "esforço discricionário", quando tentam justificar o ROI (retorno sobre o investimento) do engajamento dos funcionários.

Quando você consegue que um grupo de líderes ou gerentes céticos participe desse exercício, isso geralmente os auxilia a entender o valor do engajamento por meio das próprias experiências. Todos os que trabalharam durante, pelo menos, alguns anos tiveram boas e más experiências e sentiram o impacto no próprio desempenho. Essa é uma visão poderosa para um gerente, porque ele ou ela pode desempenhar um papel importante na vivência do dia a dia dos seus funcionários. Ao escolher moldar uma nova realidade na empresa para os funcionários, o gerente pode desbloquear o melhor desempenho deles.

## O impacto além do desempenho

Mas o impacto da experiência de trabalho não se resume apenas ao desempenho. É por isso que faço a terceira pergunta, para suscitar alguma reflexão sobre como o trabalho repercute em nossa vida pessoal. Embora seja conveniente acreditar que existe uma separação clara entre ele e nossas vidas, todos nós sabemos que isso não é verdade. O que acontece no trabalho nos afeta e o que acontece conosco afeta nosso trabalho.

Quando as pessoas amam o que fazem, elas relatam sentir-se mais energizadas e presentes em seus relacionamentos fora do trabalho. Por se sentirem positivas em relação ao trabalho, percebem que o seu otimismo reverbera nos amigos e familiares. Por vezes, alguns argumentarão que pode haver impactos negativos em amar o seu emprego, como trabalhar muito ou ficar muito obcecado com ele, mas isso certamente não é representativo da maioria das respostas. Quando o trabalho é bom, as pessoas dizem que são melhores cônjuges, pais, amigos e vizinhos.

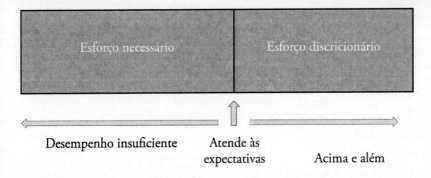

**Figura 1** Esforço discricionário explicado

Quando o trabalho não corre bem, os impactos podem ser bastante graves. Tal como acontece com a positividade, a negatividade de uma má experiência repercute em casa e se espalha por nossas vidas. É comum ouvir pessoas falarem sobre como iam para casa reclamar com seus entes queridos. Eles também reconhecem que se tornaram mais impacientes e limitados na comunicação com seus cônjuges e filhos. E esse é o menor dos danos.

Uma experiência profissional ruim não afeta apenas o indivíduo e o seu desempenho. E os danos nem sequer estão confinados ao local de trabalho. Atingem famílias e amigos. A minha própria experiência reforçou como isso pode ser dolorosamente verdade.

Há muitos anos, lembro de ter chegado em casa no dia em que tinha apresentado a minha carta de demissão de um emprego que me parecia esmagar a alma. Olhando de fora, era uma posição importante em uma grande empresa, com um salário invejável: tudo o que supostamente equivale a felicidade profissional. Mas eu me sentia infeliz já há algum tempo.

Mas o sofrimento chegara ao fim. Eu havia aceitado um novo emprego depois de meses de procura, e a transição tinha começado oficialmente. Pouco depois de chegar em casa, a minha mulher serviu um copo de vinho a cada um de nós e fez um brinde a um novo começo.

Naquela noite, enquanto estávamos sentados à mesa comendo com as crianças, ela me disse algo que eu nunca vou esquecer: "É tão bom vê-lo sorrir outra vez." Ainda me emociono quando penso nisso.

Como as coisas estavam cada vez piores no emprego, eu me convenci de que estava mantendo o meu trabalho separado da minha vida pessoal. Mesmo estudando o engajamento dos funcionários e a dinâmica do trabalho para viver, eu estava confiante de que poderia compartimentar as experiências até encontrar o meu caminho para algo melhor. Pensei que protegia a minha família desta coisa negativa que experimentava.

Puro engano.

Acontece que não era eu que protegia a minha família, eram eles que me protegiam. A minha mulher me contou o quanto de mudança houve em mim à medida que a minha situação no trabalho se deteriorava. Eu não tinha paciência com os meus filhos. Estava sempre cansado. Bebia e comia demais. Geralmente, minha companhia tornava-se muito menos divertida.

Minha família suportava essa carga por mim. Minha esposa sabia que era temporário, então ela resistiu comigo e fez o que podia para me dar apoio. E nem sequer percebi o que acontecia. A minha história é apenas um exemplo dos danos não intencionais causados quando os empregados estão desengajados e sofrem por causa de uma experiência de trabalho insatisfatória. Os impactos foram bastante óbvios para mim.

Em contrapartida, também testemunhei o poder das grandes experiências de trabalho dos funcionários. Durante três anos, trabalhei para a Quantum Workplace, um fornecedor de software de feedback de funcionários. Nessa época, tive a oportunidade de liderar a equipe de "Melhores empresas para trabalhar", e a Quantum Workplace é o parceiro de pesquisa e tecnologia por trás de quase cinquenta programas de "Melhores empresas para trabalhar" em toda a América do Norte.

Uma das vantagens do meu trabalho foi a oportunidade de participar dos eventos de premiação em cidades dos Estados Unidos, onde os vencedores eram anunciados e celebrados. As organizações reconhecidas muitas vezes traziam grupos de empregados para participar da cerimônia. Em alguns casos, vídeos de colaboradores foram exibidos durante as apresentações.

Alguns dos vencedores foram organizações verdadeiramente

excepcionais. Era possível sentir a energia, a paixão e o compromisso que seus funcionários tinham com a empresa e com os colegas. Era comum ouvir coisas como "eu adoro trabalhar aqui" e "sinto-me como uma família aqui". A emoção era contagiante.

Quando o trabalho é bom, injeta positividade na vida de nossos funcionários. Quando é ruim, famílias, amigos e comunidades pagam o preço. Em outras palavras, as apostas são altas quando se trata do tipo de experiência de trabalho que criamos para nossos colaboradores.

Então, por que tantas organizações agem da forma incorreta? Por que continuamos a ver que mais da metade dos funcionários de uma empresa não está totalmente engajada? Lutei com essa pergunta durante a maior parte da minha carreira. É difícil imaginar como uma organização construída por pessoas pode trabalhar tão mal para as próprias. No cerne do problema está uma desconexão grande entre a mentalidade de muitos empregadores sobre o trabalho e a forma como os trabalhadores o experimentam.

## Referências

Aon Hewitt. Trends in Global Employee Engagement, 2017. Disponível em: http://www.aon.com/engagement17/. Acesso em: 24 abr. 2018.
Gallup. State of the Global Workplace, 2017. Disponível em: http://news.gallup.com/reports/220313/state-global-workplace-2017.aspx. Acesso em: 24 abr. 2018.

# 01
# As deficiências da "melhor prática" e da gestão tradicional do desempenho

> *"Aqueles que não se lembram do passado estão condenados a repeti-lo."*
> GEORGE SANTAYANA

Lembro-me de ouvir uma história há muitos anos sobre uma jovem que se preparava para receber a família para um jantar de férias. Como recém-casados, seu marido e ela estavam dando um jantar pela primeira vez.

Enquanto trabalhavam na cozinha, ele observou que a sua mulher cortava as duas extremidades do presunto antes de colocá-lo na assadeira. Isso pareceu-lhe insólito e, então, ele perguntou:

— Por que você corta as pontas do presunto antes de assá-lo?

Ao que ela respondeu:

— Na verdade, não sei. É o que a minha mãe sempre faz.

Decidiram então ligar para a mãe dela. A resposta foi surpreendentemente.

— Bem, foi o que a minha mãe sempre fez, por isso, é o que eu faço.

O casal estava realmente curioso, e decidiram chamar a avó para ver se conseguiam resolver o mistério.

Enquanto eles explicavam o motivo da ligação, a avó começou a gargalhar. Quando terminou, perguntaram o motivo da risada.

— Minha querida, eu comecei a cortar as pontas do presunto porque a minha assadeira era muito pequena.

Eu nunca esqueci essa história porque ela é um lembrete perfeito de como é fácil as práticas ruins se tornarem padrão dentro das organizações. Somos rápidos em supor que algo é certo simplesmente porque alguém com autoridade o faz de tal maneira. A mãe dessa história deve ter cortado as pontas do presunto durante anos. É uma prática esbanjadora e desnecessária, e ela não fazia ideia do porquê de realizá-la.

A história também ilustra como as melhores práticas podem tornar-se perigosas. Cortar as extremidades do presunto fazia todo o sentido para a avó com a panela pequena. Era uma atitude inteligente para ela, mas, presumindo que a mãe usasse uma panela maior, já não fazia mais sentido algum. Ela supunha que era uma "prática melhor" para a preparação do presunto. E, anos mais tarde, a sua filha quase adotou a mesma ação esbanjadora.

Exceto que ela não o fez.

Ela perguntou por quê. E, ao compreender o contexto por trás, pôde tomar uma decisão fundamentada sobre se essa prática fazia sentido para ela, dadas as suas circunstâncias atuais.

Este capítulo é dedicado a explorar o "porquê" por trás de algumas atitudes comuns de gestão e recursos humanos. Especificamente, vamos explorar as origens das práticas tradicionais de gestão de desempenho, como a avaliação anual. Ao retroceder para considerar o quadro geral, torna-se claro que estamos cortando as pontas de um monte de presuntos desnecessariamente. Já pode estar passando da hora de se adotar uma abordagem diferente.

## Um breve histórico de gestão

O nascimento do que hoje chamamos de "gestão" como uma disciplina e profissão pode nos levar até a Revolução Industrial, que começou na Grã-Bretanha em meados do século XVIII, e estimulou um período de industrialização em massa que durou até o início do século XX. Durante essa era, a economia passou de um modelo dominado pela agricultura e pelo artesanato individual para um de produção em massa. Também representou o desenvolvimento de grandes centros urbanos à medida que as pessoas migravam para onde estes novos empregos industriais estavam (Investopedia, nd). Talvez a invenção mais significativa tenha sido o "sistema de fábrica", que se baseava no uso de máquinas motorizadas e na divisão de trabalho, um meio de especialização de tarefas projetado para aumentar o rendimento. Essas novas fábricas criaram empregos em que os trabalhadores pouco qualificados podiam montar mercadorias de forma mais rápida e barata do que nunca até então.

Embora esses locais tenham representado um ganho substancial em termos de produção eficiente de bens e criação de novos postos de trabalho, os efeitos não foram todos positivos. A maioria desses trabalhadores tinha sido ex-artesãos independentes, que possuíam as próprias ferramentas e estabeleciam os próprios horários. Muitos dos novos empregos não qualificados poderiam ser feitos igualmente bem por mulheres, homens ou crianças, o que fez os salários baixarem devido à oferta e demanda de trabalhadores. As fábricas também "tendiam a ser mal iluminadas, desorganizadas e lugares inseguros onde os trabalhadores faziam longas horas por baixos salários" (*Encyclopædia Britannica*, 2014). As terríveis condições de trabalho e o desequilíbrio de poder entre proprietários e trabalhadores deram origem ao movimento sindical e ao rápido crescimento do trabalho organizado (Encyclopædia Britannica, 2014). A filiação sindical no Reino Unido cresceu de 100 mil, em 1850, para cerca de 1 milhão em 1874, um crescimento de quase 1000% em menos de 25 anos (Trade Unions, 2018). Nos Estados Unidos, entre 1877 a 1917, houve 1.500 greves por ano envolvendo 300 mil trabalhadores (Licht, 1988). Essas greves tornaram-se acaloradas e, muitas vezes, incluíam violência. O caos e a agitação constituíram uma forte motivação tanto para a ação governamental como para mais negociações coletivas civis entre empregadores e empregados para debater as condições de trabalho. Esse foi o desenvolvimento fundamental na evolução da gestão e da prática dos recursos humanos, na medida em que formalizou a abordagem "contratual" do trabalho que ainda está presente em nosso pensamento sobre o emprego.

As novas fábricas revelaram também a necessidade de um papel de gestão de pessoas. Antes, a maioria trabalhava como artesão individual ou agricultor. Mesmo as empresas que produziam bens, como os têxteis, fizeram-no utilizando um sistema chamado *"putting-out"*, em que aqueles a quem se pedia para criar bens trabalhavam de forma independente, ao contrário da forma como os contratantes independentes trabalham na economia atual (Encyclopædia Britannica, 2017). A prática da gestão tal como a conhecemos hoje não era necessária em escala até que as fábricas reuniram grandes grupos de funcionários que precisavam ser supervisionados.

O guru Gary Hamel argumenta que a gestão é a invenção mais importante do século passado. Ele a descreve como o conjunto de métodos usados para aproximar pessoas e a mobilização e organização de recursos para fins produtivos. Hamel descreve como, no período de 1890 a 1915, a maioria das práticas modernas de gestão foram criadas. Isso incluiu pagamento por desempenho e criação e divisão de tarefas. Na sua opinião, as práticas de gestão mais modernas foram criadas antes de 1920, e ainda dependemos de muitas delas nas empresas. Em outras palavras, olhamos para líderes e pensadores de um século atrás para orientar nossas práticas atuais (Hamel, 2011).

Continuamos a cortar as pontas do presunto, embora os problemas de gestão sejam muito diferentes dos do início do século xx. Considere os desafios que os administradores enfrentaram ao operar essas novas fábricas, onde a maioria das funções exigia que os trabalhadores completassem tarefas rotineiras e repetitivas por longas horas. Isso não se alinha naturalmente com a curiosidade inata e o desejo de novidade que os humanos possuem. Foi um trabalho não natural. Hamel afirma que o principal problema da gestão para resolver durante o seu período de invenção foi: "Como transformamos seres humanos em robôs semiprogramados?"

Isso provavelmente parece um pouco duro de se ler. Mas é difícil argumentar que não seja a verdade. Saber que esse era o problema que os primeiros pensadores de gestão e empresários estavam tentando resolver é importante para entender tanto por que abordaram as coisas dessa maneira e também por que essas abordagens estão desatualizadas, dados os desafios muito diferentes de gestão dos dias de hoje.

Você, provavelmente, está familiarizado com alguns desses vanguardistas, a partir da sua história ou de aulas de gestão. Um dos mais famosos foi Frederick Taylor, frequentemente creditado como o criador da "gestão científica". Ele recomendava que os líderes medissem cientificamente o desempenho e definissem metas elevadas para os trabalhadores (*The Economist*, 2009). Por alto, a abordagem de Taylor parece razoável. Estabelecer metas elevadas e medir o desempenho são práticas boas. É quando se aprofunda um pouco mais que se encontra o contexto que deve nos motivar a levantar algumas questões.

A abordagem de Taylor — frequentemente chamada de "taylorismo" — foi motivada pela tentativa de resolver um problema nas fábricas conhecido como "soldado". Esse termo foi criado para descrever a crença de que uma quantidade significativa de trabalhadores levavam o máximo de tempo que podiam para produzir uma quantidade mínima de tarefas. Em outras palavras, pensava-se que eles tiravam partido do sistema. Taylor articulou quatro princípios de gestão científica para combater o soldado e maximizar a produtividade:

1. utilizar métodos científicos para determinar a melhor forma de realizar uma tarefa;
2. selecionar e treinar funcionários para tarefas específicas;
3. fornecer aos trabalhadores instruções claras sobre cada tarefa e supervisionar de perto o seu desempenho;
4. criar uma separação de funções entre a direção e os subalternos.

Inerente a esses princípios está o avanço da especialização de tarefas, que foi tão central para o funcionamento das fábricas. Isso também parece ser a invenção do que hoje descreveríamos como microgestão, em que o gestor está envolvido em todos os detalhes do processo. Taylor queria remover todo o trabalho cerebral do chão de fábrica em favor de entregar o máximo às máquinas (Taylor, 1911/1986). De acordo com a revista *The Economist*, o taylorismo foi a primeira grande ideia de gestão a atingir um público massivo (*The Economist*, 2009). Em uma era de inovação sem precedentes, esta pode ter sido uma das maiores. Outros pensadores da época construíram sobre a fundação que ele lançou.

Outro proeminente e importante pensador administrativo da época foi o sociólogo e economista político alemão Max Weber. É a Teoria Burocrática de Weber que tem tido impactos duradouros no campo da gestão. Em suma, ele acreditava que a burocracia era a forma mais eficaz de gerir a organização "moderna". Do seu ponto de vista, foi o estabelecimento e o cumprimento de regras, leis e outras estruturas administrativas formais que permitiram que a organização funcionasse melhor. Ele descreve as características necessárias de uma burocracia desta forma (Weber, 2015):

1. Estabelece-se uma rígida divisão do trabalho que identifica claramente as tarefas e deveres regulares de um determinado sistema burocrático.

2. Os regulamentos descrevem as cadeias de comando firmemente estabelecidas e os deveres e a capacidade de coagir outros a cumprirem.

3. A contratação de pessoas com qualificações certificadas específicas apoia a execução regular e contínua das tarefas atribuídas.

4. É fácil ver o apelo dessa estrutura para as empresas que estavam dimensionando e ampliando suas fábricas. Quando se pede à maioria dos empregados para executar tarefas que são contrárias à sua natureza por longas horas todos os dias, ser capaz de se apoiar

---

Vamos recapitular um pouco do que aprendemos sobre o nascimento da gestão moderna. O problema que a gestão foi concebida para resolver era como transformar seres humanos em robôs semiprogramáveis para alimentar a produção da fábrica.

As soluções concebidas e implementadas para resolver este problema incluíam:

- remover o máximo de "trabalho cerebral" possível;
- medir tudo para que os empregados não pudessem tirar proveito do sistema;
- microgerir os trabalhadores para garantir a máxima produtividade;
- utilizar a divisão do trabalho para simplificá-lo por meio da especialização de tarefas;
- alavancar uma burocracia de regras e hierarquia como o meio mais eficiente para organizar o trabalho.

em um forte sistema de regras e hierarquia é valioso. O que é surpreendente é que muitas das organizações de hoje ainda se baseiem na burocracia como seu método de organização, considerando o quanto este mundo mudou.

Essa história é importante para entendermos se queremos ir além dos processos ultrapassados e substituí-los por abordagens novas e mais relevantes para o nosso ambiente atual. Minha esperança é que você se sinta desconfortável ao perceber quantas dessas primeiras soluções ainda podem ser encontradas hoje, vivas e bem em uma variedade de formas em nossas organizações.

Mas a nossa lição de história não acaba aqui. Precisamos falar um pouco sobre os recursos humanos.

## O papel dos recursos humanos

Na evolução inicial da gestão, conforme descrito acima, os papéis-chave eram proprietários, funcionários e gerente ou supervisor. Hoje em dia, qualquer conversa sobre gestão ou a experiência de trabalho dos colaboradores envolverá quase certamente uma discussão sobre outro papel, o da função de recursos humanos (RH).

Muitos dos processos e estruturas que associamos à gestão atual são "propriedade" do departamento de rh. Ele lida com a formação e o desenvolvimento da gestão, supervisiona a seleção e a promoção de gerentes. E, talvez o mais importante, o RH cria e mantém as políticas, procedimentos e ferramentas formais usadas pela gerência na execução de suas funções. Processos como avaliações de desempenho, manuais de políticas, disciplina progressiva e descrições de cargos são exemplos do controle exercido pelo rh sobre a prática de gestão na maioria das organizações.

A função de recursos humanos sistematizou a gestão por meio dessa estrutura – uma aplicação bem intencionada da burocracia. Embora se possa argumentar que a estrutura e o processo são do interesse da gestão de apoio e facilitam a execução do seu trabalho com consistência, eles também tornaram a prática de gestão mais resiliente e resistente à mudança. E acredito que isso ajude a explicar por que vemos tantos comportamentos de gerenciamento desatualizados e ineficazes ainda hoje. O RH tem desempenhado um papel de liderança na perpetuação das práticas de gestão das antigas fábricas no local de trabalho de hoje. Tal como acontece com a gestão, é útil conhecer um pouco sobre o início do RH como uma forma de entender melhor onde nos encontramos hoje.

As origens mais antigas daquilo que hoje conhecemos como RH estão também ligadas à ascensão dos sindicatos no final de 1800 e início de 1900. À medida que os sindicatos começaram a forçar os proprietários a negociar com eles a melhoria das condições de trabalho e melhores salários, foram criados papéis para gerir estes assuntos. Na Grã-Bretanha, eles eram chamados de "Welfare Workers" ("Trabalhadores do Bem-Estar Social"), porque seu foco era no bem-estar do empregados. De fato, quando foi criada em 1913, o nome original da cipd, uma das maiores associações de RH do mundo, era wwa (Welfare Workers Association) (cipd, 2018). A função mais tarde ficou conhecida como "relações de trabalho" para refletir o seu papel na negociação das condições de trabalho com grupos coletivos de trabalhadores.

A evolução da função de RH ao longo do século seguinte está intimamente ligada à aprovação de leis e regulamentos trabalhistas que regeram o papel e a responsabilidade do empregador para com o empregado. Com a aprovação de novas leis que ditaram o tratamento dos funcionários ou a proteção dos direitos civis, o departamento de RH se adaptou para atender a essas necessidades (Salvator, Weitzman e Halem, 2005).

É importante lembrar que as raízes do RH são estabelecidas em uma história de dois objetivos principais:

1. negociar acordos com os trabalhadores em nome do empregador;
2. adaptar a organização à conformidade legal e à redução de riscos.

Em outras palavras, o papel do RH começou com a garantia da existência e aplicação de um "contrato de trabalho" justo com os funcionários, minimizando a exposição legal e o risco. À medida que a disciplina de RH se expandiu para incluir a aquisição e desenvolvimento de talentos e outras funções mais estratégicas, ecos dessa herança em *compliance* ainda podem ser encontrados em muito do que ainda hoje consideramos ser a melhor prática padrão de RH.

Redesenhar a experiência de trabalho de uma forma que melhor desbloqueie todo o potencial de um empregado vai exigir a quebra das amarras do nosso passado, tanto na gestão como no RH. Significa se questionar, logo e várias vezes, para entender o contexto em torno de como e por que as "melhores práticas" foram criadas para, assim, garantir que não estamos perpetuando uma abordagem ou crença que não é mais a melhor, dadas as circunstâncias atuais.

Para ilustrar, vejamos um exemplo de uma prática que, até muito recentemente, era tratada como uma boa prática e quase universalmente adotada por organizações de todo o mundo durante décadas.

## *A avaliação anual do desempenho*

Há alguns anos, quando eu liderava a equipe de RH corporativa de um grande banco regional, minha equipe e eu decidimos, após ouvir reclamações por anos sobre nosso processo anual de avaliação de desempenho baseado em classificações, que faríamos algumas investigações. Antes de decidir como consertá-lo ou mudá-lo, queríamos ter uma compreensão mais profunda de por que o processo existia e por que a experiência estava gerando tantas queixas.

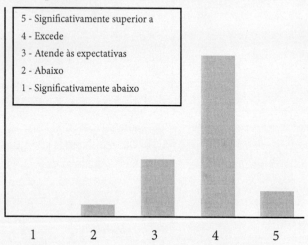

**Figura 2** Exemplo da distribuição das notas de avaliação

Começamos com a pergunta: Por que temos o processo de avaliação de desempenho? Para esta organização, houve duas respostas à pergunta. Primeiro, pretendia-se melhorar e reconhecer o desempenho. Fizemos uma análise para ver se esse era realmente o caso.

Quando mapeamos a distribuição das notas individuais por toda a organização, a curva teve a forma de uma curva de distribuição padrão, exceto que era muito estreita e centrada nos quatro de uma escala de cinco pontos.

Apenas uma pequena porcentagem de notas se espalhavam por ambos os lados do centro da curva e muito poucas ficavam abaixo de três, "atende às expectativas". Os resultados não teriam sido problemáticos se todos os empregados na organização estivessem executando acima das expectativas. Não era o caso.

Também ficou claro, com base nessa análise, que o processo poderia não estar diferenciando o desempenho de forma significativa. Quando todos são quatro, não há muito espaço para reconhecer um desempenho verdadeiramente excepcional. Outro fracasso do processo.

A segunda razão para o nosso processo de avaliação de desempenho era fornecer uma estrutura para que funcionários e gerentes discutissem o feedback de desempenho e esclarecessem as expectativas. Para investigar se o processo era eficaz nisso, formamos uma força-tarefa de gerentes e líderes de toda a organização e pedimos que eles coletassem algum feedback sobre o processo. Pedimos que cada um deles falasse com pelo menos dez funcionários em diferentes papéis e em diferentes níveis para aprender sobre suas experiências com o processo.

O feedback foi claro e consistente. Os empregados odiavam o processo. Ele os enchia de ansiedade e medo. Enquanto muitos expressaram um desejo por maior clareza sobre o seu desempenho, sentiam que o processo era totalmente ineficaz. E, claro, os gerentes também odiavam o processo. Para eles, era um fardo que acrescentava pouco ou nenhum valor a sua supervisão dos trabalhadores.

Tínhamos um processo falido em nossas mãos, um processo que estava falhando em cumprir seus objetivos declarados (melhorar e reconhecer o desempenho) e, ao mesmo tempo, criando uma experiência para funcionários e gerentes altamente desmotivadora. Além disso, o nosso processo não era único. Era uma avaliação de desempenho anual bastante padronizada, como as usadas na maioria das empresas da época (e ainda hoje adotadas por muitas).

## O contexto do processo falido de avaliação

Como poderia uma "melhor prática" de gestão ser tão terrivelmente ineficaz? Parece não fazer sentido até nos lembrarmos da nossa história e cavarmos um pouco mais fundo.

As primeiras raízes do que hoje pensamos como gestão de desempenho podem ser rastreadas até o famoso empresário e filantropo estadunidense, Andrew Carnegie. Em seu livro *Talent on Demand* (Cappelli, 2008), Peter Capelli, da The Wharton School, descreve como Carnegie construiu seu império siderúrgico no início do século xix, expandindo e introduzindo práticas de gestão que ele observou pela primeira vez trabalhando no negócio ferroviário. Houve muitas práticas inovadoras que ele levou para o local de trabalho da fábrica que tiveram um impacto significativo, mas "especialmente a noção de que os padrões de desempenho poderiam ser criados para cada trabalho e que cada indivíduo deveria ser responsabilizado pelo seu desempenho no trabalho".

Carnegie criou o que muitos descreveriam como uma meritocracia, avaliando os funcionários com base principalmente na força de seu desempenho individual. Isso foi transformador. Mas não explica como começamos com tão boas intenções e como as transformamos no ineficaz, universalmente não apreciado, processo anual de avaliação de desempenho.

Parece que podemos culpar o governo e os militares por tornar o processo estéril e burocrático. O uso de formulários oficiais e classificações vinculadas a recompensas recebeu credibilidade nos locais de trabalho dos Estados Unidos quando foram aprovadas leis que obrigavam seu uso por entidades governamentais (US Office of Personnel Management, 2018). Parece ter sido aí que a maré começou a virar para a gestão do desempenho, transformando-se em um formulário obrigatório a ser preenchido ou uma tarefa anual a ser cumprida.

Considere também que, durante esse período, o trabalho e a gestão foram altamente influenciados pela presença de sindicatos. Como resultado, as organizações aprenderam a tratar o trabalho como um contrato com o empregado, porque, em muitos casos, foi por meio de negociação coletiva. Nesse modelo, o trabalho é puramente uma experiência transacional. O empregador oferece um salário e condições de trabalho acordadas. Em troca, o empregado realiza o trabalho atribuído no acordo. Nessa perspectiva do trabalho, a principal preocupação da entidade patronal é obter do trabalhador aquilo pelo o que paga, garantindo o cumprimento do contrato.

Não é difícil ver como as práticas de gestão de desempenho, como a avaliação anual, evoluíram. O principal objetivo subjacente a essa abordagem é criar documentação sobre o desempenho dos trabalhadores para apoiar legalmente as decisões de compensação e promoção, bem como ações punitivas, como demissões e rebaixamentos. É um processo motivado pelo cumprimento de contratos e mitigação de riscos.

Daqui decorre também que uma "avaliação" formal do desempenho dos trabalhadores deve ser concluída uma vez por ano, quando se esperam decisões de compensação anuais. Tudo isso parece à administração como um processo arrumado para garantir o cumprimento do contrato de trabalho mantido com os funcionários. Diante disso, a avaliação anual do desempenho transformou-se em norma da gerência organizacional.

Não devia ser nenhuma surpresa que a avaliação anual seja tão impopular entre os funcionários. Ela foi projetada, afinal de contas, quase inteiramente para o benefício da organização.

Quando olhamos para trás e vemos como processos como a avaliação de desempenho evoluíram, é fácil ver como chegamos aqui e por que pessoas inteligentes e razoáveis criaram esses processos. O contexto do tempo justificava.

Também se torna dolorosamente óbvio que a mudança está muito atrasada. Está na hora de pararmos de cortar as pontas dos nossos presuntos.

No próximo capítulo, vamos explorar como o trabalho mudou ao longo do século passado para chegar a uma era em que o engajamento dos funcionários é desejado e, ainda assim, continuamente evasivo. Além disso, vamos olhar para o que aprendemos em décadas de pesquisa de opinião dos funcionários sobre como eles realmente experimentam o trabalho. E, alerta de *spoiler*, não tem nada a ver com um contrato.

## Principais conclusões

- As melhores práticas são dependentes do contexto. É importante compreender o contexto que impulsiona a criação de qualquer prática para decidir responsavelmente se ela pode ser melhor para você. Caso contrário, podemos acabar por "cortar as pontas dos nossos presuntos" desnecessariamente.
- O papel e a prática da gestão de pessoas como uma disciplina nasceu no final dos anos 1800, quando nós evoluímos para uma economia industrial que substituiu empregos agrícolas e comerciais por empregos de fabricação urbana.
- O objetivo da gestão após a criação era, como Gary Hamel descreveu, transformar os seres humanos em robôs semi-programáveis que pudessem completar tarefas repetitivas e de rotina durante longos períodos.
- O trabalho organizado aumentou em resposta às más condições de trabalho e aos baixos salários pagos durante o início da industrialização. À medida que os sindicatos se tornaram mais poderosos, começaram a negociar contratos com os proprietários para melhorar a experiência de trabalho dos funcionários.
- Os recursos humanos nasceram do movimento operário como um representante organizacional para supervisionar e fazer cumprir os contratos de trabalho. Com isso, o rh passou a sistematizar processos de gestão como a avaliação de desempenho para auxiliar os gestores a fazer cumprir e garantir a conformidade dos contratos negociados com os colaboradores.
- Essas melhores práticas iniciais foram projetadas, na maior parte, para proteger os interesses da organização, às vezes à custa do empregado. Muitas dessas práticas persistem até hoje, apesar do contexto econômico muito diferente.

# Referências

Cappelli, P. *Talent on Demand: Managing talent in an age of uncertainty*. Boston: Harvard Business Press, 2008.

CIPD. The History of the CIPD, 2008. Disponível em: https://www.cipd.co.uk/about/who-we-are/history. Acesso em 27 abr. 2018.

*The Economist*. Scientific management, 2009. Disponível em: https://www.economist.com/node/13092819. Acesso em: 27 abr. 2018.

Encyclopædia Britannica. Domestic system, 2017. Disponível em: https://www.britannica.com/topic/domestic-system. Acesso em: 27 abr. 2018.

Encyclopædia Britannica. Factory system, 2014. Disponível em: https://www.britannica.com/topic/factory-system. Acesso em: 24 abr. 2018.

Hamel, G. Reinventing the technology of human accomplishment, 2011. Disponível em: https://www.youtube.com/watch?v=aodjggk-v65MM&feature=youtube. Acesso em: 27 abr. 2018.

History.com. Industrial Revolution, 2009. Disponível em: https://www.history.com/topics/industrial-revolution. Acesso em: 24 abr. 2018.

Investopedia. Industrialization, nd. Disponível em: https://www.investopedia.com/terms/i/industrialization.asp. Acesso em: 24 abr. 2018.

Licht, W. How the workforce has changed in 75 years, *Monthly Labor Review*, fev. 1988, p. 19-25.

Salvator, P.; Weitzman, A. e Halem, D. (2005) 50th Anniversary hr Magazine: How the law changed hr, *shmr*, 2005. Disponível em: https://www.shrm.org/hr-today/news/hr-magazine/pages/0550thhowlaw.aspx. Acesso em: 27 abr. 2018.

Taylor, F. W. *The Principles of Scientific Management*, Harper and Brothers, 1986, originalmente publicado em 2011, reimpressão, Hive Publishing Company.

Trade Unions. The Growth of Trade Unions, *Weebly*, 2018. Disponível em: https://industrialrevolution-tradeunions.weebly.com/the-growth--of-trade-unions.html. Acesso em: 30 abr. 2018.

us Office of Personnel Management. Performance management,

overview & history, 2018. Disponível em: https://www.opm.gov/policy-data-oversight/performance-management/overview=-history/#url-Historical-Chronology. Acesso em: 27 abr. 2018.

Weber. In: *Weber's Rationalism and Modern Society*, editado e traduzido por Tony Waters e Dagmar Waters. Nova York: Palgrave Macmillan, 2015. p. 76.

# 02

# O trabalho é uma relação, não um contrato

Como vimos no capítulo anterior, um legado do nosso patrimônio de gestão que ainda hoje configura o local de trabalho é o modelo contratual de trabalho. Na maioria das vezes, os empregadores estruturam o trabalho de forma transacional, como se fosse regido por um contrato claro. Isso é quase certamente uma recordação dos primeiros dias da sindicalização. Em alguns casos, o trabalho é regido por um contrato formal entre o empregador e o empregado. Mas, mesmo quando não há um contrato formal, a maioria das organizações se comporta como se houvesse.

Essa mentalidade contratual sobre o emprego é bastante simples. O empregador fornece salário e outros benefícios em troca do tempo e esforço do empregado. É uma troca de valor transacional básica entre duas partes.

Muitos dos nossos sistemas de gestão e de recursos humanos modernos foram concebidos para assegurar o cumprimento desse contrato de trabalho por parte dos colaboradores:

- As descrições de cargos são utilizadas principalmente para documentar os deveres e requisitos de uma função e para garantir que a organização oferça remuneração competitiva para essa função. Essas descrições também estabelecem uma expectativa básica de desempenho da função diante da qual um empregado deve se responsabilizar.

- Os manuais de políticas e os dos funcionários apresentam uma lista de regras e regulamentos para o que é permitido e esperado de cada pessoa sob este contrato de trabalho. A violação de qualquer uma dessas regras pode pôr em risco o seu contrato de trabalho.

- Os procedimentos disciplinares progressivos são o "devido processo" interno para lidar com problemas de comportamento ou de desempenho (potenciais violações do contrato). Estes são tipicamente instruídos por precedentes legais com a intenção de reduzir o risco e criar uma justificação documentada para despedir alguém (rescisão do contrato).

- O monitoramento do tempo é usado para controlar a quantidade de tempo trabalhado para garantir a troca justa de tempo por dinheiro. Também é usado para monitorar os dias de férias remuneradas e de ausência do trabalho por doença, para assegurar que o empregado está apenas tirando a quantidade de "tempo livre" que lhe é concedida. É um método para garantir que o empregador está recebendo o valor do seu dinheiro quando se trata de quantidade de tempo trabalhado pelo empregado.

- As avaliações de desempenho, como ilustrado anteriormente, são usadas para avaliar se o empregado cumpriu até o fim o contrato no ano anterior e como justificativa para ajustes de compensação.

- Quando colocados no contexto dos primeiros processos de gestão e como eles evoluíram no início de uma era de trabalho definida por fábricas de manufatura sindicalizadas, é compreensível como e por que esses processos vieram a existir. A criação e manutenção de um contrato de trabalho justo foi uma questão determinante nestes primeiros dias. Os trabalhadores dessa época precisavam e exigiam um contrato para protegê-los de condições de trabalho terríveis e de salários inadequados.

Como deveria ser com qualquer bom contrato legal, esses contratos iniciais foram concebidos no interesse de ambas as partes, e para protegê-las também. Esses primeiros contratos foram importantes, uma vez que a natureza das funções realizado nessas fábricas não era agradável ou gratificante. Não havia muito valor intrínseco a ser encontrado no trabalho naqueles dias. Tratava-se de fazer o que era preciso para sobreviver.

Mas o trabalho mudou muito no século passado. A partir do final da década de 1960, tanto a natureza do trabalho como a nossa compreensão da relação do empregado com o trabalho começaram a se transformar.

Muitos historiadores de gestão irão apontar para o livro de Douglas McGregor de 1960, *The Human Side of Enterprise*, como um ponto crítico de inflexão em nosso pensamento sobre gestão. Nele, McGregor expõe sua teoria da motivação, muitas vezes citada, que argumenta que há realmente duas teorias concorrentes sobre como motivar os trabalhadores: Teoria X e Teoria Y.

A Teoria X supõe que o instinto natural de uma pessoa é evitar o trabalho a todo custo. Essa visão pressupõe que as pessoas são inerentemente preguiçosas e desmotivadas para trabalhar, o que exige uma abordagem de gestão construída para contrariar continuamente essa falta de motivação por meio de estímulo, microgestão e recompensas pelo trabalho realizado.

É fácil imaginar como uma mentalidade da Teoria X sobre os funcionários pôde evoluir e florescer em uma era definida por um trabalho que, segundo todos os relatos, era muito desagradável. Como um supervisor encarregado de gerenciar pessoas que estão construindo uma ferrovia ou trabalhando em uma fábrica de ferro, onde o trabalho é duro e as condições são desagradáveis, seria fácil atribuir a falta de motivação dos trabalhadores como inerente e não como um subproduto do trabalho ou do próprio ambiente. O trabalho tem de ser feito e as condições são difíceis de mudar, por isso é muito mais fácil supor que as pessoas são o problema.

Em forte contraste com esta forma de pensar, a Teoria Y é construída sobre uma suposição muito diferente de que as pessoas são, de fato, automotivadas a ter sucesso no trabalho como um meio de satisfazer suas necessidades individuais. Com base nesse pressuposto, a gestão comporta-se de forma bastante diferente, adotando talvez uma abordagem mais participativa e confiante. Na Teoria Y, o constante estímulo e a microgestão que formam a base da Teoria X não são mais vistos como produtivos ou úteis (*The Economist*, 2008).

É comum ouvir as teorias de McGregor referenciadas hoje, mais de cinquenta anos depois, porque elas atingem tão fortemente o cerne da questão do por que o trabalho não era uma experiência gratificante e satisfatória para os funcionários. E elas estão enraizadas nas crenças fundamentais dos proprietários, líderes e gerentes sobre a motivação humana. A maioria dos líderes no tempo em que o livro de McGregor foi publicado tinham a mentalidade da Teoria X, que moldou toda a gestão do trabalho dentro de suas organizações.

Conseguir que esses líderes abandonem o sistema de crenças da Teoria X é desafiador, não apenas porque representa o abandono de algum controle, mas também porque é uma grande mudança na responsabilidade. Na Teoria X, quando o desempenho ou a produção cai, é claramente porque os empregados não estão trabalhando duro o suficiente. A solução é apertar o controle e adicionar mais motivação. Mas, com a Teoria Y, temos de supor que os empregados são automotivados. Assim, quando o desempenho está baixo, é provável que algo que a gestão ou a liderança fez (ou não fez) tenha criado o problema. O atrito torna-se claro rapidamente. É do melhor interesse dos gestores preservar uma abordagem da Teoria X, porque as questões de produtividade nunca serão vistas como sua culpa.

As diferenças entre as crenças da Teoria X e da Teoria Y provavelmente representam a razão pela qual a evolução da gestão tem sido tão lenta. Os instintos de preservação humana por parte da gestão e da propriedade são uma força poderosa para mantê-los firmes na visão da Teoria X das pessoas. A Teoria Y sempre foi uma escolha corajosa.

A mudança no pensamento representado pelo trabalho de McGregor foi amplificada por uma mudança na própria natureza do trabalho. Na mesma época em que seu livro foi publicado, um novo tipo de trabalho emergia, baseado em tecnologias concebidas para a produção e difusão de conhecimentos e informação. Essa nova era ficou conhecida como a "economia do conhecimento" e representou uma mudança significativa da economia industrial que começou a substituir (Powell e Snellman, 2004).

A economia do conhecimento cresceu durante décadas e ganhou finalmente impulso à medida que os computadores e a internet se tornaram disponíveis (Powell e Snellman, 2004). Esse cenário econômico em mutação teve muitos efeitos, mas entre os mais significativos estava a mudança na forma como os funcionários criavam valor no trabalho. Esta ascensão do "trabalho do conhecimento", que o guru da gestão Peter Drucker descreveu pela primeira vez em 1959 como a mudança na criação de valor com a sua mente em vez do seu músculo, reforçou ainda mais a necessidade de dar uma nova abordagem à gestão. Pela primeira vez, a capacidade do empregado de ser criativo, resolver problemas e processar informações tinha se tornado uma parte fundamental de seu modo de produção.

Como resultado, as décadas seguintes representaram uma expansão dos esforços tanto na academia como no mundo dos negócios para compreender melhor o trabalho e a motivação dos empregados. Isso incluiu estudos de definição de objetivos, motivação intrínseca e satisfação profissional (Psychology, 2018). Em 1990, William Kahn, da Universidade de Boston, publicou um artigo de pesquisa que lhe rendeu o crédito de cunhar o termo "engajamento dos funcionários" (Kahn, 2017; Burjek, 2015). Desde então, o conceito de engajamento dos funcionários tem representado cada vez mais a busca pela criação de locais de trabalho que incorporem plenamente as ideias da Teoria Y que McGregor imaginou há tantas décadas.

Um resultado dessa busca pelo engajamento dos funcionários tem sido a pesquisa e a coleta de dados sobre a experiência de trabalho dos funcionários. Há décadas que os empregadores realizam pesquisas com colaboradores. Acrescente a isso a enorme quantidade de dados recolhidos dos programas sobre "os melhores lugar para trabalhar" e de outros esforços de pesquisa com empregados, e o resultado é uma montanha de dados de opinião dos colaboradores que começam a pintar um quadro robusto da complexidade envolvida na motivação e gestão deles em um mundo de trabalho em constante mudança.

## A lição nos dados

Uma coisa que essas décadas de pesquisa têm mostrado claramente é que, quando os funcionários se sentem emocionalmente conectados com seu trabalho, eles têm um melhor desempenho de várias maneiras.

---

Abaixo estão quatro elementos cruciais que impulsionam o sentimento de engajamento:

- *Sentir-se valorizado.* Quando os empregados se sentem valorizados pelo seu empregador no trabalho, é muito mais provável que estejam satisfeitos com a sua experiência profissional e motivados a fazer o seu melhor trabalho. Além disso, o sentimento de valorização aumenta as percepções de crescimento e desenvolvimento dos colaboradores e reduz a probabilidade de que eles declarem sentir-se estressados no trabalho (American Psychological Association, 2017).

- *Confiança.* Pesquisas têm revelado repetidamente a importância da confiança na experiência do funcionário no trabalho. Quando um empregado confia no seu empregador, é mais provável que se sinta motivado a fazer o seu melhor trabalho e a recomendar o sua empresa como um ótimo lugar para trabalhar (American Psychological Association, 2017). Estudos empíricos também revelaram uma forte relação entre a confiança dos colaboradores e o desempenho no local de trabalho (Brown et al. 2015). A ligação é tão poderosa que o Great Place to Work Institute, o padrão-ouro global para premiar os "melhores lugares para trabalhar", usa seu "Modelo de Confiança" como a medida definitiva da qualidade da experiência de trabalho dos funcionários (Great Place to Work Institute, 2018).

- *Atenção.* De acordo com a pesquisa de colaboradores do Gallup, que se estende por várias décadas, o relacionamento do funcionário com seu supervisor é fundamental para o seu sentimento geral de engajamento com o trabalho. A pesquisa revelou que os grandes supervisores são aqueles que realmente se preocupam com as pessoas com quem trabalham. Eles cultivam um relacionamento com cada funcionário, tratando-os como indivíduos e tentando entender suas necessidades individuais (Gallup, 1999).
- *Pertencimento.* Embora a investigação sobre o impacto do pertencimento no local de trabalho seja mais recente, a importância dela como uma necessidade humana fundamental há muito é reconhecida por aqueles que se dedicam ao campo da psicologia (Ben-Zeev, 2014). Assim, não deve ser surpreendente aprender que um sentimento de pertencimento no trabalho está altamente correlacionado com o engajamento geral com ele e, ainda mais, para membros de grupos sub-representados na população do local de trabalho (Chu, 2016).

Se você já passou algum tempo tentando melhorar o engajamento dos funcionários, não deve ser surpreendente ver qualquer uma dessas coisas na lista. Tem sido comum encontrá-las como os principais impulsionadores do engajamento dos empregados na maioria das pesquisas de funcionários que tenho administrado ou analisado ao longo dos anos. E, na maioria dos casos, estes eram também domínios em que era necessário melhorar.

## O impacto emocional dos empregos bons e ruins

Esses são os elementos fundamentais para uma boa experiência do funcionário. É fácil reconhecê-las em nossas próprias vivências de trabalho, especialmente nos momentos em que elas estão faltando. Durante os meus dez anos de trabalho em funções corporativas, tive experiências em ambas as extremidades do espectro, algumas foram muito boas e outras, muito ruins. Em todos os casos, eram os tipos de emprego que a maioria das pessoas consideraria "bons". Trabalhei para empresas boas e estáveis e tinha empregos com títulos extravagantes, bons escritórios e grandes cheques de pagamento.

Em alguns casos, adorei o meu trabalho. Em outros, era um completo esmagador de almas. A diferença para mim reside em saber se me senti verdadeiramente valorizado e como se fizesse parte dele. No trabalho que eu mais amava, eu me sentia como se estivesse em uma busca justa com pessoas com quem eu realmente me preocupava e que eu acreditava que se preocupavam comigo. Éramos verdadeiramente uma equipe e, mesmo quando havia conflito, nunca era pessoal. Sentia que a minha contribuição era realmente importante e valorizada pelos outros, pois eu valorizava a deles. Sentia-me verdadeiramente conectado naquele emprego.

Em contraste, o emprego em que senti mais dor foi em uma empresa maior com um salário maior. Quanto mais tempo eu trabalhava naquela função, mais miserável e infeliz me tornava. Não era o trabalho em si o problema, mas a forma como me sentia trabalhando naquela organização.

Desde o início, eu não me encaixava bem. Fui contratado, em parte, porque era diferente. E essa diferença de estilo, pensamento e abordagem significava que era difícil criar um verdadeiro sentimento de pertencimento. Não consegui assimilar da forma que se esperava. Isso levou a sentimentos crescentes de isolamento e alienação. Mesmo quando os resultados do meu trabalho e da minha equipe foram positivos, nunca me senti verdadeiramente valorizado, porque provavelmente o tinha conseguido de uma forma que não era a norma cultural. Essa desconexão contribuiu, com o tempo, para diminuir a confiança e, por fim, para a minha partida.

Quando finalmente acabou, pareceu uma ruptura no final de uma relação longa e tensa. Apesar de só ter estado nesse trabalho durante dois anos e meio, fiquei emocionalmente prejudicado e precisei de tempo para me curar.

Como exploramos no início do livro, o impacto mais poderoso que nosso trabalho tem sobre nós individualmente é emocional. Embora ele possa ser tratado como um contrato pelo empregador, com certeza não parece um contrato quando está acontecendo com você como empregado.

---

## Fatores comuns de engajamento dos funcionários

- sentir-se valorizado;
- confiança;
- atenção;
- reconhecimento e valorização;
- pertencimento.

---

Quando você considera os motivadores do engajamento, eles claramente não soam como linguagem contratual. Na verdade, é exatamente o oposto. Tudo nessa lista é relacional e emocional. Eles descrevem um sentimento desejado que vem de como somos tratados pelos outros.

## Compreender o trabalho como uma relação

Quando eu estava liderando a equipe Best Places to Work, na Quantum Workplace, uma das coisas pelas quais minha equipe de pesquisa era responsável a cada ano era fazer uma análise em nível macro das centenas de milhares de respostas de questionários de funcionários que coletamos no ano anterior para identificar tendências e insights que poderiam ser compartilhados.

Ao analisar quais os fatores estavam mais fortemente correlacionados com o elevado engajamento global, esses mesmos fatores estiveram sempre perto do (ou no) topo da lista. Depois de ver esses resultados alguns anos seguidos, de repente a ficha caiu. Essas são as mesmas coisas que procuramos em qualquer relação importante nas nossas vidas. As cinco coisas consideradas em conjunto seriam o que poderíamos descrever como "ser amado", se não fosse em um contexto de trabalho.

A implicação desse insight seria que o que as pessoas estão procurando em uma grande experiência de trabalho é o amor. Essa foi uma compreensão desconfortável porque "amor" não é algo frequentemente discutido em um contexto de local de trabalho. Mas, quando comecei a prestar mais atenção, percebi que não era incomum ouvir os funcionários que trabalhavam para as organizações incluídas no Best Places to Work invocarem a palavra "amor" quando falavam sobre trabalho. Eu ouvia coisas como:

"Amo trabalhar aqui. É o melhor trabalho que já tive."

"Os meus colegas de trabalho são fantásticos. Amo trabalhar com eles. É como uma família."

"Amo os nossos chefes. Eles se preocupam mesmo com as pessoas."

Quando comecei a ouvir, a palavra parecia estar em todos os lugares que eu procurava nas organizações realmente comprometidas em criar uma ótima experiência de trabalho para os funcionários.

O amor é um sentimento que só existe dentro de uma relação com alguém ou algo. Representa um forte sentido de apego e compromisso. Se fôssemos falar sobre como sabemos que alguém nos ama, provavelmente falaríamos sobre coisas como confiança, apreço e carinho. Essas são as razões pelas quais o meu casamento é tão gratificante e saudável. Também sei que a minha mulher e eu nos aceitamos pelo que somos — bons, maus e feios. Pertencemos a essa relação de uma forma totalmente autêntica.

Quer se trate de uma relação com a pessoa mais importante para nós, o nosso melhor amigo, ou um membro próximo da família, queremos sentir-nos valorizados, confiáveis, cuidados, apreciados e pertencer verdadeiramente. Essas coisas formam a união de qualquer relacionamento forte e saudável. Quando você considera tudo isso, fica claro que, para os funcionários, *o trabalho não é um contrato*. Para os empregados, *o trabalho é uma relação*. Quando aceitamos um trabalho e nos juntamos a uma organização, não estamos procurando uma troca de valor transacional eficiente como o contrato pode governar. Nós realmente aparecemos procurando ser amados, cuidados, e por um sentido expandido de nossa identidade ao nos juntarmos à empresa.

E o trabalho não é apenas mais um relacionamento para um funcionário, é muitas vezes um dos mais importantes. A maioria de nós passa mais tempo no trabalho do que com qualquer pessoa em nossas vidas. O nosso sentido de segurança, propósito e identidade deriva frequentemente do trabalho. Essa relação de trabalho é fundamental para o nosso sentido geral de bem-estar. Quando é saudável, somos livres para fazer um bom trabalho. Quando não é, é uma luta.

Essa é uma importante pista para resolver a crise de engajamento dos funcionários. Os funcionários veem o trabalho como um relacionamento e esperam ser tratados como tal. É uma experiência emocional. O empregador, por outro lado, vê o trabalho como um contrato a ser honrado. Tratam-no como uma transação legal.

Imagine estar em um casamento em que seu parceiro raramente lhe mostra afeição ou atenção e nunca expressa nenhum sentimento parecido com o amor. Mas ele (ou ela) recorda-lhe regularmente as suas "obrigações conjugais" e diz frequentemente de que forma você está aquém desses requisitos.

É uma receita para o divórcio. E, no entanto, essa é a realidade do dia a dia para muitos funcionários. Eles vão trabalhar todos os dias, desejando ser tratados como se fossem importantes na relação, apenas para serem lembrados de suas obrigações contratuais de desempenho. Não surpreende que o desengajamento e a permanência dos colaboradores continuem a ser um desafio tão grande. Por que esperaríamos que os empregados ficassem em uma relação dessas?

Um dos lugares onde essa desconexão entre empregador e empregado é mais óbvia é na forma como as organizações abordam seus processos de gestão de desempenho. Tudo, desde avaliações de desempenho até reuniões individuais, é tratado como exercícios de conformidade destinados a garantir que o funcionário está cumprindo o negócio até o fim.

Criar um local de trabalho mais humano, onde os colaboradores possam verdadeiramente envolver-se e desbloquear o seu potencial de desempenho exige que se redesenhe a experiência de trabalho para que seja uma relação saudável para todos os colaboradores.

# As características de uma relação saudável e positiva

Todos nós tivemos relacionamentos saudáveis — o melhor amigo com quem podíamos conversar durante horas ou a pessoa sem a qual não podíamos imaginar a vida. E todos nós já tivemos relações ruins — o irmão inconveniente ou um parceiro ou parceira que parecia incapaz de se comprometer.

Se quisermos projetar uma experiência de trabalho para os funcionários que pareça um relacionamento saudável, precisamos ter uma compreensão clara dos elementos que diferenciam um relacionamento saudável de um não saudável.

Para ajudar, podemos recorrer ao campo da psicologia, que se dedica ao estudo do que nos torna humanos. Um modelo útil vem do trabalho do dr. Will Meek, na Universidade de Portland (Meek, 2013). Ele descreve as oito chaves para uma relação saudável:

1.  Interesse. As pessoas em relacionamentos saudáveis estão curiosas umas sobre as outras. Eles desejam uma compreensão mais profunda da outra pessoa e mostram interesse no seu bem-estar.
2.  Aceitação e respeito. Os melhores relacionamentos são construídos sobre uma base em que cada um aceita o outro pelo que é, incluindo as diferenças de cada um.
3.  Consideração positiva. Quando uma relação é saudável, ambas as partes escolhem ver o outro de uma forma positiva. Eles assumem intenções positivas um do outro. Quando coisas negativas acontecem, eles as veem como erros honestos, não como falhas no indivíduo.
4.  Satisfazer as necessidades básicas. Como seres humanos, temos necessidades básicas em qualquer relação (Meek, 2012): pertencimento, afeto e apoio emocional. Em relacionamentos saudáveis, ambos os indivíduos se comprometem a compreender e satisfazer essas necessidades para a outra pessoa.
5.  Interações positivas. Embora isso possa parecer óbvio, pesquisas (Rath e Clifton, 2004) de John Gottman, Gallup e outros ilustram

como é importante tender ao equilíbrio entre interações positivas e negativas dentro de um relacionamento. Quando alcançarmos uma proporção de pelo menos cinco interações positivas para uma negativa, teremos criado um relacionamento positivo e satisfatório.

6. **Resolver problemas.** Todas as relações têm os seus problemas. Os relacionamentos fortes são definidos por um compromisso mútuo para resolver os problemas e minimizar o impacto daqueles que não podem ser resolvidos. Isso requer uma vontade de participar em algum conflito construtivo.

7. **Ruptura e reparação.** A capacidade de reparar danos em uma relação de forma rápida e eficaz é fundamental. Em muitos casos, rupturas na relação são deixadas sem cuidados. Aqueles em relacionamentos saudáveis ultrapassam seu desconforto para ter as conversas difíceis necessárias para fazer os reparos necessários.

8. **Uma relação saudável nunca é unilateral.** Ela só ocorre quando ambas as partes estão totalmente comprometidas e trabalhando ativamente no relacionamento. É esse compromisso compartilhado um com o outro que, em última análise, faz ou rompe a relação. E, como vimos anteriormente, ela está rompida para muitos empregados.

Torna-se logo claro por que algumas das nossas práticas tradicionais de gestão de desempenho falharam. A avaliação de desempenho anual, por exemplo, não parece um exercício de construção de relacionamentos. Minhas experiências pessoais desse processo foram, em grande parte, revestidas de angústia, ansiedade, frustração e confusão.

Quando seu valor para a organização é reduzido a uma avaliação subjetiva por outra pessoa, ela pode parecer desprovida de qualquer cuidado ou preocupação com o indivíduo sendo "avaliado". Em particular, as necessidades básicas de pertencimento, afeto e apoio emocional estão ausentes do processo. A natureza unidirecional da experiência também, muitas vezes, carece completamente de reciprocidade.

Mesmo um encontro um a um entre o gerente e o funcionário, que deveria ser uma experiência positiva, pode se tornar um relacionamento de sujeição quando é transformado em uma reunião de atualização orientada por conformidade em vez de uma conversa franca. Uma reunião um a um eficaz, como discutiremos mais adiante no livro, pode ter um enorme efeito positivo no engajamento do funcionário quando incorpora todas as oito chaves.

Uma coisa que não está explícita no modelo do dr. Meek é a importância do tempo. Quase tudo nessa lista requer um compromisso de tempo e foco. Para ter e expressar interesse em alguém, por exemplo, é necessário que você passe tempo com ele. Não há nenhum atalho.

Há alguns anos, quando a minha filha tinha sete anos, perguntei-lhe como sabia se alguém a amava. Ela pensou por um momento para considerar a questão. Então respondeu: "Eu sei que alguém me ama se me der muitos abraços e beijos. E eles passam tempo comigo." Mesmo quando crianças, reconhecemos que o tempo é a coisa mais valiosa que qualquer pessoa pode lhe dar se realmente se preocupa com você.

Sem o investimento intencional de tempo, não pode haver relação. Essa é uma realidade inconveniente porque muito do foco da gestão ao longo das últimas décadas tem sido a busca da eficiência. A busca pela eficiência ideal levou as organizações a investirem em Lean Six Sigma, Kaizen e outros esforços de melhoria de processos.

Do ponto de vista contratual do empregador, maximizar a eficiência é tirar o máximo proveito do contrato com o empregado, fazendo com que cada momento conte. Em outras palavras, trata-se de maximizar a produtividade. Na forma tradicional de pensar da gestão industrial, quanto mais "produtivo" o trabalhador se torna em cada minuto que passa no trabalho, mais o empregador se beneficia. A rentabilidade das empresas nos últimos sessenta anos mostra que esse foco na produtividade tem pagado dividendos aos proprietários e acionistas (Trading Economics, 2018a; 2018b). Mas a que preço? Durante o período de 1958 até hoje, a vida média de uma empresa no índice S&P 500 passou de mais de sessenta anos para menos de vinte (Sheetz, 2017).

A construção de relacionamentos raramente é eficiente, porque requer um investimento consistente de tempo ao longo de meses e, às vezes, anos. Parece improdutivo quando visto por meio da lente contratual, de modo que a maior parte do tempo necessário para criar uma relação saudável com os funcionários foi imaginada fora do sistema. E essa é provavelmente uma grande razão pela qual o envolvimento dos colaboradores continua a sofrer e as pessoas continuam a mudar de emprego frequentemente em busca de uma melhor experiência.

## Estudo de caso Merck *um a um*

No início de 2015, a equipe de gestão da fábrica de vacinas da Merck, em Durham, Carolina do Norte, decidiu investir na construção de relacionamentos como uma estratégia para melhorar o engajamento dos funcionários em suas instalações. A abordagem deles era simples. A cada mês, os funcionários deviam ter pelo menos uma oportunidade para uma reunião individual com seu supervisor.

Essa expectativa foi definida e comunicada aos gestores e colaboradores. Apesar de operarem uma fábrica onde o tempo é literalmente produtividade, eles assumiram esse compromisso com uma aspiração de longo prazo de que os gerentes passariam a gastar até duas horas por mês em um atendimento individualizado com todos os empregados. A equipe elaborou uma estrutura simples para essas reuniões para ajudar a fornecer um ponto de partida para as conversas.

O formato recomendado para as conversas era simples:

- discutir a experiência de trabalho recente e o progresso dos objetivos;
- compartilhar feedback em ambas as direções (de gerente para funcionário e de funcionário para gerente);
- rever os objetivos de carreira e o progresso do desenvolvimento.

O objetivo principal era reunir gerente e funcionário em uma conversa para formar ou fortalecer o relacionamento. Durante os dois primeiros anos, os gerentes relataram quando essas reuniões foram concluídas, e os funcionários foram entrevistados com o mesmo propósito — para garantir que as conversas estavam acontecendo.

A aposta era que a relação reforçada entre o gestor e o colaborador se traduziria em um maior envolvimento, mantendo ou melhorando o desempenho. E eles tinham razão. Nos dois anos seguintes à implementação dessas reuniões individuais, houve um aumento médio geral de 15% nas pontuações de engajamento dos funcionários, incluindo melhorias de até 24% em algumas equipes. Isso contribuiu para melhorar a qualidade e as métricas de desempenho no mesmo período, tudo catalisado pelo investimento em relacionamentos usando o único recurso que parece ser o mais escasso disponível na maioria das organizações: o tempo.

Pode ser tanto o seu maior desafio quanto a sua maior oportunidade de ajudar a sua organização a ter sucesso, projetando o tempo de trabalho para permitir o cultivo dos elementos de um relacionamento saudável. Se for bem-sucedido, pode criar uma experiência que seja boa para o funcionário e, como resultado, desbloquear seu potencial de alto desempenho.

## O teste de relacionamento

O saldo deste livro será dedicado à forma como podemos redesenhar as nossas abordagens à gestão do desempenho como forma de criar uma experiência de trabalho mais amiga do ser humano e de melhorar o desempenho. A base para isso é o entendimento de que o trabalho é uma relação para os funcionários e que, para liberar todo o seu potencial, deve ser uma relação saudável para cada um deles.

O processo de transformação da sua organização desta forma requer tempo e propósito. Ao navegar pelo livro, você encontrará tudo o que precisa para fazer essa viagem. Mas, se está impaciente e quer ter uma vantagem agora, há um atalho que gostaria de compartilhar para ajudá-lo a começar a identificar áreas em que se pode ter algum impacto imediato.

É o que eu chamo de "teste de relacionamento".

É um simples exercício de pensamento. Para qualquer processo ou interação no local de trabalho, você simplesmente considera como essa mesma abordagem funcionaria se a usasse em seu relacionamento com alguém que é importante para você, como seu melhor amigo ou cônjuge. Você pode aplicar o processo a uma circunstância fora ou no trabalho ou apenas imaginar que seu melhor amigo ou cônjuge trabalhe com você. Seja como for, vai funcionar.

Ao considerar usar esta abordagem de trabalho com a pessoa em questão, faça a si mesmo a pergunta: "isto prejudica ou ajuda o relacionamento?"

Se ajuda ou preserva o relacionamento, então provavelmente não há problema em deixá-la como está por enquanto. Passa no teste de relacionamento.

Se a utilização desta abordagem específica prejudicar a relação, então ela falha no teste e precisa ser alterada. Esse atalho rápido nos obriga a enfrentar o fato de que, de alguma forma, racionalizamos o tratamento das pessoas no trabalho de uma forma com que nunca trataríamos alguém em nossas vidas pessoais, especialmente alguém que nos interessa.

Vamos tentar um exemplo juntos. Imagine como seria se abordássemos o início de uma nova relação romântica da mesma forma que abordamos a integração de novos funcionários.

Imagine isto. Você teve alguns encontros com uma pessoa e as coisas correram bem. Vocês gostam da companhia um do outro, gostam de passar tempo juntos, e compartilham vários interesses. Ambos concordam em entrar em um relacionamento séria, sem dúvida.

Você decide convidar essa pessoa para a sua casa no sábado de manhã para começar a relação com o pé direito. Durante a primeira hora juntos, vocês revisam uma variedade de documentos, incluindo suas informações de contato de emergência, informações médicas e sua programação semanal habitual. Ao terminar isso, você passa as próximas duas horas fornecendo uma visão geral de sua história e valores pessoais. Então, na última hora, você pode rever suas expectativas em relação ao seu novo parceiro para equipá-lo para ser o melhor parceiro possível.

Nesse momento, acho que essa nova relação pode estar a caminho de ser uma relação passada. É estranho na melhor das hipóteses, arrogante e insensível na pior delas. Essa experiência é totalmente unilateral e ignora o fato de haver dois participantes na relação.

O teste de relacionamento falhou. Se não faríamos isso com alguém na nossa vida pessoal, por que o faríamos com nossos empregados? O próximo passo seria pensar em como redesenhar o processo de integração para que ele cumpra seus objetivos, mas o faça de uma forma que construa uma relação em vez de prejudicá-la.

O teste de relacionamento nos ajuda a identificar rapidamente onde nossos comportamentos e ações podem não ser tão amigáveis quanto gostaríamos e nos lembra de fazer perguntas que nos levam ao progresso. E se essa experiência prejudicar a relação? Como poderia parecer diferente se a desenhássemos com a relação em mente?

O teste de relacionamento é uma ferramenta útil para usar como regra geral para avaliar o impacto de nossas interações e processos no trabalho. Mas, se quisermos criar uma experiência de trabalho completa que pareça uma relação saudável com os colaboradores, temos de pensar de uma forma mais ampla sobre como tornar a construção de relações uma parte integrante do que fazemos. No próximo capítulo, vamos explorar como o gerenciamento de desempenho pode ser reimaginado como sistema para que isso aconteça.

---

### Principais conclusões

- O legado do "trabalho como um contrato" continua a moldar a experiência do empregado por meio de práticas atuais de RH e gestão, tais como avaliações de desempenho, descrições de cargos e manuais do empregado. Essas práticas existem principalmente para proteger os interesses da organização, às vezes à custa do empregado.
- O modelo contratual de trabalho é frequentemente associado a uma mentalidade de gestão do legado que assume que os

trabalhadores são inerentemente preguiçosos e devem ser coagidos e acompanhados de perto para cumprir as expectativas contratuais do trabalho.

- Uma mudança na compreensão sobre a natureza do trabalho foi desencadeada por Douglas McGregor na década de 1960 e, finalmente, levou à compreensão e medição do envolvimento dos funcionários, que assume que os empregados são automotivados a buscar o sucesso no trabalho.
- A medição da opinião dos funcionários revelou que eles vivenciam o trabalho da mesma forma que fazem com qualquer relacionamento importante: precisam se sentir valorizados, confiáveis, apreciados, cuidados e com um sentimento de pertencimento.
- Para desbloquear todo o potencial de desempenho dos funcionários, as necessidades de trabalho precisam parecer um relacionamento saudável. O teste de relacionamento é uma ferramenta que pode ser aplicada para fazer algum progresso imediato nessa direção.

## Referências

American Psychological Association. 2017 Work and well-being survey, *Center for Organizational Excellence*, 2017. Disponível em: http://www.apaexcellence.org/assets/general/2017-work-and-well-being-survey-results.pdf?_ga=2.82923862.1359115985.1512314246-2101083144.1512314246. Acesso em: 27 abr. 2018.

Ben-Zeev, A. Why we all need to belong to someone, *Psychology Today*, 11 mar. 2014. Disponível em: https://www.psychologytoday.com/us/blog/in-the-name-love/201403/why-we-all-need-belong-someone. Acesso em: 27 abr. 2018.

Brown, S. et al. Employee trust and workplace performance, *Journal of Economic Behavior & Organization, ScienceDirect*, 2015. Disponível em: https://www.science- direct.com/science/article/pii/S0167268115001365.

Acesso em: 27 abr. 2018.

Burjek, A. Re-engaging with William Kahn 25 years after he coined term employee engagement, *Workforce*, 14 dez. 2015. Disponível em: http://www.workforce.com/2015/12/14/re-enganging-with-william--khan-25-years-after-he-coined-term-employee-engagemnet. Acesso em: 27 abr. 2018.

Chu, H. New technology industry diversity & inclusion report 2017, *Culture Amp*, 2016. Disponível em: http://hello.cultureamp.com/diversity-and-inclusion?utm_campaign=Blog%20Link%20Campaigns&utm_source=Blog&utm_ medium=Belonging_importance. Acesso em: 27 abr. 2018

Clifton, D. and Rath, T. *How Full is Your Bucket?* Gallup Press, 2001.

*The Economist.* Theories X and Y, 6 out. 2008. Disponível em: https://www.econo- mist.com/node/12370445. Acesso em: 27 abr. 2018.

Gallup. Item 5: my supervisor cares about me, *Business Journal*, 19 abr. 1999. Disponível em: http://news.gallup.com/businessjournal/493/item-supervisor-cares- about.aspx. Acesso em: 27 abr. 2018.

Great Place to Work Institute. Survey, analyze and improve your culture, *Great Place to Work*, 2018. Disponível em: https://www.greatplacetowork.com/culture- consulting/survey-analyze-improve-your-culture. Acesso em: 30 abr. 2018.

IBM Corporation e Globoforce Limited. The employee experience index, *IBM*, jul. 2017. Disponível em: https://www-01.ibm.com/common/ssi/cgi-bin/ssialias?htmlfid=LOW14335USEN. Acesso em: 30 abr. 2018.

Kahn, W. Psychological conditions of personal engagement and disengagement at work, *Academy of Management,* 33 (4), 2017. Disponível em: https://journals.aom.org/doi/abs/10.5465/256287. Acesso em: 27 abr. 2018.

McGregor, D. *The Human Side of Enterprise*, McGraw-Hill, 1960.

Meek, W. Basic relationship needs, [Blog] *Will Meek PhD*, 16 dez. 2012. Disponível em: http://www.willmeekphd.com/relationship-needs/. Acesso em: 29 abr. 2018.

Meek, W. 8 keys to healthy relationships, *Psychology Today* 28 out. 2013. Disponível em: https://www.psychologytoday.com/us/blog/notes-self/201310/8-keys- healthy-relationships. Acesso em: 27 abr. 2018.

Powell, W. e Snellman, K. The knowledge economy, *Annual Review of Sociology*, 30, 2004, pp. 199-220. Disponível em: https://web.stanford.edu/group/songpapers/powell_snellman.pdf. Acesso em: 27 abr. 2018.

Psychology. Industrial-organizational psychology history, *Psychology Research and Reference*, 2018. Disponível em: http://psychology.iresearch-net.com/industrial-organizational-psychology/i-o-psychology-history/. Acesso em: 27 abr. 2018.

Rath, T. e Clifton, D. The big impact of small interactions, *Gallup*, 14 out. 2004. Disponível em: http://news.gallup.com/businessjournal/12916/The-Big-Impact-of-Small-Interactions.aspx. Acesso em: 29 abr. 2018.

Sheetz, M. Technology killing off corporate America: average life span of companies under 20 years, *CNBC*, 24 ago. 2017. Disponível em: https://www.cnbc.com/2017/08/24/technology-killing-off-corporations-average-lifespan-of-company-under-20-years.html. Acesso em: 29 abr. 2018.

Trading Economics. United Kingdom corporate profits, *Trading Economics*, 2018a. Disponível em: https://tradingeconomics.com/united-kingdom/corporate- profits. Acesso em: 29 abr. 2018.

Trading Economics (2018b) United States corporate profits, *Trading Economics*, 2018b. Disponível em: https://tradingeconomics.com/united-states/corporate-profits. Acesso em: 29 abr. 2018.

# 03
# Repensando a gestão de desempenho

No último capítulo, aprendemos que o trabalho é uma relação para os empregados. Compreender essa realidade é um grande primeiro passo para reformular a experiência de trabalho do funcionário para melhor. Mas é apenas o primeiro passo de uma longa jornada para repensar e redesenhar a experiência de trabalho dos colaboradores.

Será uma viagem gratificante. Mas será um desafio às vezes. As relações humanas são complicadas. Criar uma relação duradoura e saudável de qualquer tipo é incrivelmente gratificante, mas raramente fácil. Reconhecer que o trabalho é um relacionamento ajuda a esclarecer por que é tão desafiador envolver totalmente os funcionários. Envolver-se plenamente em qualquer relacionamento requer tempo e esforço consistente. Ao refletir sobre conversas que tive ao longo dos anos com amigos sobre suas experiências em relacionamentos românticos, elas se parecem muito com a conversa que temos sobre o envolvimento dos empregados no local de trabalho.

Duas pessoas se reúnem na esperança de encontrar um relacionamento que as faça felizes e que atenda às suas necessidades. No início, ambas trabalham arduamente para impressionar o outro e são apanhadas na emoção e na "novidade" de tudo isso. O entusiasmo do novo relacionamento significa que eles podem fingir gostar de coisas que não gostam ou ignorar coisas que geralmente podem separá-las. Elas veem o que querem ver, ignorando o resto.

Mas, à medida que o tempo passa, param de se esforçar tanto. Ambas as partes começam a revelar cada vez mais quem são. À medida que esse processo de revelação se desenrola, um começa a tomar decisões silenciosas sobre o outro, o que os levam a dar mais de si mesmos ao relacionamento — tornando-se mais comprometidos e vulneráveis— ou a recuar, fechando-se.

Cada uma dessas decisões silenciosas representa um "momento da verdade" para a relação, uma pequena encruzilhada no caminho. A soma total desses momentos de verdade leva a um relacionamento mais forte ou a um eventual rompimento. Raramente é uma única decisão que constrói ou termina um relacionamento, mas o culminar de muitas pequenas decisões tomadas ao longo do tempo.

Quando eu e minha esposa nos conhecemos, minha impressão dela era de uma mulher linda, forte e engraçada: tudo o que me atraía muito. Felizmente, ela sentiu-se atraída o suficiente por mim para me dar seu número de telefone. Esse primeiro contato, o nosso primeiro e crítico momento da verdade, foi a meu favor. Seguiu-se um primeiro encontro em que começamos a conhecer-nos.

Nessas primeiras conversas, aprendi que minha futura esposa era uma mãe solteira divorciada com guarda total de seu filho. Como um cara solteiro em meus vinte e tantos anos, eu estava procurando um relacionamento sério, mas não tinha certeza se já estava pronto para a responsabilidade de uma criança e a complexidade que isso dava à relação. Esse foi outro grande momento da verdade no início do nosso namoro. Obviamente, decidi que estava aberto à ideia, mas concordamos que devíamos primeiro descobrir o quão séria era nossa relação antes de eu conhecer o filho dela.

Várias semanas depois, chegou a hora de conhecer o meu futuro enteado. Ele era um garoto de cinco anos, irascível, quase detestável e loiro, que decidiu me testar naquele dia. A nossa primeira experiência juntos foi estranha e desconfortável. Ele estava me testando, eu o estudando, e minha futura esposa estava avaliando como eu me saía naquela situação. Esse foi outro crítico momento da verdade em nosso relacionamento para cada um de nós. Você sabe como a história termina, então claramente todos nós tomamos a decisão de continuar avançando na relação.

Meu casamento, como todo relacionamento em nossas vidas, é uma experiência contínua e compartilhada entre duas pessoas, definida por esses momentos da verdade. Embora a natureza desses momentos tenha mudado para nós ao longo dos anos, eles ainda acontecem o tempo todo. Pedimos desculpa mesmo quando não queremos? Escolhemos passar tempo juntos em vez de fazer outra coisa? Priorizamos as necessidades do outro em detrimento das nossas? Cada momento da verdade representa uma oportunidade de tomar uma decisão sobre o relacionamento. Esses momentos continuam a ser tão importantes para a nossa relação de hoje como o foram no início.

---

Quando você considera seus próprios relacionamentos pessoais, é fácil começar a identificar os momentos-chave da verdade que separam seus melhores relacionamentos dos demais:

- Como eles o tratam?
- Como o fazem sentir-se quando passa tempo com eles?
- Como eles tratam os outros com quem você se preocupa?
- Eles aparecem quando você precisa?
- Eles o protegem (mesmo quando é inconveniente para eles)?
- Eles guardam seus segredos?

---

São esses "momentos da verdade" que definem a experiência da relação. A cada momento da verdade, você se torna mais ou menos engajado na relação. Cada momento da verdade fortalece ou enfraquece o seu sentimento de conexão com a outra pessoa.

À medida que sua conexão com a outra pessoa se expande, seu compromisso com o relacionamento aumenta e você se torna mais propenso a se entregar ao outro. Não há nada que eu não daria de mim mesmo pela minha esposa, mas esse é um exemplo extremo de um dos mais íntimos e importantes tipos de relacionamento.

Em um nível menos extremo, eu tenho alguns amigos por quem eu poderia de desistir de meu fim de semana para ajudar a construir um barracão no quintal deles, apesar de ter um monte de outras coisas que eu prefiro fazer com o meu tempo. A única razão pela qual desistiria do meu fim de semana por eles é devido ao tipo de relação que construímos ao longo dos anos. Tomamos decisões de relacionamento assim todos os dias. Quanto mais forte o nosso nível de conexão ou "engajamento", mais voluntariamente sacrificaremos e investiremos de nós mesmos na outra pessoa.

É por isso que, nos últimos anos, a conversa sobre o engajamento dos funcionários tem se voltado mais para a "experiência" deles. Como em qualquer relacionamento, a qualidade e a natureza de nossa experiência determinam nosso nível de conexão, que, por sua vez, impulsiona nossa disposição de investir de nós mesmos no relacionamento.

Em termos de local de trabalho, a experiência impulsiona o engajamento. E o compromisso impulsiona o desempenho. O desbloqueio de um desempenho superior começa com a experiência do funcionário.

Embora o conceito de experiência possa ser novo quando aplicado aos trabalhadores no local de trabalho, não é um conceito novo. As áreas de marketing e design de produto têm estudado e projetado experiências de clientes há anos. A importância da experiência parece quase intuitiva quando considerada por meio das lentes do consumo pessoal.

**Figura 3** Como a experiência do funcionário impulsiona o desempenho

Pense sobre a última vez que você teve uma grande experiência como cliente em uma loja, restaurante ou on-line. Como se sentiu? Recomendaria a empresa que criou essa experiência para você?

Agora considere a última experiência muito ruim que teve como cliente. A diferença entre as duas é gritante. Uma grande experiência leva à repetição de negócios e referências. Uma experiência negativa pode significar a perda de um cliente, críticas negativas e uma potencial avalanche de comentários negativos nas redes sociais.

A experiência pode fazer ou quebrar um relacionamento com o cliente ainda mais rapidamente do que um relacionamento pessoal. Como resultado, existem campos de trabalho dedicados à aplicação de princípios de design à experiência do cliente ou, como é frequentemente referido no desenvolvimento de software, à experiência do usuário (UX, do inglês *user experience*). Amplamente definido, o design da experiência do cliente é uma prática de projetar produtos e serviços com um foco intencional na qualidade e na experiência do usuário. Isso envolve moldar a interação de cada cliente para alinhar-se à promessa da marca (Longanecker, 2016).

No design de experiência, essas interações do cliente com o produto ou marca são muitas vezes referidas como "momentos da verdade". Como aprendemos com as relações pessoais, cada momento da verdade representa um ponto de decisão que acaba por moldar o nosso compromisso e investimento na relação. Devido à sua importância, os designers de experiência se esforçam para identificar esses momentos da verdade para garantir que cada um resulte em uma impressão positiva do produto ou marca (The Interaction Design Institute, 2018a).

## A gestão de desempenho refere-se à experiência do empregado

A chave para desbloquear o desempenho dos funcionários é aplicar a disciplina de *design* de experiência para moldar os momentos da verdade para os funcionários a cada dia. O objetivo é garantir que cada um desses momentos-chave contribua para construir o sentimento de ligação e relacionamento do colaborador. Essa é a essência do engajamento dos funcionários. E um maior envolvimento anda de mãos dadas com um melhor desempenho.

Toda interação significativa que um empregado tem no trabalho ou relacionada a ele pode ser um momento da verdade, uma experiência que fortalece ou enfraquece o relacionamento. Alguns momentos da verdade são simples e acontecem todos os dias. Por exemplo, quando seus colegas de trabalho o cumprimentam no corredor é um pequeno momento da verdade. Quando você tem uma pergunta sobre algo no trabalho, sua capacidade de encontrar uma resposta pode ser um momento da verdade. Mesmo a qualidade e o conforto do seu espaço de trabalho podem ser um momento diário da verdade. Em cada caso, uma experiência positiva atrai você para um relacionamento melhor, enquanto uma experiência que fica aquém do esperado pode fazer com que você se desconecte um pouco. Se já trabalhou em um ambiente de escritório desconfortável ou em um ambiente de trabalho que tornou desafiador fazer o seu melhor, você entende o quanto de dano esse momento diário da verdade pode causar ao seu nível de engajamento no trabalho.

---

### Os momentos da verdade de alto risco incluem:

- qualquer interação individual com o seu gerente ou um líder;
- avaliação do desempenho do trabalho e feedback;
- reconhecimento de um esforço significativo;
- discussões sobre salário ou carreira;
- reuniões;
- resposta da liderança às más notícias;
- o estabelecimento de expectativas;
- entrevistas e novos contratados na equipe;
- comunicação sobre mudanças significativas;
- apoio a uma crise pessoal fora do trabalho.

Há também muitos momentos da verdade de alto risco, aqueles que podem ter um impacto mais profundo e imediato na relação do empregado com o trabalho. Esses tendem a ser momentos que atingem o âmago de uma relação saudável: comunicação, confiança, sentir-se valorizado, valorização e os outros delineados no capítulo anterior.

Esses são apenas alguns dos momentos mais óbvios e significativos da verdade. Essas interações acontecem com os funcionários durante todos os dias, o dia todo dentro da sua organização. Que decisões silenciosas os colaboradores tomam com base na sua experiência em cada um desses momentos? E, mais importante ainda, você está pensando em como fazer de cada um desses momentos da verdade um que constrói um relacionamento com o funcionário em vez de prejudicá-lo?

A gestão tradicional do desempenho, por exemplo, com suas avaliações anuais e aumentos salariais orientados por classificações, é um momento de alto risco para os funcionários e gerentes. Mesmo na sua melhor forma, há uma consideração mínima da experiência do empregado na avaliação anual. Ela é um processo baseado em eventos projetada para verificar os resultados dos funcionários em relação às expectativas. Não só não se preocupa habitualmente com a experiência, como a aversão quase universal ao processo sugere que pode criar momentos da verdade negativos, prejudicando a relação do trabalhador com o trabalho e, por extensão, o seu desempenho a longo prazo.

Já é tempo de reinventar a gestão do desempenho. No futuro, deve ser um sistema para criar e manter uma experiência de funcionário que estimule o engajamento e desbloqueie o potencial de desempenho total de cada um. Para conseguir isso, o gerenciamento de desempenho não pode mais ser uma atividade eventual para cumprir tabela. Em vez disso, deve se tornar uma mentalidade e abordagem para moldar cada momento da verdade na experiência do empregado para promover um forte relacionamento e senso de conexão com o seu trabalho.

A gestão do desempenho deixará de ser um programa de RH definido por formulários e políticas. Deve ser um sistema para como o trabalho acontece dentro da organização. Se as pessoas são o "hardware" da empresa, então o gerenciamento de desempenho deve ser o software que programa como nós — individual e coletivamente — criamos trabalho. Como qualquer software funcional, o seu valor será baseado na sua utilidade e eficácia na obtenção dos resultados desejados. E, tal como o software, o design é a diferença entre as ferramentas que amamos e as que odiamos.

Felizmente, podemos tirar lições das metodologias de design da experiência do cliente e do usuário para nos dar uma vantagem neste trabalho.

## Esclarecer seus objetivos

A primeira lição é encontrada na definição de experiência do cliente compartilhada anteriormente. Design de experiência é a criação de interações que reforçam a promessa da marca. Uma promessa de marca é uma articulação do que um cliente pode esperar de suas interações com a organização (MBA Skool, 2018). Essa promessa dá clareza para o tipo de experiência que a organização projeta e cria por meio de seus produtos, serviços e interações com os clientes.

A Amazon, uma das maiores e mais admiradas empresas do mundo, tem uma promessa de marca excepcionalmente clara e poderosa para fornecer a maior seleção do planeta e ser a organização mais centrada no cliente do planeta (Davis, 2016). Embora pareça uma promessa bastante ambiciosa, certamente esclarece como e por que a Amazon faz negócios como faz. Se você fez compras na Amazon ou interagiu com a equipe de serviço de atendimento ao cliente, a sua experiência esteve à altura dessa expectativa? Como cliente frequente da Amazon, não foi surpresa para mim ler sua promessa de marca pela primeira vez porque ela descreve com precisão minha experiência na empresa.

Outro exemplo de clareza vem da promessa da marca bmw: a melhor máquina de dirigir (Leifer, 2015). Embora a BMW seja um tipo de empresa muito diferente da Amazon, a clareza de sua promessa define algumas expectativas claras para o tipo de experiência que você deve esperar de seus produtos e serviços. Em ambos os casos, eles têm articulado clara e corajosamente o que seus clientes devem esperar deles. Armados com essa clareza, eles podem projetar uma experiência de cliente ou produto que cumpra essa promessa. Clareza de objetivo é essencial para um bom design.

O primeiro passo para reinventar seu sistema de gerenciamento de desempenho é encontrar clareza sobre o tipo de experiência que está prometendo para seus funcionários. É possível que você já tenha feito esse trabalho na forma de valores organizacionais, cultura, marca do empregador ou proposta de valor do empregado. Eles representam a variedade de maneiras de abordagem para obter clareza sobre a experiência pretendida do funcionário. O processo específico não é uma escolha crítica, desde que o ajude a criar o equivalente a uma promessa de marca clara que descreva a experiência do colaborador que pretende criar.

Quando você tiver alcançado a clareza, será capaz de responder a estas duas perguntas:

- Que tipo de experiência de trabalho estamos tentando criar para os funcionários?
- Por que criar esta experiência é importante?

Os exemplos de promessa de marca da Amazon e da bmw são declarações curtas e concisas, que captam a aspiração de alto nível da marca. Obviamente, essas breves declarações são apenas o início da criação da clareza necessária para desenvolver a experiência do cliente. Em empresas desse porte, há equipes inteiras dedicadas a definir e executar ainda mais essas promessas.

Para o local de trabalho, o equivalente a uma promessa de marca é a cultura. Algumas empresas têm feito um grande esforço para definir claramente a sua cultura de uma forma que explique o tipo de experiência do funcionário que desejam criar. Essa clareza também convida o empregado a cocriar a experiência com a organização.

A Hubspot, desenvolvedora de softwares para marketing e vendas, tem algo que eles chamam de código de cultura. O código, compartilhado abaixo, é explicado em detalhes em um conjunto de slides de 128 páginas que a empresa publicou on-line para que funcionários e não funcionários pudessem visualizar. O código pinta uma imagem clara de como é trabalhar na Hubspot. E, ao publicar os slides on-line, convidam seus funcionários (e clientes, investidores e outros) a responsabilizá-los por suas intenções.

---

## Código de cultura Hubspot (Shah, 2017)

1. Comprometemo-nos loucamente com a nossa **missão** e nossas **métricas**.
2. Nós olhamos para o longo prazo e **a solução para o cliente**.
3. **Compartilhamos abertamente** e somos **extremamente transparentes**.
4. Somos a favor da **autonomia** e da **propriedade**.
5. Acreditamos que nossa maior vantagem são as **pessoas incríveis**.
6. Atrevemo-nos a ser **diferentes** e a questionar o status quo.
7. Reconhecemos que **a vida é curta**.

---

Outra organização que se comprometeu com a clareza da experiência do funcionário é a empresa de análise e insights financeiros, The Motley Fool. Em vez de um pacote de cultura, eles usaram uma ferramenta improvável para criar clareza: o manual do funcionário. Mas esse não é o manual chato do empregado que é a norma de hoje. Ele não é realmente um manual, mas um site interativo on-line aberto a todos em www.thefoolrules.com. Nas primeiras páginas do manual, você encontra o propósito da organização e seus valores fundamentais claramente declarados e explicados. Com base nesse alicerce de clareza, o resto do manual explica e descreve como a organização cria uma experiência que se alinha.

> ## The Motley Fool — propósito e valores
>
> Objetivo: "Ajudar o Mundo a Investir — Melhor."
>
> Valores fundamentais: "Seja tolo".
>
> - Colaborativo — façam coisas incríveis juntos.
> - Inovador — busque uma solução melhor. Então supere-a.
> - Honesto — deixe-nos orgulhosos.
> - Competitivo — jogue limpo, jogue duro, jogue para ganhar.
> - Diversão — divirta-se com o seu trabalho.
> - Motley — faça sua própria loucura!

Ambos os exemplos demonstram o tipo de clareza que permite o desenho de uma experiência de funcionário alinhada. Com essa clareza, é possível começar a definir um sistema de gestão de desempenho para garantir que os momentos-chave da verdade são positivos e fortalecer o relacionamento.

Se lhe parecer um pouco excessivo pensar em como criar esse tipo de clareza para a sua empresa, você não está sozinho. Minha experiência é que a maioria das organizações não tem clareza de intenções, o que contribui para uma experiência pobre e inconsistente dos funcionários. Para saber por onde começar, podemos nos voltar novamente para o design da experiência do cliente e do usuário.

Um ingrediente necessário do processo de design é uma compreensão profunda do cliente e de como ele interage com o produto, serviço ou organização (The Interaction Design Institute, 2018b). Aplicado ao local de trabalho, isso sugere que devemos ter uma compreensão profunda dos nossos funcionários, como eles interagem com a organização e quais as interações que consideram mais importantes.

Se você está apenas começando esse processo, a maneira mais simples de obter insights sobre seus funcionários relacionados a essas questões é perguntando a eles. Dependendo do tamanho da sua organização, uma pesquisa on-line ou alguns grupos focais podem ser um ótimo jeito de começar. Se a sua organização é menor, sentar-se um a um ou em pequenos grupos com funcionários para uma conversa é poderoso. O objetivo é descobrir como o empregado vê sua experiência com a organização e descobrir ideias para fortalecer a relação do empregado com seu trabalho enquanto cumpre o propósito da organização e objetivos.

Aqui estão alguns exemplos para os tipos de questões que você pode querer explorar:

- Quando você se sente mais energizado pelo seu trabalho?
- Quando você se sente mais realizado com seu trabalho?
- Quando você tem um bom dia de trabalho, o que precisa acontecer para você sentir que teve um bom dia?
- Quando você tem um dia ruim no trabalho, o que precisa acontecer para você se sentir que teve um dia ruim?
- Se você pudesse mudar ou eliminar algo da sua rotina de trabalho semanal, o que seria e por quê?

Pode parecer tentador saltar esta fase de pesquisa e descoberta, porque pode ser demorada e árdua de empreender. Não faça isso. O processo de design, seja aplicado à experiência, software ou arquitetura, começa com descoberta e pesquisa (Design Council, 2018). Para criar algo com objetivo, você tem que entender para quem está projetando e por quê.

Também é tentador presumir que você já entende o que seus funcionários precisam e querem. A menos que sua organização seja muito pequena ou inflexível em criar conversas contínuas e ciclos de feedback, incluindo os tipos de perguntas listadas acima, suas suposições são, muito provavelmente, pelo menos parcialmente erradas. Mesmo depois de décadas de trabalho em pesquisa de funcionários e em torno delas, ainda hoje fico pasmo com a surpresa da maioria das equipes de liderança quando lhe são apresentados os resultados de uma pesquisa ou grupos de discussão. Quase sempre a realidade do dia a dia para os funcionários é muito diferente do que os líderes supõem que seja. É essa lacuna de compreensão que deve ser fechada para realmente projetar a experiência do funcionário com objetivo.

Seu sucesso em criar o tipo de experiência que você pretende depende de um profundo conhecimento das necessidades e preferências de seus empregados. Equipado com essa informação, você pode começar a tomar decisões e esclarecer o tipo de experiência que pode criar que motivará seus funcionários e cumprirá o propósito da organização. Você pode ver essa sinergia refletida nos exemplos de Hubspot e The Motley Fool.

É no alinhamento da experiência do funcionário com o propósito organizacional que a magia acontece. E não há fórmula que possa ser emprestada de uma empresa e aplicada a outra. A experiência do funcionário dentro de uma organização bancária com o objetivo de criar um sentimento de segurança e estabilidade para os clientes deve ser muito diferente da experiência dentro de uma start-up de tecnologia ou de um restaurante de jantar fino. A chave está em descobrir a fórmula certa para a sua organização. Um grande exemplo disso é a Menlo Innovations.

## **Estudo de caso** Menlo Innovations

A Menlo Innovations é uma empresa de desenvolvimento de software com sede em Ann Arbor, Michigan, e tem sido um modelo de como desenhar e criar objetivamente uma experiência de trabalho positiva. A abordagem da Menlo despertou tanto interesse de outras empresas que seu CEO, Richard Sheridan, escreveu o livro *Joy, Inc.* para compartilhar o funcionamento interno essencial de sua cultura. A cultura na Menlo é projetada para criar uma experiência "alegre" sendo "aberta e transparente, colaborativa e democrática" (Menlo Innovations, 2017). Essas palavras representam uma ideia clara do tipo de experiência que os funcionários podem esperar quando vão trabalhar na Menlo.

Quando você dá um espiada na Menlo e conversa com quem trabalha lá, descobre rapidamente que tudo sobre a experiência de trabalho da Menlo foi projetado para criar momentos da verdade positivos que reforçam esses objetivos. Há cartões na parede dentro da fábrica (como eles chamam o escritório), onde qualquer um pode ver no que os outros estão trabalhando durante um determinado dia. Em outra parede está uma espécie de gráfico que mostra onde cada funcionário está em termos de progressão de carreira em relação ao seu papel atual. As equipes de trabalho seguem um processo para recolher feedback e oferecer promoções aos seus colegas de equipe sem qualquer envolvimento tradicional de liderança ou gestão.

É importante notar aqui que a abordagem da Menlo para desenvolvimento de software é única. Todo o seu trabalho é feito em pares. Dois desenvolvedores, um teclado, escrevendo códigos e construindo softwares. Ela também proporcionam aos clientes uma influência e uma contribuição mais diretas durante o processo de desenvolvimento e empregam "antropólogos de alta tecnologia" no processo. Sua cultura e experiência de funcionários são projetadas para apoiar e sustentar seu modelo de desenvolvimento de software. Está tudo interligado no que eu descreveria como o seu sistema de gestão de desempenho.

A abordagem da Menlo sobre o trabalho é única e tentar aplicar o que eles fazem diretamente à sua organização é provavelmente a resposta errada. A Menlo definiu claramente seus objetivos em relação ao colaborador e à experiência de trabalho e alinhou tudo com a experiência de trabalho do dia a dia e o ambiente de trabalho para apoiar isso. Somente depois de alcançar essa clareza é que se pode projetar o próprio sistema com os processos e ferramentas específicos que fazem mais sentido para a organização.

## O gerenciamento de desempenho precisa de uma nova marca?

Como despertamos coletivamente para as falhas das abordagens tradicionais à gestão do desempenho, um dos efeitos secundários tem sido uma reação negativa à própria ideia de "gestão" do desempenho. Na verdade, há tal desdém pelas avaliações anuais de desempenho que alguns argumentaram que já não deveríamos sequer utilizar o termo "gestão de desempenho".

Alguns têm defendido a motivação para o desempenho (Comaford, 2016) e conversas de desempenho (Gandhi, 2017). Os argumentos para uma nova linguagem são convincentes e fáceis de concordar porque sugerem que é necessária uma abordagem nova e diferente. Depois de anos sofrendo com o velho sistema, qualquer coisa nova soa bem.

Inerente à maioria dessas novas abordagens à gestão do desempenho é um tema comum que o novo processo deve ajudar a criar um local de trabalho mais "humano". Depois de décadas tratando os funcionários como engrenagens substituíveis em uma máquina, desejamos um processo que trate as pessoas como pessoas. Assim, esses novos processos de substituição são nomeados para refletir a abordagem mais humana, invocando palavras como "motivação" e "conversas".

Mas há alguns que são bem cínicos. Gostando ou não, o conceito de gestão de desempenho tornou-se profundamente enraizado na forma como pensamos em gerir o trabalho. Quando sugerimos a humanização do trabalho e a substituição da "gestão do desempenho" por abordagens com nomes diferentes, isso pode parecer muito perigoso para os líderes. Como vimos no último capítulo, o modelo de trabalho tradicional produziu, nas últimas décadas, resultados bastante impressionantes em termos de rentabilidade para os *stakeholders*. Como diz o velho ditado, "se não está quebrado, não conserte".

A necessidade de gestão de desempenho é intuitivamente óbvia. Afinal, o desempenho é a razão pela qual as organizações existem. Ele é a medida da eficácia com que uma organização cumpre o seu propósito.

Cada organização tem uma finalidade (ou várias). As empresas criam valor para os acionistas por meio da satisfação de uma necessidade do mercado. Por exemplo, a Adidas cria roupas e equipamentos para os atletas. Se as pessoas parassem de comprar esses produtos, a Adidas precisaria encontrar um novo propósito ou estaria fora do negócio.

As organizações sem fins lucrativos têm um propósito diferente. Elas existem para atender às necessidades de um grupo ou causa em particular. Como exemplo, a CARE Internacional trabalha para acabar com a pobreza global. Se a pobreza fosse erradicada no mundo, a CARE Internacional já não precisaria existir.

O sucesso do desempenho no nível organizacional é geralmente determinado pela capacidade da empresa de atuar consistentemente ao longo do tempo. A Adidas vende produtos suficientes para aumentar o valor do seu estoque. A CARE Internacional ajuda a reduzir a pobreza para que possam continuar a angariar apoio e fundos para o seu trabalho.

O desempenho é a força vital da organização.

Para alcançar o sucesso, as organizações precisam que os funcionários trabalhem em conjunto para produzir resultados individuais. O desempenho de um indivíduo muitas vezes permite ou apoia o desempenho de outro. Quando um elo de desempenho falha, ele afeta toda a cadeia.

Ao mesmo tempo, à medida que o desempenho do indivíduo melhora, pode ter um impacto positivo em todos os que o trabalho dele permite ou afeta. Assim, desbloquear todo o potencial de desempenho de cada indivíduo pode ter um efeito de amplificação exponencial sobre o desempenho da organização.

Pela minha experiência, a maioria dos líderes intuitivamente entende a importância crítica do desempenho individual. E é por isso que eles acreditam, com razão, que a sua gestão é uma prioridade fundamental.

A gestão do desempenho faz sentido para os líderes. O objetivo de gerenciar o desempenho é o correto quando se considera que é por isso que a organização existe. O que é falho na gestão de desempenho nunca foi a sua aspiração. Os métodos obsoletos e ineficazes que aplicamos que são o problema.

Nosso objetivo não deve ser substituir ou renomear o gerenciamento de desempenho, mas redesenhá-lo para finalmente alcançar sua aspiração de destravar totalmente o desempenho humano para impulsionar o desempenho organizacional.

## Redesenhando a gestão de desempenho

Anteriormente, eu introduzi a ideia de gestão de desempenho como o software da organização. Se nós ficarmos com essa analogia, a versão de software que estamos executando em muitas organizações hoje em dia é equivalente aos primeiros programas de processamento de texto nos primeiros dias dos computadores pessoais. Esses programas eram essencialmente uma máquina de escrever digitalizada com poucas características além de ser capaz de substituir a digitação em papel físico por "papel digital". Na época, a capacidade de digitar e editar um documento eletronicamente (principalmente para corrigir erros ortográficos ou de digitação) foi um avanço incrível.

Agora pense sobre essa tecnologia inicial em contraste com as ferramentas de criação de documentos de hoje, como o Microsoft Word ou o Google Docs. Elas fazem a mesma coisa. Permitem-nos digitar e editar documentos eletronicamente. Mas essas ferramentas modernas evoluíram e mudaram à medida que a tecnologia e as pessoas mudaram nas últimas décadas.

Os processadores de textos atuais podem corrigir automaticamente seus erros de digitação e melhorar sua gramática. Você pode formatar seu documento com fontes, cores e opções de aparência aparentemente infinitas. Pode salvar automaticamente o seu trabalho para que nunca perca nada. Os arquivos podem ser facilmente convertidos para diferentes tipos de conteúdo e são facilmente compartilháveis sem nunca serem impressos. E, se isso não for suficiente, a maioria dessas novas ferramentas permite que várias pessoas trabalhem juntas no mesmo documento ao mesmo tempo, mesmo que estejam a centenas ou milhares de quilômetros de distância.

O processador de texto original atendia às necessidades da época. Com o passar do tempo, ele foi projetado e redesenhado repetidamente para acompanhar as mudanças de cenário e as necessidades dos usuários.

O gerenciamento de desempenho requer o mesmo tipo de atualização de um programa rudimentar e autônomo para um sistema projetado para como o trabalho e o trabalhador evoluíram. Um sistema de gestão de desempenho bem concebido, tal como um software bem concebido, tornará o trabalho mais fácil e mais agradável para todos os envolvidos, sendo, ao mesmo tempo, fácil e gratificante de utilizar.

Ao considerar por onde começar o trabalho de redesenhar o seu sistema de gestão do desempenho, há algumas boas notícias. Embora o sistema de avaliação anual do desempenho não seja particularmente eficaz nem popular, foi construído em torno de alguns dos fundamentos de uma gestão eficaz do desempenho: definição de objetivos, medição e avaliação do progresso. As capacidades que a sua organização desenvolveu nessas áreas serão valiosas à medida que você projeta o seu sistema; elas simplesmente não são suficientes por si sós.

## Os três processos de desempenho

Cresci em uma pequena comunidade rural rodeada de agricultores. Poder-se dizer que os agricultores estão no negócio da gestão do desempenho. Afinal de contas, a sua subsistência depende da qualidade do crescimento e do desempenho das suas culturas. Quanto mais bem sucedido for o gerenciamento do desempenho de suas plantações, maior será a recompensa que elas receberão no momento da colheita.

Obviamente, as colheitas e os humanos são muito diferentes. Mas acho que há algumas lições que podemos aprender com o agricultor. Os agricultores têm objetivos específicos para as culturas que plantam todos os anos e também monitorizam e medem de perto o progresso ao longo das estações. Eles acompanham o desempenho das suas colheitas de acordo com as suas expectativas. Tudo isso é valioso, mas eles dirão que o trabalho realmente importante da agricultura é aquilo a que chamam "cultivo".

O cultivo na agricultura consiste em remover obstáculos e adicionar elementos de apoio que aumentam o crescimento (ou seja, o desempenho) das culturas. Eles podem irrigar para fornecer água. Provavelmente aplicam tratamentos para afastar ervas daninhas ou pragas que poderiam prejudicar o desempenho. E isso é apenas o começo.

Os agricultores reconhecem que não podem forçar as suas culturas a crescer e não precisam fazer isso. Cada planta é geneticamente programada para crescer sozinha. Em vez disso, o agricultor trabalha dentro do que pode controlar para criar as condições que melhor otimizam o crescimento. Eles estão tentando desbloquear todo o potencial de crescimento e desempenho de cada planta. O cultivo é a diferença entre uma colheita média e uma colheita abundante.

Na minha experiência, o cultivo está quase totalmente ausente da gestão de desempenho tradicional, tanto em termos de prática como de mentalidade. O gerenciamento de desempenho tradicional, constituído por seu legado baseado em conformidade, foi criado para controlar e coagir o desempenho. Isso é o oposto do cultivo. É o equivalente a tentar forçar as plantas a crescer.

Uma mentalidade de cultivo reconhece que cada pessoa tem um desejo natural e potencial para que o desempenho seja desbloqueado. E assume que o crescimento e o desempenho são tão naturais para a pessoa como para qualquer coisa viva. Como o agricultor, devemos nos concentrar no que podemos controlar para cultivar uma experiência e um ambiente que otimizem o crescimento e o desempenho humano. Um sistema de gerenciamento de desempenho eficaz é projetado para criar uma experiência do funcionário intencional que libera o potencial de desempenho de cada pessoa. Reconhece que cada funcionário vivencia o trabalho como uma relação e é projetado para construir e fortalecer o sentimento de conexão dele com o trabalho.

A gestão de desempenho consiste em três processos contínuos e inter-relacionados que se manifestam de diferentes formas, com base no propósito e nos objetivos da organização:

1. planejamento;
2. cultivo;
3. responsabilidade.

**Figura 4** Os processos de gestão do desempenho

Nas próximas seções, definiremos e detalharemos esses três processos, incluindo o compartilhamento de alguns exemplos de organizações bem-sucedidas como modelos e inspiração. Também vamos delinear uma variedade de abordagens e ferramentas para você considerar ao projetar o sistema certo para a sua organização.

## Principais conclusões

- Projetar o trabalho como um relacionamento é desafiador, porque os relacionamentos são complicados. Cada relacionamento é composto por uma série de "momentos da verdade" que constroem ou prejudicam o relacionamento. Um relacionamento saudável é criado pela construção consistente de momentos mais positivos do que negativos ao longo do tempo.
- A experiência de trabalho de um empregado é uma série de "momentos da verdade" que constroem ou prejudicam o relacionamento. Para desbloquear o potencial de desempenho de um funcionário, devemos intencionalmente criar uma experiência rica em momentos positivos da verdade.
- O design da experiência do cliente fornece um modelo para o design da experiência do funcionário. Começa com uma articulação clara dos seus objetivos com base em um profundo conhecimento das necessidades e preferências dos colaboradores.
- O desempenho é a força vital de qualquer organização, e a gestão do desempenho é vital. A gestão de desempenho falhou devido a práticas defeituosas e está em necessidade desesperada de inovação, não de mudança de nome.
- A gestão do desempenho consiste em três processos contínuos e relacionados: planejamento, cultivo e responsabilidade.

# Referências

Comaford, C. Why performance management is dead and performance motivation is here to stay, *Forbes*, 22 out. 2016. Disponível em: https://www.forbes. com/sites/christinecomaford/2016/10/22/why-performance-management-is-dead-performance-motivation-is-here-to-stay/#-478f5e772dfe. Acesso em: 29 abr. 2018.

Davis, S. (2016) How Amazon's brand and customer experience became synonymous, *Forbes*, 14 jul. 2016. Disponível em: https://www.forbes.com/sites/scottdavis/2016/07/14/how-amazons-brand-and-customer-experience-became-synonymous/#335951473cd5. Acesso em: 29 abr. 2018.

Design Council. The design process: what is the double diamond?, 2018. Disponível em: https://www.designcouncil.org.uk/news-opinion/design-process-what-double-diamond. Acesso em: 29 abr. 2018.

Gandhi, V. Managers, get ready for ongoing performance conversations, *Chief Learning Officer*, 31 maio 2017. Disponível em: http://www.clomedia.com/2017/05/31/managers-get-ready-ongoing-performance--conversations/. Acesso em: 29 abr. 2018.

The Interaction Design Institute. The moment of truth: build desirable relationships with users and customers, 2018a. Disponível em: https://www.interaction-design.org/literature/article/the-moment-of-truth--build-desirable-relationshipswith-users-and-customers. Acesso em: 29 abr. 2018.

The Interaction Design Institute. Customer experience (cx) design: what is customer experience (cx) design?, 2018b. Disponível em: https://www.interaction-design.org/literature/topics/customer-experience. Acesso em: 29 abr. 2018.

Leifer, K. The best brand promise examples we've seen, *Stella Service*, 24 abr. 2015. Disponível em: https://stellaservice.com/the-best-brand--promise-examples-weve-seen-2/. Acesso em: 29 abr. 2018.

Longanecker, C. Customer experience is the future of design, ux *Magazine*, 19 fev. 2016. Disponível em: https://uxmag.com/articles/customer-experience-is-the-future-of-design. Acesso em: 29 abr. 2018.

MBA Skool. Brand promise, *Disqus*, 2018. Disponível em: https://www.mbaskool.com/business-concepts/marketing-and-strategy-terms/7506-brand-promise.html. Acesso em: 30 abr. 2018.

Menlo Innovations. Our culture, 2017. Disponível em: http://menloinnovations.com/our-story/culture. Acesso em: 29 abr. 2018.

Shah, D. The HubSpot culture code: creating a company we love, *Hubspot*, 4 dez. 2017. Disponível em: https://blog.hubspot.com/blog/tabid/6307/bid/34234/the-hubspot-culture-code-creating-a-company-we-love.aspx. Acesso em: 9 abr. 2018.

Sheridan, R. *Joy Inc.: How we built a workplace people love*. Portfolio, 2015.

# seção 2

## Planejamento de desempenho

É uma da tarde e você acabou de almoçar. Quando abre seu e-mail encontra uma mensagem do seu chefe.

**Assunto:** *Hoje.*
**Mensagem:** *Preciso ver você no meu escritório hoje, antes de sair.*

É isso mesmo. Nenhuma outra informação fornecida.

Como você se sente quando lê esse e-mail? O que supõe imediatamente sobre a razão pela qual o seu chefe precisa ver você?

Provavelmente já recebeu e-mails como este no passado. E, se você é como a maioria das pessoas, só de lê-lo já se sente ansioso. Apesar de não haver nenhum detalhe na mensagem, nós tendemos a supor que algo ruim está prestes a acontecer.

Sentimos que estamos em apuros. Assumimos que fizemos algo de errado. Dependendo de onde trabalhamos ou de nossa experiência passada, podemos até presumir que estamos sendo demitidos — mesmo que não tenhamos absolutamente nenhuma evidência que apoie essa ideia.

O conteúdo real do e-mail é vago e neutro. Não há nada que sugira que a reunião será positiva ou negativa. Então, por que quase universalmente presumimos que é mais provável que seja negativo?

É porque o e-mail nos deixa inseguros. E o nosso cérebro odeia a incerteza.

A neurociência ajudou-nos a obter uma compreensão científica do impacto da incerteza nos nossos cérebros e não é nada bom. A pesquisa revelou uma relação nítida entre a incerteza percebida e a ansiedade (Grupe e Nitschke, 2013) e o estresse. Em um estudo de 2016, os pesquisadores descobriram que as respostas ao estresse estão "sintonizadas com a incerteza ambiental" (de Berker et al. 2016). Em outras palavras, quanto mais incerto você se sentir, maior será a sua resposta ao estresse.

Uma razão para isso é que, quando somos confrontados com ambiguidade, ela desencadeia uma resposta de ameaça na região da amígdala em nosso cérebro (Rock, 2009). A amígdala é frequentemente referida como o sistema de alarme do cérebro, responsável pela nossa resposta de medo ao perigo (Edwards, 2005). Isso é mais comumente chamado de nossa resposta de "luta ou fuga". Quando confrontado com a incerteza, o nosso cérebro reage de forma semelhante ao que acontece quando estamos em perigo físico real. Como resultado, ele trata a incerteza como dor — algo a ser evitado (Rock, 2009).

O cérebro gosta de se sentir seguro. Na verdade, quando experimentamos certeza (ou seja, as coisas acontecem como esperamos que aconteçam), nosso cérebro realmente experimenta um senso de recompensa muito parecido com quando um vício está satisfeito. Essa sensação de prazer leva-nos a ansiar pela certeza, mesmo quando não é do nosso melhor interesse fazê-lo (Rock, 2009). Os cartomantes e os horóscopos on-line existem em parte por causa do desejo humano de ter certeza sobre um futuro que não é conhecido. Esse é apenas um exemplo de como a nossa ânsia de certeza pode tornar-nos vulneráveis a influências potencialmente negativas.

Nosso cérebro normalmente reage à incerteza preenchendo os detalhes que faltam como forma de satisfazer seu desejo de certeza. Se não soubermos a história completa, inventamos. E, quando preenchemos esses detalhes, como sugerimos anteriormente, normalmente supomos o pior. Quando aquele e-mail ambíguo do nosso chefe chega, não presumimos que vamos ser promovidos. Presumimos que estamos em apuros ou algo pior.

Todos nós tivemos essa experiência muitas vezes nas nossas vidas. Quando o seu cônjuge ou filho chega atrasado em casa, você pode começar a pensar que eles tiveram um acidente ou algum outro problema. Quando recebe uma nota do professor do seu filho solicitando uma reunião, você supõe que vai ouvir algumas más notícias que reforçam as inseguranças sobre como você está falhando como pai ou mãe de alguma forma. Quando alguém com quem você começou a namorar recentemente não retorna sua mensagem de texto imediatamente, você presume que é uma falta de interesse.

Essa resposta automática de supor o pior parece ser impulsionada pela nossa resposta de "fuga" para reduzir a dor da incerteza e das experiências negativas. Pesquisas adicionais revelaram que a incerteza realmente faz com que um evento ruim pareça ainda pior (Lampert Smith, 2009). Quando esperamos que algo ruim aconteça e acontece, nossa resposta emocional a isso é menos severa do que quando estamos incertos. Assim, ao presumirmos o pior quando confrontados com a incerteza, nos protegemos do potencial pior cenário possível. Se supomos o pior e ele acontece, pelo menos estávamos um pouco preparados para isso. Quando somos surpreendidos, a experiência é mais intensa.

Resumindo, o nosso cérebro anseia por certeza e tenta evitar a incerteza da mesma forma que evita ativamente a dor física. E, quando experimentamos incerteza, nosso cérebro reage automaticamente de maneiras que, quase universalmente, geram emoções negativas como estresse, ansiedade, medo e angústia.

Parece claro, então, por que a incerteza é tóxica para as relações. Os relacionamentos fortes são alimentados por emoções positivas e mortos pela negatividade. Assim, quando se trabalha para criar uma experiência de funcionário que pareça uma relação forte e saudável, a incerteza é o inimigo. As emoções negativas geradas pela incerteza são poderosamente tóxicas quando não são controladas.

Isso pode levar-nos à conclusão de que devemos concentrar-nos em criar mais segurança para os trabalhadores em seus empregos. Mas tentar criar uma certeza total para os funcionários é uma tarefa difícil. Em um ambiente de mudança perpétua e acelerada, a certeza não é alcançável.

É igualmente impossível eliminar toda a incerteza de qualquer relação. A chave é concentrar-se em reduzir a quantidade de incerteza tanto quanto possível, criando maior clareza. Isso significa trabalhar ativamente para ajudar os colaboradores a terem uma compreensão clara de tudo o que afeta a sua experiência profissional.

A clareza é conseguida quando a transparência se conjuga com o contexto. Isso implica que eu não só posso ver o que está acontecendo, mas que posso entender também. Quando o meu líder compartilha o plano estratégico para a organização comigo e, em seguida, realizamos uma meta ou objetivo desse plano, o meu cérebro tem a sensação de certeza pela qual anseia. Isso também cria confiança e consistência na minha relação com o trabalho. A clareza é vital para uma relação saudável.

## Usando o planejamento de desempenho para criar clareza

Neste capítulo, vamos explorar o planejamento, o primeiro dos três processos de desempenho que vamos cobrir no livro. O planejamento é a essência da criação da clareza. Como acabamos de salientar, uma forma de experimentarmos um maior sentimento de certeza é quando as coisas acontecem como esperamos. Ao investir tempo para criar expectativas claras e consistentes, reduzimos a oportunidade de incerteza no trabalho.

O planejamento do desempenho é constituído pelos processos e abordagens que clarificam o quê, por que e como na experiência de trabalho:

- O que se espera?
- Por que importa?
- Como terei sucesso?

No entanto, planejar não é apenas reduzir a incerteza. Isso também fornece o roteiro que orienta nossos esforços e decisões a cada dia em direção a um resultado desejado.

Quando o planejamento é feito de forma eficaz, ele fornece foco e alinhamento tanto para o funcionário quanto para o gerente em termos de trabalho diário e o que é mais importante.

Embora o planejamento seja um processo contínuo que deve ocorrer ao longo do ano, sua importância é fundamental, por isso começamos com ele. O plano torna seus objetivos e aspirações acionáveis. Se você está saindo para férias sem fazer qualquer planejamento primeiro, é pouco provável que vá acabar onde esperava e ter a experiência que desejava. Ninguém tentaria construir uma casa sem antes ter uma planta desenhada.

Nos três capítulos seguintes, vamos fazer um mergulho profundo nos processos centrais de planejamento de desempenho e compartilhar exemplos de cada um na prática:

- O Capítulo 4 estabelece a base com a arte e a prática da clareza das expectativas, incluindo a exploração de uma variedade de abordagens para o estabelecimento de metas eficazes.
- O Capítulo 5 fornece ferramentas para a etapa, muitas vezes negligenciada, de articular claramente as expectativas comportamentais.
- O Capítulo 6 mostra como ampliar o poder das expectativas claras, conectando-as com o propósito e garantindo que os funcionários estejam equipados para o sucesso.

## Referências

de Berker, A. O. et al. Computations of uncertainty mediate acute stress responses in humans, *Nature Communications*, 29 mar. 2016. Disponível em: https://www.nature.com/articles/ncomms10996. Acesso em: 29 abr. 2018.

Edwards, S. P. The amygdala: the body's alarm circuit, *The Dana Foundation*, maio 2005. Disponível em: http://www.dana.org/Publications/Brainwork/Details.aspx?id=43615. Acesso em: 29 abr. 2018.

Grupe, D. W. e Nitschke, J. B. Uncertainty and anticipation in anxiety: an integrated neurobiological and psychological perspective, *Nature Reviews, Neuroscience*, 14 jul. 2013, pp. 488-501. Disponível em: http://doi.org/10.1038/nrn3524. Acesso em: 29 abr. 2018.

Lampert Smith, S. Future angst? Brain scans show incertainty fuels anxiety, Universidade de Wisconsin-Madison, 17 ago. 2009. Disponível em: https://news.wisc.edu/future-angst-brain-scans-show-uncerty-fuels-anxiety/. Acesso em: 29 abr. 2018.

Rock, D. A hunger for certainty, *Psychology Today*, 25 out. 2009. Disponível em: https://www.psychologytoday.com/us/blog/your-brain-work/200910/hunger-certainty. Acesso em: 29 abr. 2018.

# 04
# Criação de expectativas e objetivos claros

Em uma das minhas primeiras funções de gestão, aprendi o poder das expectativas claras. Como alguém que valorizava o desenvolvimento e a aprendizagem, criava regularmente oportunidades de "almoçar e aprender" para a minha equipe. Cada um de nós levava o seu almoço e nos reuníamos em uma sala de conferências para assistir juntos a um *webinar* ou discutir um determinado artigo.

Em geral, esses almoços eram bem recebidos pela minha equipe, com uma exceção: uma pessoa esteve manifestamente ausente dessas discussões. Foi incrivelmente frustrante para mim que ela não estivesse presente e aproveitando essa oportunidade. Pensei que tinha expressado a sua importância nas comunicações da minha equipe.

Mas, como aprendi, eu também tinha comunicado que esses almoços e aprendizagens eram opcionais. E a funcionária em questão valorizou seu tempo livre no almoço em detrimento da oportunidade de aprendizado que eu estava oferecendo. Isso só aumentou minha frustração com a situação, que parecia fora de lugar, porque ela não estava quebrando nenhuma regra ou fazendo nada de errado com base no que eu tinha comunicado. O comportamento dela estava perfeitamente dentro das expectativas declaradas.

Sei, em retrospectiva, que projetei injustamente a minha frustração nela e isso criou uma tensão na nossa relação. O que acabei por perceber foi que não tinha comunicado com precisão as minhas expectativas à minha equipe. Uma que eu tinha, mas não tinha comunicado, era que você deveria aproveitar todas as oportunidades para aprender e crescer. Porque essa era uma crença fundamental para mim, eu projetava isso na minha equipe, mas nunca a tinha comunicado a eles. Quando finalmente o fiz, tornou-se claro que o treino não era opcional na minha mente. E, se fosse necessário, ele seria transferido para o horário normal de trabalho em vez de durante a hora de almoço.

Esse é apenas um pequeno exemplo de como a falta de clareza pode criar momentos de negação da verdade tanto para o gerente como para o funcionário. Nesse caso, houve duas falhas de expectativas. Primeiro, a minha expectativa comunicada era inconsistente com as minhas expectativas reais como gerente. Isso criou confusão e frustração para mim e para a funcionária. Depois, houve também a falta de comunicação explícita das minhas verdadeiras expectativas à equipe. Uma vez que minha verdadeira expectativa foi compartilhada com ela, pudemos discutir as implicações para todos nós. Essa clareza de comunicação eliminou a confusão e a incerteza quase imediatamente.

A clareza das expectativas é fundamental para promover uma experiência de trabalho positiva, mas, apesar da sua importância óbvia, não temos feito historicamente um grande trabalho de criação. Na minha experiência, a maioria dos funcionários tem pelo menos algum nível de incerteza sobre o que se espera deles no trabalho. É uma das principais razões pelas quais a avaliação anual do desempenho é tão desgastante para tantos. A falta de clareza sobre as expectativas cria uma enorme incerteza sobre como você está sendo avaliado.

# A arte das expectativas

Quando pensamos nas expectativas no trabalho, entre as primeiras coisas que nos vêm à mente estão os objetivos e as políticas. Como funcionários, desejamos uma compreensão clara das regras do local de trabalho e das medidas que serão usadas para avaliar nosso desempenho. Mas também queremos maior clareza nas expectativas sobre como o trabalho deve ser feito. Mesmo quando são definidas medidas objetivas de desempenho, as expectativas comportamentais e de comunicação que exercem um papel importante no desempenho muitas vezes não são discutidas.

Criar expectativas claras é uma das formas mais poderosas de reduzir a incerteza no trabalho. E é importante lembrar que devemos abordar o estabelecimento de expectativas de uma forma que fortaleça a sensação de uma relação saudável para o funcionário. A forma como você define as expectativas pode ser tão poderosa quanto as próprias expectativas. Abaixo estão três práticas que o ajudarão a garantir que seus esforços tenham maior impacto positivo.

## 1. Verifique primeiro as suas próprias expectativas

Em 1965, os professores de Harvard Robert Rosenthal e Lenore Jacobson conduziram uma pesquisa para identificar o efeito das expectativas dos professores no desempenho dos alunos. Como parte da experiência, um grupo de professores do ensino primário foi informado de que uma porcentagem dos alunos da sua turma tinha sido identificada como de "crescimento acelerado" com base em uma nova medida de inteligência. Na realidade, esses estudantes foram escolhidos aleatoriamente. Foi uma simples experiência concebida com o objetivo de determinar se os alunos de quem era esperado maior crescimento intelectual, de fato, experimentariam esse maior crescimento do que os estudantes que não tinham sido destacados.

Os resultados foram tão significativos quanto assustadores. Para algumas faixas etárias, o ganho médio em inteligência para os estudantes de "crescimento acelerado" selecionados aleatoriamente foi mais do que o dobro da média da classe. A conclusão do estudo foi que a expectativa de uma pessoa sobre outra, os professores neste caso, pode ter um impacto significativo no comportamento ou desempenho da outra pessoa. Eles descreveram esse fenômeno como o "Efeito Pigmaleão" (Rosenthal e Jacobson, 2012).

Ao longo das últimas décadas, pesquisadores replicaram os resultados do Efeito Pigmaleão em ambientes além da sala de aula, com pessoas de todas as idades. Outros pesquisaram seu corolário, o Efeito Golem (colaboradores da Wikipédia, 2018; Psycholo Genie, 2018), que sugere que baixas expectativas têm um efeito igualmente poderoso na redução do desempenho.

O incrível insight dessa pesquisa é que as pessoas tendem a viver acima ou abaixo das nossas expectativas em relação a eles. Como gerentes ou líderes de pessoas, isso significa que devemos estar bem cientes de como nossas próprias crenças ou experiências de outros podem estar impactando as expectativas que colocamos sobre eles. Nossas expectativas em relação aos outros podem ser afetadas por uma variedade de coisas. Por vezes, os nossos preconceitos naturais afetam-nos de formas que nem sequer conhecemos.

Por exemplo, podemos presumir automaticamente que alguém com mais experiência ou educação teria um desempenho superior ao dos outros. Ou que alguém que está na empresa há mais tempo teria melhores ideias do que uma nova pessoa. No desempenho especificamente, muitas vezes sofremos de ma coisa chamada efeito de recenticidade (Psychology Research and Reference, 2018), em que colocamos um peso maior no que foi feito mais recentemente em vez de no desempenho do passado.

Cada uma dessas crenças podem influenciar negativamente as expectativas que temos dos outros. É importante ter consciência de si mesmo no cenário de expectativas para eliminar esse impacto. Para me lembrar da importância disso, uso esta regra de ouro: *As pessoas vão viver acima ou abaixo das suas expectativas em relação a elas. Use-as sabiamente.*

## 2. *Input e feedback*

Ao estabelecer expectativas, o objetivo é reduzir ao máximo possível a incerteza. Uma vez que a clareza de uma expectativa só pode ser avaliada pelo indivíduo a que se destina, a única forma de garantir a sua eficácia é por meio do seu input e feedback. Isso significa que os colaboradores devem participar ativamente nos processos de definição de expectativas e objetivos.

Há várias razões para incentivar a participação. A pesquisa sustenta que, quando os funcionários participam da definição de metas, eles têm um nível mais alto de comprometimento com elas (Li e Butler, 2004). Ao fornecer informações, o objetivo é cocriado pelo gerente e pelo funcionário (ou pela equipe), e isso estimula um sentimento de propriedade que não existe quando é criado e atribuído por outra pessoa.

Esse é um bom exemplo de onde a aplicação do teste de relacionamento do Capítulo 2 pode ser útil. Se você quisesse estabelecer um objetivo significativo em um relacionamento pessoal, como você abordaria esse processo? Por exemplo, como abordaria o estabelecimento de uma meta financeira importante para sua família, se fosse casado? Acho que o processo começaria com uma conversa com o seu cônjuge sobre o motivo pelo qual o objetivo é necessário. Então, os dois podem dizer o que acham que seria um bom objetivo. Se vocês não tivessem alinhamento imediato, discutiriam e negociariam quaisquer diferenças em suas perspectivas até chegarem a um objetivo que ambos pudessem apoiar. Seria um processo de colaboração.

Por que não aplicar a mesma abordagem para estabelecer metas e expectativas no trabalho? É verdade que o relacionamento entre o gerente e o funcionário é um pouco diferente, mas os passos gerais podem parecer os mesmos. O objetivo deve ser criar uma conversa sobre as expectativas que clarifique o que, por que e como. Isso conduz, em última análise, a um acordo e à adesão de todos os envolvidos.

### 3. Escreva tudo

Isso pode parecer óbvio demais para ser incluído aqui, mas minha experiência tem sido que muitos gerentes bem-intencionados pulam o passo de colocar as expectativas no papel. Quando a velocidade é uma prioridade, escrever coisas que foram discutidas pode parecer uma perda de tempo. No entanto, não é o caso.

Como acabei de salientar, é uma boa ideia discutir e negociar expectativas. A conversação é uma ferramenta valiosa nesse processo. Mas não há substituto para a clareza que vem quando se é forçado a escrever algo. Quando você escreve expectativas e objetivos, remove muito do espaço onde ocorre o desentendimento. E o ato de escrever também torna o conteúdo mais formal e oficial. Isso motiva a maioria das pessoas a tratar as palavras com mais seriedade.

Uma prática que aprendi ao longo dos anos foi criar um conjunto de expectativas comportamentais escritas para as minhas equipes. Eu geralmente escrevo um rascunho de expectativas para servir de ponto de partida para conversas e feedbacks. A equipe em seguida faz perguntas, dá feedback e sugere itens que foram deixados de fora da lista. Não há número ou formato definido para os itens. Continuamos a trabalhar nisso até nos sentirmos completos.

---

Aqui está um exemplo de um conjunto de expectativas que criei com uma das minhas equipes:

- Faça um grande trabalho. Nunca se acomode. Se houver uma maneira melhor, encontre-a.
- Quando se atinge um obstáculo que não se consegue contornar, mexa-se. Se não conseguir, encontre alguém que consiga. Pedir ajuda mostra força.
- Arrisque. Não tenha medo de erros. Aprenda rapidamente.
- Seja responsável. Sem desculpas.
- Comunique-se com determinação. Esteja aberto. Seja honesto. Seja sincero. Nada de confrontos.
- Faça da clareza a sua responsabilidade. Se não está claro, continue a fazer perguntas até que esteja.
- Sem surpresas. Boas ou más notícias devem ser sempre notícias antigas.
- Assuma uma postura positiva.
- Perdoe rapidamente. Não temos tempo para rancores.
- Dê e busque feedback com frequência. O feedback é o nosso combustível.
- Trabalhe com objetivo. Saiba por que fazemos o que fazemos.

Não há magia neste conjunto particular de expectativas. Ele foi calibrado para esse grupo particular de pessoas. A magia estava na compreensão compartilhada e no compromisso com ela. Essa lista ajudou a esclarecer o que eu esperava deles e o que deveriam esperar de mim e uns dos outros.

Sem nos comprometermos a escrever, não teríamos conseguido essa clareza. Nenhum número de reuniões pode substituir o impacto de anotar metas e expectativas, além disso, há um bônus. De acordo com algumas pesquisas, simplesmente anotar os objetivos faz com que você se sinta mais propenso a realizá-los. A concretude do conteúdo escrito move o exercício de uma atividade apenas do hemisfério direito do cérebro (imaginativo, criativo) para uma ativação plena do cérebro, induzindo o hemisfério esquerdo (lógico) no processo (Morrissey, 2017). Embora isso seja verdade no nível individual, também o observei em grupos. Quando um grupo esclarece um objetivo junto por escrito, ele alinha os esforços coletivos para sua realização.

Em resumo, se é importante, escreva.

## Ferramentas e abordagens para o estabelecimento de expectativas

Há muitas maneiras de abordar o estabelecimento de expectativas, tantas, na verdade, que me seria impossível enumerar todas aqui. Em vez disso, vou compartilhar algumas das práticas mais comuns e interessantes que encontrei por meio da minha pesquisa e trabalho com empresas. Ao revisar essas práticas, lembre-se de que o objetivo é reduzir a incerteza e trazer maior clareza à relação do empregado com o trabalho. É importante encontrar a combinação certa de abordagens e ferramentas para a sua organização e cultura.

No centro de expectativas claras estão metas e objetivos bem definidos. Um objetivo é simplesmente uma articulação dos resultados desejados de nossas ações. Tal como no esporte, a realização de "objetivos" é, muitas vezes, a forma como o sucesso global é medido.

### *Metas S.M.A.R.T.*

Há uma variedade de técnicas comprovadas para aplicar à criação de objetivos. Uma das mais comumente aplicadas é a abordagem da meta

S.M.A.R.T. — *specific, measurable, achievable, relevant* e *time-related*, em inglês — (Mind Tools Content Team, 2018). Ao criar metas, esse método o lembrará que uma meta eficaz atende a cinco critérios:

- S — Específico. A intenção do objetivo é clara como cristal, sem ambiguidade.
- M — Mensurável. Deve responder à pergunta: "Como saberei se fui bem-sucedido?"
- A — Realizável. Um objetivo pode aumentar as suas capacidades, mas não deve parecer impossível.
- R — Relevante. A meta deve estar ligada a um objetivo ou aspiração maior.
- T — Prazo definido. Há um momento em que o objetivo deve ser alcançado, uma linha de chegada.

A abordagem S.M.A.R.T. é útil na articulação de objetivos porque nos lembra dos elementos que ajudam a criar clareza. Considere o exemplo das metas a seguir para o sucesso de um coordenador de cliente:

***Objetivo ambíguo***: Melhorar as pontuações de feedback dos meus clientes.

***Objetivo*** S.M.A.R.T.: Melhorar a minha pontuação média semanal de feedback dos clientes em 10% antes de 1 de julho.

Qualquer meta declarada é melhor do que nenhuma meta declarada. Mas, quando você considera a diferença entre esses dois objetivos, é óbvio que o segundo elimina muito mais incertezas sobre o que é especificamente esperado.

## Objetivos e principais resultados (OKRs)

Nos últimos anos, a abordagem OKR (do inglês *objectives and key results*) para a definição de metas foi popularizada por meio do uso do Google e evangelização do mesmo, embora se credite ao ex-CEO da Intel Andy Grove a sua criação (re: Work with Google, 2018a). A vantagem adotada na abordagem OKR é que ela encoraja expectativas maiores e de maior aspiração do que o estabelecimento de metas tradicional por si só.

Na abordagem OKR, os objetivos tendem a ser mais ambiciosos e com mais aspirações do que um objetivo tradicional. Eles devem ser desafiadores e representar um aumento de capacidades. Devem ser específicos ao descrever o estado ou meta a ser alcançado, mas não precisam atender aos mesmos padrões de mensurabilidade que uma meta S.M.A.R.T.

Permanecendo com o exemplo do sucesso do cliente usado acima, exemplos de objetivos podem ser:

- tornar-se um coordenador de atendimento ao cliente renomado;
- encantar todos os clientes, todas as vezes.

Ambos os objetivos são aspirações e sentidos quase como se estivessem além da realização. De acordo com aqueles que usam a abordagem OKR, o benefício em ampliar o objetivo é que, mesmo quando ele não é totalmente alcançado, representa uma realização significativa. A orientação do Google para a gestão consiste em definir objetivos a um nível em que 70% do resultado seja um sucesso (re:Work with Google, 2018b). Essa é uma aplicação poderosa do efeito Pigamaleão Esses objetivos comunicam aos empregados que a gerência acredita que cada pessoa e equipe é capaz de mais do que eles próprios acreditam ser possível.

Na abordagem OKR, os objetivos são emparelhados com aproximadamente três *resultados principais* que representam como o progresso será medido. Eles articulam os marcos mensuráveis a serem atingidos ao longo do caminho para alcançar o objetivo. Os resultados principais parecem-se, em muitos aspectos, com os objetivos S.M.A.R.T. Mantendo o nosso exemplo, os resultados principais para o nosso coordenador de sucesso do cliente podem ser:

- alcançar uma pontuação média de feedback do cliente de 4,25 no primeiro trimestre;
- alcançar uma pontuação média de feedback do cliente de 4,5 para o segundo trimestre;
- alcançar uma pontuação média de feedback do cliente de 4,75 para o terceiro trimestre.

Quando os resultados principais são emparelhados com um dos objetivos listados acima, "tornar-se um coordenador de atendimento ao cliente renomado", este OKR pinta um quadro do que precisa ser realizado ao longo do ano. Seria assoberbante perseguir um objetivo que visasse tornar-se "renomado" no seu papel por si só. Emparelhar o objetivo com os principais resultados faz com que ele pareça gerenciável e fornece clareza sobre por onde começar. Se os resultados-chave forem criados corretamente, sua realização impulsiona um indivíduo ou equipe a alcançar sua meta.

## Rochas e tração

**ESTUDO DE CASO** Rochas na South Dakota State University

Vários anos atrás, os líderes do Departamento de Instalações e Serviços da South Dakota State University (SDSU) perceberam que precisavam de uma maneira melhor de alinhar e estabelecer expectativas para seus quase duzentos funcionários. O fato de que o departamento precisava equilibrar os objetivos do dia a dia, como manter o campus limpo e bonito com grandes projetos de construção colaborativa, garantir que o trabalho estava bem planejado e coordenado, teve implicações significativas no desempenho.

A solução que implementaram baseou-se em uma abordagem definida no livro de Gino Wickman, *Traction* (Wickman, 2012). O elemento--chave dessa abordagem é a utilização de uma ideia chamada "rochas", que representam prioridades (ou metas) que devem ser cumpridas no trimestre. Essas prioridades são definidas no nível departamental, de líder e individual.

Na SDSU, a liderança do departamento realiza reuniões externas para calibrar e acordar rochas para o próximo trimestre. Cada líder leva para essa reunião o que vê como rochas para a sua área. A equipe coloca tudo em um quadro em frente à sala para todos verem. Uma vez que conseguem ter uma visão geral da situação, os líderes participam de um processo que chamam de "manter ou matar", onde classificam e esclarecem as prioridades do departamento.

Os itens são "mortos" se for acordado que não atingem o nível de prioridade para o trimestre. Isso pode ser por causa do tempo ou porque as outras prioridades simplesmente acabam sendo mais importantes ou urgentes. Também pode acontecer de o objetivo ou projeto proposto não tenha um impacto suficientemente amplo para ser considerado rocha de nível departamental. Pode, então, ser considerado rocha para um dos líderes. Ou pode simplesmente ser arquivado para uma possível consideração no futuro.

As rochas propostas mantidas são então priorizadas pela equipe de liderança, colocando a mais importante no topo. Então, é atribuída a um líder a responsabilidade final por cada rocha prioritária. Esse passo é visto como crítico porque, embora rochas exijam a ampla participação e colaboração de muitas das equipes do departamento (ou seja, preparar o campus para a volta às aulas), uma pessoa é responsável por garantir que tudo seja feito.

As rochas são então adicionadas a um cartão de pontuação que é compartilhado por todo o departamento e atualizado semanalmente com uma luz vermelha, amarela ou verde, dependendo do progresso. O processo de priorização e o cartão de pontuação das rochas de departamento alinham os esforços de todo o setor com o que é mais importante para aquele trimestre.

Os colaboradores individuais também trabalham por meio de um processo semelhante com o seu gestor para clarificar seu desempenho com as próprias rochas a cada trimestre.

Rochas, OKRS e S.M.A.R.T. representam três abordagens diferentes para alcançar clareza em relação aos objetivos. Essas são apenas algumas abordagens de muitas que você poderia adaptar para a sua organização. Qualquer uma das abordagens de estabelecimento de metas pode ser altamente eficaz se for feita objetivamente e se encaixar na maneira de trabalhar da sua organização.

No próximo capítulo, vamos nos concentrar em como criar clareza em relação a como o trabalho é feito por meio de expectativas comportamentais.

## Principais conclusões

- A clareza das expectativas é fundamental para promover uma experiência de trabalho positiva, mas, apesar da sua importância óbvia, historicamente não temos feito um grande trabalho neste quesito.
- As pessoas vão viver acima ou abaixo das suas expectativas em relação a elas. Use-as sabiamente.
- Para criar um maior domínio para o alcance das metas, colabore com os funcionários no processo de definição de metas, permitindo a conversação e o feedback.
- Quando se trata de expectativas, se for importante, anote-as.
- Existem muitos processos para o estabelecimento de metas eficazes, incluindo S.M.A.R.T., OKRs, rochas e outros. Encontre uma abordagem que funcione melhor para a sua organização e comprometa-se com o seu uso consistente. Isso criará maior clareza para os funcionários sobre o que é esperado.

## Referências

Li, A. e Butler, A. The effects of participation in goal setting and goal rationales on goal commitment: an exploration of justice mediators, *Journal of Business and Psychology*, 2004. Disponível em: http://www. jstor.org/stable/25092885?seq=1#page_scan_tab_contents. Acesso em: 29 abr. 2018.

Mind Tools Content Team. SMART Goals: How to make your goals achievable, *Mind Tools*, 2018. Disponível em: https://www.mindtools. com/pages/article/smart-goals.htm. Acesso em: 29 abr. 2018.

Morrissey, M. The power of writing down your goals and dreams, *Huffington Post*, 14 set. 2017. Disponível em: https://www.huffingtonpost. com/marymorrissey/the-power-of-writing-down_b_12002348.html. Acesso em: 29 abr. 2018.

Psycholo Genie. Psichology behind the golem effect and consequences of the same, 2018. Disponível em: https://psychologenie.com/psychology-behind-golem-effect. Acesso em: 29 abr. 2018.

Psychology Research and Reference. Recency effect, *Psychology*, 2018. Disponível em: http://psychology.iresearchnet.com/social-psychology/decision-making/recency-effect/. Acesso em: 29 abr. 2018.

re:Work with Google. Learn the (abridged) history of OKRs, *Google*, 2018a. Disponível em: https://rework.withgoogle.com/guides/set-goals-withokrs/steps/learn-the-abridged-history-of-OKRs/. Acesso em: 29 abr. 2018.

re: Work with Google. OKRs and Stretch Goals, *Google*, 2018b. Disponível em: https://rework.withgoogle.com/guides/set-goals-with-okrs/steps/understand-moonshots-vs-roofshots/. Acesso em: 29 abr. 2018.

Rosenthal, R. e Jacobson, L. Pygmalion in the classroom, *The Urban Review*, 2012, p. 16-20. Disponível em: https://www.unimuenster.de/imperia/md/content/psyifp/aeechterhoff/sommersemester2012/schluesselstudiendersozialpsychologiea/rosenthal_jacobson_pygmalionclassroom_urbrev1968.pdf. Acesso em: 29 abr. 2018.

Wickman, G. *Traction: Get a grip on your business*. Benbella Books, 2012.

Wikipedia contributors. Golem effect, *Wikipedia*, 2018. Disponível em: https://en.wikipedia.org/wiki/Golem_effect. Acesso em: 29 abr. 2018.

# 05
# Definindo expectativas comportamentais

As metas são importantes, mas representam apenas uma parte do que se espera dos funcionários a cada dia. A forma como vamos alcançar os nossos objetivos pode, por vezes, ser tão (ou mais) importante do que o resultado alcançado.

Eu aprendi essa lição rapidamente por meio de minhas primeiras experiências da infame avaliação de desempenho anual. Meu primeiro trabalho corporativo foi como gerente de recrutamento para uma empresa de *call center* de cobrança de dívidas com quase mil funcionários. Antes de aceitar esse emprego, a minha carreira consistia em vendas e funções empresariais, em que trabalhava de forma muito independente. Esses trabalhos anteriores ensinaram-me a ser superfocado em resultados. Em vendas, é útil ter uma mentalidade de "fazer o que for preciso para fechar a venda". A única coisa que importava era fechar negócios.

Carreguei essa mesma abordagem comigo no meu novo trabalho corporativo. Eu havia herdado uma função que tinha um desempenho muito baixo, e o meu trabalho era corrigi-lo o mais rápido possível.

E eu o fiz. Ao longo do meu primeiro ano, liderei a transformação dessa função. Todas as métricas que importam para o recrutamento de desempenho tinham se movido significativamente na direção certa. Achei que estava me saindo excepcionalmente bem.

Depois veio a minha avaliação de desempenho. Quando a minha chefe compartilhou comigo a sua avaliação do meu desempenho, a classificação geral foi muito mais baixa do que eu esperava com base nas melhorias mensuráveis que tinha alcançado. Ela disse que estava satisfeita com os resultados e que eu estava fazendo um ótimo trabalho na área. Mas havia um problema.

Como gerente de recrutamento, eu fazia parte da equipe de gestão de RH, algo em que eu honestamente tinha prestado muito pouca atenção. No meu foco na realização dos objetivos, estava ignorando o fato de que eu tinha companheiros de equipe. E isso tornou-se um problema para minha chefe. Aprendi que meus colegas haviam expressado preocupação por eu não estar investindo tempo no desenvolvimento de relacionamentos com eles ou sendo um companheiro de equipe solidário. Quanto mais tempo eu passava lá, mais o meu comportamento causava desconforto dentro da equipe. Isso era uma dor de cabeça para minha chefe.

Embora possa parecer que deveria ter sido óbvio que eu fazia parte de uma equipe e deveria ter me comportado em conformidade, naquela altura da minha carreira, com a experiência que tinha tido no passado, não era óbvio para mim. Eu fazia o que pensava que devia fazer. O meu desempenho nos meus objetivos foi excepcional, mas havia claramente outras expectativas em jogo que não estavam claras para mim até ser tarde demais. Aprendi por meio da minha avaliação de desempenho que minha chefe esperava que trabalhássemos juntos e nos apoiássemos mutuamente como uma equipe. Ela também esperava que todos nós nos entendêssemos e vivêssemos em harmonia uns com os outros sem o desconforto que eu estava alimentando por meio do meu comportamento.

Fiquei zangado com o feedback, principalmente porque só me dei conta dele depois do fato. Se as expectativas fossem claras para mim, mesmo que não gostasse, teria pelo menos tido a oportunidade de ajustar o meu comportamento em conformidade. Essas expectativas não expressas são prejudiciais para a relação do empregado com o trabalho. Se algo é suficientemente importante para afetar a forma como o meu desempenho é avaliado, ele deve ser explicitamente comunicado e explicado. Quando expectativas como essas não são partilhadas, isso cria incerteza. E a incerteza dificulta as relações.

No capítulo anterior, apresentei uma lista de expectativas comportamentais que criei com a minha equipe. O processo que usei para criar essa lista foi simples. Refletir e escrever as minhas expectativas. Compartilhá-la com a equipe para feedback, discussão, acréscimos e negociação. Revisar e revisar novamente até que a lista esteja completa. Para uma equipe, um exercício simples como esse pode criar uma clareza tremenda.

No nível organizacional, esta mesma lacuna de clareza pode existir em relação a comportamentos *versus* metas. A maioria das organizações pode claramente comunicar os seus objetivos organizacionais e o seu desempenho global é relativo a eles. Se a organização tem uma meta de aumentar a receita em 25% no próximo ano, essa meta é conhecida pela maioria dos funcionários. O CEO fala sobre isso nos comunicados aos funcionários. O CFO publica os resultados financeiros. E, para um objetivo tão grande, a maioria dos departamentos e indivíduos está provavelmente ciente de como suas próprias metas contribuem para alcançar o objetivo maior. Os grandes objetivos organizacionais recebem muita atenção e tempo dedicado.

Ao mesmo tempo, muitas dessas mesmas organizações têm sua missão e seus valores escritos ou pendurados na parede em algum lugar que definem como a instituição vai ao encontro de seus objetivos. Mas, embora muitos dos funcionários possam recitar o grande objetivo de cor, é bem menos provável que saibam citar os valores, muito menos de explicar o que significam ou especificamente como esses valores devem orientar o seu comportamento individual. Esclarecer as expectativas e a ligação dos pontos entre os comportamentos individuais e os valores da organização são uma forma poderosa de melhorar a experiência de trabalho dos colaboradores.

Uma organização que tem feito isso excepcionalmente bem é a Farm Credit Services of America (FCSAmerica), uma cooperativa de serviços financeiros com 1.700 funcionários que atende agricultores e fazendeiros em todo o Centro-Oeste dos Estados Unidos. A FCSAmerica impulsionou-se a um crescimento excepcional ao longo da última década, criando uma cultura e experiência de trabalho premiadas para os seus funcionários. FCSAmerica adota uma abordagem de "criar cultura de propósito". Fizeram grandes esforços para compreender e documentar objetivamente a sua cultura.

A cultura da FCSAmerica é comunicada de forma mais concisa por meio de um conjunto de declarações "Nós somos":

- Somos colegas de equipe;
- Somos líderes;
- Somos adaptáveis;
- Somos inovadores;
- Somos especialistas;
- Somos movidos por valores;
- Somos servidores.

Cada uma dessas declarações "nós somos" é apoiada por um parágrafo que explica a intenção mais profunda. Veja, por exemplo, como eles definem melhor o que significa ser "servidor" da FCSAmerica:

*Somos servidores.*

*Os agricultores e fazendeiros que servimos são a razão pela qual existimos. Eles também fazem parte da nossa família agregada. Todos os dias, concentramos nossos talentos, tecnologias e paixões para servir às pessoas que estão alimentando o mundo.*

Se você lesse todas as declarações "nós somos", teria uma imagem bastante clara da cultura dessa organização e de como seria trabalhar lá. Este tipo de clareza é importante, mas a equipe do FCSAmerica não parou por aí. Eles perceberam que, para garantir que os pilares de sua cultura fossem vividos e reforçados todos os dias, precisavam ser traduzidos em comportamentos específicos. Para isso, cada afirmação foi expressa em quatro expectativas comportamentais explícitas.

Aqui estão dois exemplos de como eles traduziram "nós somos servidores" em expectativas de desempenho comportamental.

*Identifica e antecipa os requisitos, expectativas e necessidades dos outros. Procura continuamente formas de melhorar a experiência do cliente e do colaborador (incluindo a remoção de barreiras e o fornecimento de soluções).*

Eles pegaram a declaração, "nós somos servidores", e tornaram isso claro e tangível de uma forma que capacita os funcionários a escolherem seus comportamentos intencionalmente para se alinharem com a cultura. Essas expectativas são então usadas para conversas de treinamento e discussões de feedback de desempenho na FCSAmerica. A clareza que eles criaram torna muito mais fácil para líderes e funcionários se envolverem em conversas significativas sobre desempenho e crescimento.

Conseguir esse tipo de clareza não é uma tarefa fácil. É necessário um investimento significativo de tempo e recursos ao longo de muitos anos, mas o retorno tem sido impressionante para a FCSAmerica. A organização cresceu seus ativos em 300% e o lucro líquido em mais de 400% nos últimos 13 anos, com alta retenção de funcionários. Resultados impressionantes para qualquer padrão.

**ESTUDO DE CASO** DirectPath é boa para ótimos comportamentos

A DirectPath, líder em educação personalizada de benefícios e serviços de inscrição e transparência nos cuidados de saúde, também está tomando medidas para tornar as expectativas comportamentais claras e atraentes para os funcionários. Os líderes do DirectPath aceitaram desde o início que seu produto depende da qualidade e do engajamento de seu pessoal. A cultura sempre foi tratada como um ponto crítico. E parece valer a pena. A empresa cresceu 1000% nos últimos cinco anos e não mostra sinais de redução de ritmo.

À medida que o crescimento acelerou, os líderes reconheceram a necessidade de investir ainda mais na cultura, levando a definição de expectativas comportamentais para outro patamar. Eles queriam garantir que os funcionários tivessem clareza sobre o que era mais importante em como eles perseguiam seus objetivos todos os dias. Para conseguir isso, envolveram-se em um processo que resultou na identificação de quatro "fatores potenciais" que acreditam serem fundamentais para o desempenho no DirectPath.

A título de exemplo, um dos seus quatro fatores potenciais é "*autenticidade*", que eles definem desta forma:

*A vida move-se depressa no DirectPath. Não temos tempo para entender pessoas complexas, por isso procuramos companheiros de equipe que sejam confiáveis, autênticos e transparentes.*

Essa definição é convincente e uma aspiração, mas não muito específica ou instrutiva. Por exemplo, o que exatamente parece ser autêntico ou transparente no seu trabalho? Há muitas maneiras de se interpretar essa definição. Então, eles deram o passo para delinear os comportamentos específicos que refletem o que significa ser genuíno no DirectPath. Na verdade, como fãs do livro e do conceito *Good to Great* de Jim Collins, eles decidiram definir o comportamento em dois níveis: bom e ótimo. Abaixo está como eles definem esses níveis para autenticidade.

**Bom:**
- Você é de confiança. Consegue tratar informações confidenciais como confidenciais e não é agente de fofocas.
- Você é aquilo que parece. Você é autêntico e não muda muito sua personalidade de reunião para reunião ou por meio de conversas com colegas de equipe.
- As pessoas odem contar com você para ser transparente em todos os momentos, buscando garantir que seus companheiros de equipe tenham todas as informações que precisam para serem bem-sucedidos.

**Ótimo:**
- Todos os itens na categoria "bom", mais estes itens adicionais.
- Você tem, respeitosamente, mantido suas convicções em assuntos relacionados ao trabalho, mesmo que isso tenha causado alguma discordância.

- Você é capaz de se mostrar autêntico para o público em questão, permanecendo genuíno, sem antagonizar com as pessoas ao seu redor.

Esses comportamentos e os dos outros fatores potenciais são usados como base para *check-ins* e treinamento contínuos entre gerentes e funcionários. Eles também são integrados em processos de revisão de desempenho, com suas metas quantitativas mais tangíveis.

A equipe do DirectPath acredita que o investimento necessário para criar esse tipo de clareza é fundamental para manter a consistência da experiência de seus funcionários e, por extensão direta, a satisfação de seus clientes. Essa operacionalização de expectativas comportamentais nos processos de gestão de desempenho é um passo fundamental no apoio ao seu crescimento continuado e futuro.

## E as expectativas do empregado?

Em conversas sobre expectativas, grande parte da ênfase é colocada no que é esperado do empregado pela organização ou equipe. Conseguir essa clareza é capacitar os funcionários quando eles fazem escolhas sobre seu comportamento e até mesmo antes disso, quando decidem se querem fazer parte da equipe em primeiro lugar.

Mas também devemos lembrar que os funcionários são seres humanos individuais e únicos, que trazem consigo um conjunto de expectativas sobre como esperam e querem ser tratados. Cada indivíduo tem preferências sobre como gosta de trabalhar, que tipo de comunicação e abordagem de feedback funcionam melhor para ele. Embora muitas pessoas possam não saber exatamente o que funciona melhor para elas, se você perguntar, elas provavelmente podem lhe dar uma lista do que não funciona.

É quase impossível tratar alguém da maneira que ele idealmente quer ser tratado sem alguma informação privilegiada sobre suas expectativas. E, no entanto, tendemos a não tomar medidas para esclarecer e documentar essas expectativas individualmente para o benefício de nossos pares e supervisores. Em vez disso, deixamos esse processo na base da tentativa e erro a partir de nossas interações com os outros, esperando entender lentamente como trabalhar melhor juntos ao longo do tempo.

## Avaliações de personalidade

Uma forma de preencher essa lacuna é por meio da utilização de avaliações de personalidade, estilo de trabalho e pontos fortes. Essas ferramentas são valiosas por uma variedade de razões. Em primeiro lugar, uma avaliação pode revelar coisas sobre o estilo e as preferências de um indivíduo que ele pode nem sequer estar ciente ou ser capaz de articular de uma forma útil. Por exemplo, sua avaliação pode revelar que você tem um ritmo acelerado, o que significa que é naturalmente impaciente. Isso pode ajudá-lo a perceber por que fica frustrado com reuniões longas ou qualquer tipo de comunicação que não seja rápida.

Essas avaliações também fornecem informações e orientações valiosas sobre como trabalhar em conjunto de forma mais eficaz. Uma avaliação objetiva de seus impulsos naturais de comportamento e personalidade pode promover uma compreensão das diferenças estilísticas que podem difundir alguns conflitos potenciais e facilitar o trabalho em conjunto com outros. Se seu gerente ou colegas de equipe souberem que você é naturalmente impaciente, é mais provável que o perdoem quando você se sentir frustrado com o tempo que algo está demorando. Eles também saberiam quando comunicar-se com você individualmente para tratar de questões relevantes se quiserem mantê-lo engajado.

Como outro benefício, se você sabe que é naturalmente impulsionado por um ritmo mais rápido e tem um baixo nível de paciência, pode estar mais consciente de como isso influencia sua abordagem com os outros. Se precisa trabalhar em um projeto com alguém que se sinta mais à vontade em um ritmo mais deliberado e consistente, vocês dois poderiam falar sobre seus estilos variados e identificar formas de aliviar a tensão que possa ser criada.

Existem centenas de ferramentas de avaliação no mercado atualmente. É menos importante qual a ferramenta você usa do que como a usa. Certifique-se de que compreende as possibilidades da ferramenta e como usá-la. A partir daí, a chave é aplicá-la de uma forma que facilite uma melhor autoconsciência dos estilos e preferências pessoais. Isso criará uma base sobre a qual os funcionários poderão entender e articular mais claramente suas próprias expectativas sobre como gostariam de ser tratados no trabalho.

## *Manual individual do usuário*

Uma abordagem que parece estar ganhando impulso recentemente é criar um "manual do usuário" pessoal para ser compartilhado com outros com quem você trabalha, como uma forma de ajudá-los a entendê-lo e como você trabalha melhor (Kessler, 2017). É uma ideia engenhosa quando considerada. Esperamos um manual do usuário para quase tudo o que interagimos na nossa vida que é complicado e difícil de entender à primeira vista — os nossos *smartphones*, automóveis, eletrodomésticos, etc. Um bom manual do usuário ajuda-nos a compreender, de forma rápida e fácil, como podemos ter a melhor experiência possível com esse dispositivo ou veículo.

Como humanos, somos muito mais complicados e difíceis de entender do que qualquer uma dessas coisas. Só isso parece justificar a criação de um manual de instruções. Ao criar clareza para os outros quanto às nossas necessidades, peculiaridades e preferências individuais, podemos tornar significativamente mais fácil para eles se engajarem conosco e vice-versa.

Aaron Hurst, CEO da Imperative, empresa de tecnologia de "ativação de propósito", está entre os líderes que adotaram a abordagem do manual do usuário. Ele originalmente escreveu seu próprio manual ao atuar como presidente da Fundação Taproot, uma organização sem fins lucrativos que ajuda a mobilizar profissionais para oferecer serviços *pro bono* para outras organizações sem fins lucrativos. Ele descreve que originalmente se comprometeu a escrever o seu próprio manual de utilização para ajudar os seus empregados a compreender o seu "sabor de loucura". Ele queria que fosse mais fácil para o seu pessoal trabalhar com ele. Funcionou. O exercício foi tão bem-sucedido que eles adotaram a prática para todos os funcionários, e ele até publicou seu próprio manual do usuário no

LinkedIn como modelo para outros aprenderem (Hurst, 2013).

A ideia do manual do usuário é ajudar os outros a entender o que é mais importante no trabalho para você, particularmente aquelas coisas como preferências que são difíceis ou impossíveis de saber sem ser dito. Não existe um único modelo ou formato melhor para um manual. Para Hurst, estas são as questões que devem ser respondidas em um manual do usuário (Imperative, 2017):

- Qual é o seu estilo?
- Quando você gosta que as pessoas lhe abordem e como?
- O que você valoriza?
- Gosta que as pessoas se comuniquem com você?
- Como toma decisões?
- Como as pessoas podem ajudar você?
- O que não tolerará nos outros?

Essas questões tendem um pouco mais para o comportamento da liderança e da gerência e talvez não sejam tão relevantes para todos, dependendo da natureza do trabalho que está sendo feito. Use os que se encaixam e não os que não se encaixam.

Outras perguntas que você talvez queira considerar:

- O que eu adoro falar que não é sobre trabalho?
- O que me faz sentir mais apreciado?
- O que as pessoas normalmente entendem mal sobre mim?

A melhor maneira de determinar o que deve ser incluído para a sua equipe é perguntar-lhes. O que querem saber ou desejam saber um sobre o outro? O uso do feedback deles irá garantir que você crie um modelo de perguntas que tenham o maior impacto para a sua equipe.

Equipado com o modelo, a questão então é fazer com que os funcionários completem cuidadosamente o seu manual de usuário e depois o compartilhem com os outros. Com base na minha experiência, é melhor fazer isso com o grupo em uma reunião de equipe, onde todos possam ouvi-lo e fazer perguntas juntos. Então, dê algum tempo para que as pessoas reflitam e trabalhem sobre isso individualmente.

Se a sua equipe usou a personalidade ou outras avaliações como descrito anteriormente no capítulo, essa informação pode ser um grande recurso para completar esse exercício. Uma vez escrito, o próximo passo é compartilhar e socializar. O objetivo do manual do usuário é ajudar os outros a entender como trabalhar melhor com você, portanto, compartilhar é uma etapa crítica. Algumas equipes podem compartilhá-los e discuti-los como um grupo. Outros podem decidir fazê-lo um a um. Ambos os casos podem ser eficazes se forem feitos em um espírito de compreensão e colaboração.

---

### Principais conclusões

- As expectativas não expressas são prejudiciais para a relação do empregado com o trabalho. Se algo é suficientemente importante para afetar a forma como o desempenho é avaliado, deve ser explicitamente comunicado e explicado como uma expectativa.
- Criar clareza nas expectativas comportamentais pode acontecer de várias maneiras. Exibir os valores em uma parede não é suficiente. Os valores são muitas vezes vagos e apenas uma aspiração. Eles devem ser definidos no nível dos comportamentos individuais que demonstram cada valor em ação.
- As expectativas comportamentais vão em duas direções: as expectativas do empregador em relação ao empregado e as expectativas do empregado sobre como ele gostaria de ser tratado no trabalho.
- Duas formas de criar uma maior clareza das expectativas individuais dos trabalhadores em relação ao trabalho são por meio de avaliações da personalidade (e outras avaliações comportamentais) e da criação de um "manual individual do usuário".

# Referências

Collins, J. *Good to Great: Why some companies make the leap and other don't.* HarperBusiness, 2001.

Hurst, A. Do you have a user manual? *LinkedIn,* 28 jan. 2013. Disponível em: https://www.linkedin.com/pulse/20130128234025-201849-do-you--have-a-user-manual/. Acesso em: 30 abr. 2018.

Imperative. Creating your personal user manual, Imperative, 2017. Disponível em: http://blog.imperative.com/post/87802616741/creating-your-personal-user-manual?lipi=urn%3Ali%3Apage%3Ad_flagship3_pulse_read%3B%2BJ42ZLMqQ%2Fahv522FE4leQ%3D%3D. Acesso em: 30 abr. 2018.

Kessler, S. Writing guides to our work styles helped my team bond, *Quartz,* 29 dez. 2017. Disponível em: https://qz.com/1168218/management-exercise-creating-user-manuals-helped-our-team-understand-oneanother/?mc_cid=3b5967a681&mc_eid=ff668b618c. Acesso em 30 abr. 2018.

# 06
## Colocando o "porquê" e o "como" nas expectativas

Outro elemento do planejamento de desempenho é ajudar os indivíduos a encontrar significado e propósito no que estão sendo solicitados a alcançar. Se pensarmos em expectativas e objetivos como mapeamento da jornada de desempenho, então este passo é para esclarecer por que você está fazendo a viagem em primeiro lugar.

Atribuir significado e propósito a um objetivo pode fazer uma diferença dramática tanto na forma como você se sente sobre ele quanto na motivação que tem para alcançá-lo. Considere a diferença entre fazer uma viagem longa e cansativa para visitar alguém que você ama *versus* fazer a mesma viagem cansativa para o trabalho sem entender por que é mesmo necessário. A mesma viagem, mas sua experiência e sentimentos sobre ela são completamente diferentes por causa de seu propósito.

## Contribuição para o sucesso organizacional

Conectar objetivos a um propósito pode acontecer de várias maneiras. O que mais facilmente vem à mente é colocá-los no contexto da contribuição para os objetivos organizacionais e a missão. As pesquisas de engajamento dos funcionários há muito tempo incluem perguntas que medem o grau em que um funcionário entende como o seu trabalho contribui para o sucesso da organização. A implicação é que, se soubermos por que nosso trabalho é importante para o quadro geral, nos sentiremos mais realizados e motivados para isso. Sentir que nossos esforços não importam é altamente desanimador, independentemente do tipo de trabalho.

Embora esse seja provavelmente o caminho mais fácil para conectar os objetivos de um indivíduo a algum senso de propósito, ele também vem com uma advertência. Para que essa abordagem seja eficaz, o objetivo maior ou meta da organização à qual os objetivos do indivíduo estão sendo ancorados deve ser algo que ele sinta que é significativo. Como indivíduo, ajudando-me a compreender como minha meta contribui para um objetivo maior com que eu não me importo não faz nada para atribuir um sentido de propósito a esse objetivo. Pode fazer com que ele pareça ainda menos importante.

## Impacto no mundo e na comunidade

Outra forma de conectar objetivos a propósitos é comunicando um propósito organizacional ligado a ter um impacto mais amplo no mundo. É bom fazer parte de uma organização que contribui de forma positiva para a comunidade ou para o mundo que a rodeia. Quando o meu empregador tem esse impacto, sinto que fiz parte para torná-lo possível.

Algumas organizações como TOMS Shoes e Warby Parker criaram um modelo de negócio que conecta de forma muito tangível e direta o sucesso do negócio com criar um impacto sobre o mundo. Em ambos os casos, quando um cliente compra um produto de uma das empresas, ele paga imediatamente por alguém que precisa de ajuda em algum lugar do mundo. Compre um par de sapatos e alguém necessitado ganhará um par de sapatos. Compre um par de óculos e alguém que precisa também receberá um. Independentemente de onde você trabalha dentro dessas organizações ou quais são suas metas, não é difícil entender como a realização delas causa um verdadeiro impacto no mundo.

Esse modelo não funciona para todos. E lançar um propósito mais amplo não requer uma mudança no modelo de negócio. Em alguns casos, é uma questão de entender que tipo de impacto sua organização pode ter e criar alguma intenção em torno disso. Durante vários anos da minha carreira empresarial, trabalhei para empresas de cobrança de dívidas. Como você pode imaginar, além do fato de que a cobrança de dívidas é um verdadeiro desafio para o trabalho, que muitas vezes é ingrato, há um sério estigma social associado ao fato de ser um cobrador de dívidas.

O CEO da empresa tinha crenças profundamente enraizadas sobre a importância desse trabalho e como o fazíamos. Compartilhou e comunicou regularmente a sua convicção de que os cobradores de dívidas ajudavam a manter a economia saudável. Ele também acreditava que, embora as pessoas não estivessem ansiosas para falar com os cobradores, quando tratávamos os devedores com dignidade e os ajudávamos a pagar suas dívidas, estávamos contribuindo para melhorar suas vidas também. Quando pudemos ajudar um novo cobrador a ver o seu trabalho por meio dessa lente, isso mudou tanto a forma como abordava o seu trabalho como o que sentia em relação a ele.

Nesses casos, o propósito ou "por que" por trás das metas é projetado externamente para a organização, articulando ou criando um impacto positivo. Embora essa possa ser uma estratégia poderosa, outras organizações estão concentrando seus esforços em ajudar os indivíduos a conectar seu trabalho ao que é mais importante para o funcionário individualmente.

## Alinhamento de valores pessoais

The Motley Fool, uma empresa de informação financeira e de investimento mencionada no Capítulo 3, está empenhada em criar uma experiência de trabalho para a sua crescente força de trabalho para apoiar o seu compromisso com o mantra "empregados para toda a vida". Eles pretendem que os funcionários que trabalham na empresa nunca queiram sair. Para conseguir isso, têm vários princípios sobre o trabalho. No topo da lista está o fato de as pessoas irem trabalhar para se ligarem a um propósito em que acreditam.

Se você visitar o manual do empregado publicado pela empresa e elogiado em *thefoolrules.com*, nas primeiras páginas encontrará uma que compartilha e explica o propósito da empresa: "Para ajudar o mundo a investir — melhor." Esse é um bom exemplo de um propósito claramente articulado e convincente. Mas o que se encontra na página seguinte é mais interessante.

A página lista os valores centrais da empresa. Entre eles está *Motley — Seja um tolo!* O valor fundamental "Motley" destina-se, na verdade, a representar o valor fundamental mais importante do indivíduo. A empresa está comunicando explicitamente aos funcionários que, em sua essência, ela valoriza o que sempre é mais importante para cada funcionário com o mesmo compromisso que os outros valores da empresa. Pede-se a cada funcionário que desenvolva e articule seu "Motley" como forma de garantir que seu trabalho permaneça conectado e apoiando o que mais valorizam, independentemente de esse valor ser Conexão ou Exploração.

**ESTUDO DE CASO** Valores pessoais na Ansarada

A Ansarada, uma empresa de tecnologia sediada na Austrália, também acredita que há um poder real em conectar o trabalho com os valores pessoais do funcionário. Como uma empresa de tecnologia em rápido crescimento, com duzentos funcionários e aumentando, criar uma cultura da qual as pessoas queiram fazer parte e que as ajude a ter o melhor desempenho possível é uma prioridade máxima. Desde o primeiro dia, os fundadores da Ansarada acreditavam que o propósito da organização era maior do que apenas obter lucro. Eles sempre estiveram comprometidos em criar um ótimo local de trabalho, onde as pessoas pudessem crescer e se desenvolver pessoal e profissionalmente.

Para conseguir isso, eles adotaram uma filosofia de líder de serviço para todos os gerentes de pessoas. O principal papel do líder é servi-las e ajudá-las a ter sucesso. Para isso, eles descobriram que é preciso uma base sólida de confiança na relação e um conhecimento informado do que é realmente importante para o empregado. Eles descobriram que, quando você pode ajudar um funcionário a alinhar seus objetivos pessoais e profissionais com o que eles mais valorizam, isso amplia o potencial dessa pessoa.

Eles introduziram um processo por meio do qual os gestores e colaboradores podem descobrir e compartilhar os seus cinco principais valores pessoais. Graham Moody, gerente de pessoas e cultura, explicou que, durante o processo de integração, uma vez que o gerente sente que existe um nível básico de confiança, o exercício de valores é apresentado ao empregado. Além de convidar o funcionário para participar do processo, o gerente compartilha com ele seus próprios valores e as histórias por trás das quais eles são importantes. Essa etapa, "o líder vai primeiro", é fundamental para estabelecer uma confiança baseada na vulnerabilidade com o funcionário e dar o exemplo para demonstrar a importância do processo.

O exercício real é chamado de "exercício de cartão de valores". O indivíduo recebe um baralho de cartas, cada uma com um valor e definição diferentes. A primeira tarefa é classificar o conjunto em duas pilhas, uma para aqueles que o funcionário sente que são importantes e outra para o resto. Então, o desafio é pegar a pilha de cartas importantes e reduzi-la às dez que eles acham que são mais importantes para eles. O último passo é pegar essas dez cartas e reduzi-las aos seus cinco valores mais importantes.

A princípio, o processo parece simples. Moody contou que, para algumas pessoas, o processo é incrivelmente desafiador e, às vezes, emocional, porque os valores podem ser muito profundos e estar conectados a momentos emocionais em suas vidas. É por isso que os funcionários não são obrigados a completar ou compartilhar esse exercício.

Eles são convidados a fazê-lo. E os funcionários decidem quando estão prontos para compartilhar e discutir os resultados. Se eles não estiverem dispostos a participar ou compartilhar, é visto como um sinal de que mais confiança ainda é necessária para dar segurança ao processo.

Os gerentes foram treinados nesse processo para garantir que o usem de forma positiva para construir seu relacionamento com o funcionário.

Uma vez identificados e partilhados os valores pessoais, o processo de alinhamento dos objetivos e da experiência de trabalho torna-se muito mais tangível. Por exemplo, os gerentes são treinados para perguntar periodicamente aos funcionários: "Quando estou no meu melhor no contexto de seus valores?" e "Quando estou no meu pior?". Essas perguntas muitas vezes levam a conversas ricas que criam alinhamento e reduzem as lacunas entre o trabalho dos funcionários e seus valores. Por meio desse alinhamento, eles acreditam que promovem alto engajamento e comprometimento que levam a um ótimo desempenho.

Ao pensar sobre como ajudar os funcionários a conectar seu trabalho ao propósito, é sábio considerar várias abordagens. Cada indivíduo é motivado diferentemente, de modo que oferecer uma variedade de oportunidades pode ser poderoso. Para isso, é sábio seguir o exemplo de The Motley Fool e da Ansarada, que reconhecem que precisam entender o que o colaborador mais valoriza para garantir que isso seja incluído em seu trabalho. Quando tanto a organização como o colaborador são claros sobre o seu propósito, o alinhamento torna-se muito mais fácil.

## Equipar os funcionários com os recursos necessários para o sucesso

O último elemento do planejamento de desempenho é considerar quais recursos são necessários para apoiar o sucesso. Para continuar com o meu exemplo anterior de fazer uma viagem, se as expectativas claras são o mapa e ligá-lo ao significado é a razão da viagem, este passo tem a ver com a preparação e a determinação do que você precisa preparar para a viagem.

Abordar os recursos necessários pode ser um processo relativamente simples quando as expectativas são claras. A ferramenta mais comum e eficaz para identificar o que é necessário para esta jornada de desempenho é uma conversa estruturada usando algumas perguntas-chave. Essa conversa pode acontecer entre o funcionário e seu gerente ou como uma equipe, dependendo da natureza das expectativas.

## Quais são os obstáculos que devemos prever enfrentar?

Comece por destacar e tornar visíveis as coisas que são obstáculos reais ou percebidos. Quando você estabelece metas desafiadoras, as razões pelas quais elas se mostram desafiadoras têm muito a ver com os obstáculos que você espera enfrentar. Os obstáculos podem assumir muitas formas e aparecer como grandes ou pequenos. Os exemplos podem ir desde obstáculos relativamente simples, como prioridades concorrentes ou um sentimento de falta de tempo, até obstáculos mais complexos, como menor atividade econômica ou mudanças no cenário político.

Depois de identificar os obstáculos que considera reais, discuta a probabilidade e a perturbação que espera que esses obstáculos representem. Para aqueles que considerar mais importantes, você deve escolher uma solução. O obstáculo pode ser removido ou evitado? Se não, como minimizar seu impacto tomando medidas agora?

## De quem será o apoio fundamental para o sucesso?

No mundo do trabalho de hoje, uma porcentagem muito pequena é realizada verdadeiramente de forma independente. O nosso sucesso está cada vez mais interligado com os outros. Satisfazer com sucesso as expectativas dependerá do apoio, colaboração e cooperação de outras pessoas. Ao identificar essas pessoas antes, você pode envolvê-las em uma conversa sobre a melhor maneira de trabalharem juntos.

E, se antecipar que vai precisar do apoio de alguém no futuro, você pode começar a investir nesse relacionamento com antecedência, para aumentar a probabilidade de ganhar o seu apoio quando precisar dele.

## O que você precisa saber ou aprender este ano?

Na busca de objetivos pessoais e profissionais que nos mobilizam, quase sempre somos desafiados a aprender coisas novas ou encontrar novas informações de que não precisávamos no passado. Ao considerar as expectativas que foram estabelecidas, onde será mais necessário aprender ou crescer? Esta conversa pode revelar vários tipos de necessidades de aprendizagem:

- Treinamento: será necessária uma nova habilidade ou técnica (ou seja, aprender um novo produto ou disciplina)?
- *Coaching*: serão necessários novos comportamentos (ou seja, aprender a supervisionar os outros)?
- Mentoria: terei que subir de padrão (ou seja, apresentar-me a executivos de alto nível ou a clientes mais sofisticados)?
- *Networking*: existem pessoas que eu quero conhecer (ou seja, pares externos ou especialistas) ou quem podem me ensinar coisas que eu possa aprender internamente?

Essas são questões importantes a serem consideradas para garantir que um plano esteja em vigor para fornecer ao empregado o *know-how* necessário ao sucesso. Quanto maior a meta, mais provável será que o indivíduo ou a equipe precise de alguma aprendizagem significativa para prepará-los para que isso aconteça.

## Que recursos precisaremos que você ainda não tem?

Muito parecido com a pergunta anterior, este é um *check-in* para explorar se há algum recurso tangível faltando que possa se tornar uma barreira para alcançar o sucesso. Há alguns anos, uma coordenadora de marketing da minha equipe propôs uma ideia para criar e lançar uma *newsletter* para os nossos clientes como forma de apoiar os objetivos da nossa equipe. Foi uma boa ideia. Estabelecemos algumas metas para o sucesso deste novo boletim informativo e demos-lhe luz verde para prosseguir.

Ao mergulhar no trabalho de realmente lançá-lo, ela percebeu que lhe faltava a ferramenta de design gráfico necessária para criar uma *newsletter* de qualidade. Na opinião dela, essa foi uma peça crítica do projeto, porque as ferramentas que tinha então à sua disposição não eram suficientes. Se escolhêssemos não conseguir uma ferramenta melhor para ela teria certamente dificultado sua capacidade de alcançar os objetivos do boletim. E a teria deixado se sentindo frustrada com esse novo projeto em vez de entusiasmada com a oportunidade. Então, encontramos e compramos os recursos de que ela precisava.

Essa questão em particular é simples, mas incrivelmente poderosa. Se você já esteve em uma situação de trabalho em que lhe faltou uma ferramenta que precisava para fazer o seu trabalho, sabe o quão frustrante pode ser. Quando temos tudo o que precisamos, nem sequer pensamos em recursos. Podemos nos concentrar na qualidade e no impacto de nossos esforços. Quando nos faltam ferramentas ou recursos essenciais, isso pode se tornar a principal coisa em que nos concentramos. O que nunca é bom para o desempenho.

Isso não deve ser interpretado como "dar aos funcionários tudo o que eles pedirem", mas sim como garantir que eles não sejam legitimamente prejudicados pela falta de quaisquer ferramentas críticas. Haverá coisas específicas que não estão impedindo o desempenho, mas que podem melhorá-lo ou simplesmente ajudar o funcionário a se sentir mais feliz fazendo o trabalho (por exemplo, um novo laptop). Nesses casos, você pode conversar e decidir se o benefício positivo faz com que o investimento valha a pena.

Embora seja importante ter a conversa sobre essas questões quando as metas e expectativas estão sendo estabelecidas, é igualmente importante que elas continuem ao longo do ano. As circunstâncias que existem quando os objetivos são definidos podem mudar rapidamente. Surgem novos obstáculos que não podiam ser antecipados e dão origem a novas necessidades de aprendizagem, apoio ou recursos. Ao incorporar essas perguntas em *check-ins* individuais regulares durante todo o ano, você pode ter certeza de que irá superar esses obstáculos com sucesso.

---

### Principais conclusões

- Atribuir significado e propósito a um objetivo pode fazer uma diferença dramática tanto na forma como você se sente sobre ele quanto na motivação para alcançá-lo.
- Ajudar os empregados a obterem um sentido de propósito em suas metas pode ser realizado de várias maneiras, incluindo o alinhamento de metas individuais com os objetivos organizacionais. Outro método é criar ou destacar maneiras pelas quais a organização tem um impacto positivo na comunidade ou no mundo ao seu redor.
- Outra forma de acrescentar um objetivo às metas é descobrir o que é mais importante para os colaboradores e o que eles valorizam, ajudando-os depois a encontrar uma ligação entre essas coisas e a realização dos objetivos no trabalho.
- Com expectativas claras e objetivas no lugar, o próximo passo importante é garantir que o funcionário ou equipe tenha tudo o que precisa para ter sucesso. Consegue-se isso por meio de conversas estruturadas que exploram os potenciais obstáculos, necessidades de aprendizagem, recursos e apoio necessários para que as lacunas possam ser discutidas e abordadas.

# seção 3

## Cultivo de desempenho

Crescendo em uma comunidade agrícola, somos postos a trabalhar muito cedo. Vizinhos e amigos sempre tiveram tarefas que até alguém com 11 ou 12 anos podia fazer. Com essa idade, tive a minha primeira experiência de trabalho fazendo algo chamado "apanhar pedras". Era o mais simples dos trabalhos agrícolas e literalmente envolvia andar por aí em um reboque puxado por um trator através de um campo e apanhar quaisquer rochas que víssemos. Não é um trabalho excitante, mas era motivador nessa idade ir para casa com algum dinheiro no bolso.

Conforme cresci, consegui empregos mais interessantes. Aquele de que me lembro mais claramente era uma tarefa chamada "grãos ambulantes". Antes de as plantas de soja serem geneticamente modificadas para se tornarem resistentes aos herbicidas, a fim de facilitar a eliminação das ervas daninhas, elas tinham de ser tratadas diretamente. Se as ervas daninhas crescessem sem controle em um campo, sufocaríamos pés de soja e teriam um impacto catastrófico na qualidade da colheita do agricultor.

Uma abordagem para lidar com as ervas daninhas era literalmente combatê-las, uma a uma. Parece loucura agora, mas carregávamos enxadas de jardim ou facas de milho (como um machado) e andávamos de um lado para o outro através de grandes campos cortando as ervas daninhas uma de cada vez. Era um trabalho cansativo e chato, mas tinha de ser feito para dar a cada planta de soja a melhor oportunidade de crescer plenamente e produzir o seu rendimento máximo de grãos.

Os agricultores fazem grandes esforços para criar as melhores condições possíveis para que as suas culturas prosperem. Como me referi no capítulo 3, na agricultura isso é chamado de cultivo. Os agricultores cultivam o crescimento das suas culturas de várias maneiras. Remover ou combater as ervas daninhas é um passo importante, mas há muitos outros.

Os agricultores preparam o terreno de diferentes maneiras, dependendo da cultura que estão plantando. Muitas vezes, acrescentam ao solo os nutrientes e fertilizantes que são mais necessários para a cultura plantada. Dependendo do clima ou da localização do campo, podem ter sistemas de irrigação para garantir que haja água suficiente. Outras vezes, vão enterrar cacos de telha no subsolo para drenar a água. E, além de combaterem as ervas daninhas, também têm de acabar com os insetos que comem e destroem as colheitas.

O cultivo na agricultura consiste em utilizar o conhecimento profundo das plantas para tratar todos os fatores controláveis e criar condições de crescimento ótimas para essa cultura. O cultivo bem-sucedido é proativo e envolve uma ação informada não apenas pelo conhecimento da planta, mas também do ambiente circundante e das condições externas.

Como aludi anteriormente no livro, acho que há algumas lições poderosas que podemos aprender com a agricultura sobre como criar uma experiência de trabalho mais sustentável e gratificante para as pessoas que empregamos. Embora os seres humanos sejam infinitamente mais complexos do que plantas de qualquer tipo, a mentalidade e a abordagem do cultivo são tão relevantes para o crescimento humano como para as culturas.

# A mentalidade do cultivo

Quando a desconstruirmos, encontraremos várias lições que podemos aprender e aplicar da forma como os agricultores abordam o cultivo.

*Conhecimento do que impacta e dificulta o crescimento.* O agricultor investe em ter um conhecimento profundo de suas culturas e do que mais afeta o crescimento e o desempenho. Como líder ou gestor, devemos estar igualmente investidos em ganhar uma compreensão profunda dos seres humanos e do que afeta o seu crescimento e desempenho. Ao longo das últimas décadas, os campos da psicologia, sociologia, economia comportamental e, cada vez mais, a neurociência têm revelado insights poderosos sobre a natureza humana e sobre as motivações que devem informar nossas decisões sobre o trabalho. Os seres humanos têm necessidades essenciais que, quando deixadas de lado, podem prejudicar drasticamente a sua capacidade de desempenho.

*Crescimento e desempenho são o padrão.* Uma vez que os agricultores trabalham com plantas, podem operar com perfeita confiança de que, quando põem uma semente no solo, ela irá crescer, a menos que algo interfira. As plantas são geneticamente programadas para crescimento. O agricultor nunca questiona isso. Como resultado, quando as plantas não crescem ou estão lutando, ele sabe que é porque uma necessidade não está sendo atendida ou uma barreira está presente. Essa forma de pensar também pode ser aplicada aos humanos.

Se você tem filhos ou teve experiência com crianças, sabe que o crescimento é natural para eles. Eles são curiosos e absorvem informações naturalmente. As escolas são concebidas com base na suposição de que as crianças são predispostas para a aprendizagem. Na minha experiência, os adultos também estão naturalmente motivadas para o desempenho. Nunca conheci alguém que, dada a escolha, não preferisse ter sucesso em vez de falhar. Adotar uma mentalidade de cultivo significa que optamos por ver os seres humanos da mesma forma que os agricultores veem as suas culturas. Crescimento e desempenho são o modo padrão. Quando não acontecem, a questão deve ser vista como uma falha por parte do líder ou da organização, não da pessoa.

*A remoção de barreiras e a satisfação das necessidades é um trabalho de gestão.* O agricultor serve as necessidades da planta. Se o solo está seco e as chuvas não estão chegando, eles irrigam para fornecer a água necessária. Eles não desperdiçam energia discutindo se "devem" irrigar ou lamentando porque as plantas precisam de água, eles apenas fazem o que está dentro de seu controle para conseguir água para o cultivo. Se não o fizerem, o desempenho das culturas sofrerá e a colheita ficará aquém das expectativas.

Se quisermos cultivar o desempenho com os humanos, precisamos adotar a mesma mentalidade. Nosso trabalho é garantir que as necessidades motivadoras de cada pessoa sejam atendidas, para que elas possam realizar todo o seu potencial. Algumas pessoas vão precisar de mais comunicação do que outras. Algumas precisarão de mais encorajamento ou instrução do que outras. Se quisermos otimizar o desempenho, nossas opiniões sobre o que um determinado funcionário "deve precisar" são irrelevantes. Quando deixamos necessidades insatisfeitas ou obstáculos não resolvidos, é como se não conseguíssemos fazer chegar água às culturas. O desempenho vai sofrer. E a culpa é nossa, não do empregado.

*O cultivo é contínuo e adaptativo.* À medida que as plantas crescem e amadurecem, as suas necessidades mudam e evoluem. O agricultor ajusta a sua abordagem à medida que as plantas progridem ao longo do seu ciclo de vida. Combater as ervas daninhas é muito importante no início, mas nem tanto à medida que as plantas vão crescendo. Da mesma forma, a adoção de um conjunto mental de cultivo no trabalho requer compreensão e monitoramento regular do crescimento e desenvolvimento. O que um indivíduo precisa como um novo funcionário é diferente do que quando já está na empresa há cinco anos. Da mesma forma, as necessidades de alguém no início da sua carreira são diferentes das de alguém mais experiente e também em diferentes tipos de funções. Para o cultivo do crescimento e do desempenho, é preciso que estejamos atentos às necessidades evolutivas de cada indivíduo. Isso requer conversas e *check-ins* contínuos ao longo da carreira do colaborador para se adaptar à sua evolução.

Na minha experiência, o cultivo é a peça que falta na maioria dos processos de gerenciamento de desempenho. O cultivo, na sua essência, consiste em criar a experiência do colaborador que atenda às necessidades humanas e de relacionamento fundamentais para desbloquear todo o seu potencial. Tal como na agricultura, existem várias dimensões para cultivar o desempenho humano.

**Figura 5** Processos de cultivo de desempenho

Nos capítulos seguintes, vamos abordar as principais dimensões do cultivo: motivação, remoção de obstáculos, reconhecimento, bem-estar e inclusão. Para cada um, vamos explorar por que ele é importante e compartilhar processos e abordagens de organizações bem-sucedidas para ilustrar como isso acontece na prática.

# 07 Motivação

Talvez o elemento mais complexo do gerenciamento de desempenho seja a motivação. Ela é simplesmente o nosso desejo de fazer coisas. Sem motivação, mesmo as expectativas mais claras terão pouco impacto. Sabemos por experiência própria que estabelecer uma meta, como conseguir um novo emprego ou correr uma maratona, é ineficaz sem uma motivação para fazer o trabalho real (muitas vezes difícil) para alcançá-la. A gestão eficaz do desempenho requer uma compreensão de como os seres humanos são motivados, de modo a movê-los para a ação no sentido de alcançar os seus objetivos.

A psicologia diz-nos que temos duas fontes de motivação: intrínseca e extrínseca (Ryan e Deci, 2000). Richard Ryan e Edward Deci, da Universidade de Rochester, fornecem estas definições.

- **A motivação intrínseca** é definida como "a realização de uma atividade por suas satisfações inerentes e não por alguma consequência separável". Quando intrinsecamente motivada, uma pessoa é movida a agir por diversão ou desafio, e não por causa de estímulos, pressões ou recompensas externas.
- **A motivação extrínseca**, por outro lado, é "uma construção que se aplica sempre que uma atividade é feita para atingir algum resultado à parte". Por exemplo, um motivador extrínseco pode ser a promessa de uma recompensa financeira, oportunidade de desenvolvimento ou promoção após a conclusão de uma tarefa ou projeto de trabalho (Ryan e Deci, 2000).

As empresas têm historicamente focado em motivar os funcionários usando motivações extrínsecas, tais como aumentos de salário, bônus financeiros e outras remunerações extras. Até mesmo uma classificação de desempenho se enquadra nessa categoria, uma vez que é utilizada tradicionalmente para informar as decisões de compensação. Esse legado de motivadores extrínsecos faz sentido, dado o contexto histórico que exploramos no Capítulo 1. Durante décadas, supôs-se que os trabalhadores eram inerentemente preguiçosos e necessitavam de intervenção externa para fazer o trabalho. Diante dessa mentalidade, oferecer recompensas externas em troca da conclusão da tarefa faz todo o sentido. A motivação intrínseca nem sequer era uma consideração.

Nos últimos anos, muitos começaram a argumentar que a chave para sustentar níveis mais elevados de desempenho dos trabalhadores é ajudá-los a encontrar a motivação intrínseca associada ao seu trabalho. A motivação intrínseca ocorre quando encontramos satisfação pessoal ou valor no próprio trabalho, independentemente de qualquer promessa de recompensa ou ameaça de punição.

O autor Dan Pink pesquisou e escreveu sobre essa mudança em seu influente livro, *Drive: The Surprising Truth bout What Motivates Us*. Pink apresenta o que descobriu ao rever décadas de pesquisa sobre a motivação humana.

De acordo com a pesquisa de Pink, os humanos têm uma relação complicada com recompensas financeiras extrínsecas, incluindo nosso nível salarial e compensação de incentivo como bônus. A pesquisa revela que oferecer um bônus financeiro como um incentivo para aumentar o desempenho funciona efetivamente quando o trabalho é de rotina, mecânico, como você pode encontrar em uma fábrica tradicional. Mas quando o trabalho requer resolução de problemas ou habilidades criativas (como a maioria dos empregos na nossa economia atual), esses mesmos incentivos têm o efeito oposto. Por exemplo, oferecer um grande bônus em troca de ideias mais criativas tende a produzir mais estresse do que resultados positivos. Tentar coagir a criatividade é uma batalha perdida.

Para entender melhor a relação entre remuneração e motivação, podemos recorrer à pesquisa do psicólogo Frederick Herzberg durante os anos 1950 e 1960. Herzberg estava interessado em compreender o impacto da atitude na motivação e satisfação dos colaboradores. Ele entrevistou funcionários e pediu-lhes que descrevessem momentos em que se sentiam realmente bem com seus empregos e momentos em que se sentiam mal.

Herzberg concluiu que havia dois conjuntos muito diferentes de fatores que predispunham as duas experiências diferentes. Na sua opinião, havia "fatores motivadores" que impulsionavam a satisfação no trabalho, e depois havia "fatores de higiene", que mitigavam a insatisfação no trabalho. Herzberg considerava os fatores de higiene extrínsecos. Estes incluíam coisas como políticas da empresa, condições de trabalho, remuneração e segurança no emprego. Todas as coisas que, quando ausentes ou insuficientes, podem criar insatisfação, mas, quando eficazes, não são necessariamente motivadoras. Os fatores motivadores, por outro lado, são intrínsecos, e Herzberg os considerava centrais para a motivação. Isso incluía coisas como realização, responsabilidade e reconhecimento.

Nesse modelo, o oposto de satisfação não é insatisfação, mas sim nenhuma satisfação, a ausência de satisfação. O mesmo se aplica à insatisfação. A implicação para líderes e organizações é que criar satisfação e reduzir a insatisfação são, na verdade, dois corpos de trabalho separados. Reduzir a insatisfação, em muitos casos, não produz satisfação ou motivação.

Herzberg concluiu que o salário era um fator de higiene. Em seu modelo, isso sugeriria que o salário, quando percebido como insuficiente, poderia ser uma insatisfação para o funcionário que poderia diminuir a motivação e atitude no trabalho. Alternativamente, quando o salário e a remuneração funcionam bem, irá conseguir uma ausência de insatisfação, mas não resultará em satisfação ou motivação (Mind Tools Content Team, 2018). É isso que Dan Pink assinala em seu livro.

O resultado dessa pesquisa é que a compensação é importante para a motivação, mas provavelmente não da maneira que você pensou uma vez. As pessoas devem ser pagas o suficiente para que o dinheiro deixe de ser uma preocupação principal, para eliminar qualquer insatisfação com o pagamento. Uma vez que você faça isso, oferecer mais dinheiro não vai produzir maior motivação. Em vez disso, são os motivadores intrínsecos que são a chave para desbloquear um desempenho mais elevado.

## Motivadores intrínsecos

Em seu livro, Pink esboça três motivações específicas que a pesquisa aponta como as mais importantes: domínio, autonomia e propósito. Pesquisas adicionais de Kenneth Thomas reforçam estas e acrescentam uma quarta: o progresso (Thomas, 2009).

1. Domínio é o desejo de melhorar nossas habilidades e competências em áreas que são importantes para nós. O domínio exige que tenhamos a oportunidade permanente de aprender, crescer e encontrar desafios no nosso trabalho.

2. Autonomia é o desejo de se autodirigir e ter escolha em como nosso trabalho é feito. A autonomia requer o oposto da microgestão, proporcionando às pessoas a liberdade de tomar decisões relacionadas com a forma como o seu trabalho é feito.

3. O propósito é o desejo de fazer um trabalho que tenha um significado maior e um impacto mais amplo do que a simples conclusão da tarefa. O propósito pode vir de várias maneiras, desde uma visão dinâmica da empresa até uma missão filantrópica. A chave é que cada funcionário tenha visibilidade de como seu trabalho tem significado e impacto além de si mesmo para aqueles ao seu redor.

4. O progresso é o desejo de avançar em direção a um futuro melhor ou à realização de seu propósito individual. Conseguimos uma sensação de progresso quando alcançamos marcos significativos, reconhecemos o crescimento pessoal ou ajudamos nossa equipe a ter sucesso.

Se você refletir sobre sua própria carreira, é provável que possa identificar quando esses fatores estavam presentes para você e quando não estavam. Durante a minha permanência no meu primeiro emprego corporativo, lembro-me de um período de cerca de 18 meses em que me sentia como se estivesse na crista da onda profissionalmente. Tínhamos obtido a aprovação da equipe executiva para executar um projeto de *branding* cultural. O projeto era como meu bebê, e o meu chefe confiou em mim o suficiente para me deixar seguir com ele por conta própria, como parte de uma equipe com alguns colegas de marketing e comunicação (autonomia). Por meio do projeto, nós estávamos abrindo novas trilhas, e eu senti que tinha que aprender coisas novas todos os dias, só para manter o trabalho que precisávamos fazer (domínio). A energia em torno desse projeto foi incrivelmente alta porque, se feita corretamente, poderia ter um enorme impacto sobre nossos funcionários, futuros funcionários e clientes (propósito). E, como era um processo orgânico, baseado em descobertas, havia muitos *checkpoints* ao longo do caminho, em que recebíamos a validação de nossos funcionários e executivos de que estávamos no caminho certo (progresso). Até hoje, ainda tenho um pequeno choque de energia e motivação quando penso nesse trabalho. Em retrospectiva, é óbvio por que o projeto foi tão motivador, uma vez que entregou todos esses quatro fatores motivadores.

Ao traçar o perfil das organizações durante a pesquisa para este livro, era comum encontrar esses fatores entrelaçados em suas práticas e pensamentos, ainda que, em muitos casos, não de forma explícita ou intencional, mas elas entenderam claramente sua importância.

## *Domínio*

Em The Motley Fool, uma de suas crenças é que eles estão contratando pessoas para a vida. Isso soou inacreditável quando foi dito por Lee Burbage, diretor de pessoal da organização, em nossa entrevista. Mas percebi que essa era uma intenção muito real que impulsionou a forma como eles arquitetaram a experiência de trabalho para os funcionários de lá. Eles reconhecem que, para manter as pessoas a longo prazo, o trabalho tem de ser incrivelmente motivador e significativo.

Para alcançar o objetivo, eles articularam quatro "princípios" fundamentais sobre o trabalho que utilizam para criar a sua experiência de trabalho. Estes princípios descrevem por que acreditam que as pessoas estão motivadas a ir trabalhar todos os dias.

---

## Os princípios de The Motley Fool

1. Um propósito em que acreditam.
2. Um desafio todos os dias.
3. Trabalhar com pessoas que amam.
4. Autonomia.

---

Não surpreende que eles sejam fãs e adeptos da pesquisa de Dan Pink, como descrito anteriormente, uma vez que domínio, autonomia e propósito são todas as partes centrais de seus princípios, juntamente ao compromisso com a importância das relações.

Burbage contou como eles operam com um pensamento incômodo e perpétuo de que todos na empresa estão no emprego errado ou são subutilizados. Isso cria um senso de urgência dentro da organização de estar constantemente pensando em desenvolvimento e crescimento. Uma forma de fazer isso é que a organização tem uma cultura baseada em projetos. Eles foram os primeiros a adotar o método Agile, e isso levou a uma organização do trabalho em que um funcionário pode estar trabalhando em cinco ou seis projetos diferentes ao mesmo tempo. Os projetos terminam e começam frequentemente, assim os colaboradores são constantemente desafiados com novas oportunidades de aprender e construir o domínio.

Para cultivar ainda mais uma experiência de trabalho motivadora, empregam uma equipe de mentores internos cujo papel é reunir-se com os colaboradores ao longo do ano para ajudá-los a clarificar os objetivos e aspirações individuais e, em seguida, construir planos para atingi-los. Esses mentores assumem esse papel voluntariamente, em adição à sua função regular como uma forma de apoiar e construir a cultura. Eles também podem identificar obstáculos ou barreiras que precisam ser confrontados ou removidos e podem ajudar a fazer isso acontecer.

## Autonomia

A autonomia é um ingrediente cada vez mais importante, pois a tecnologia tornou o trabalho mais móvel do que nunca. No passado, a autonomia teria sido amplamente focada em ter influência sobre "como" o trabalho era feito. No ambiente de hoje, a autonomia adquiriu um significado muito mais amplo. Não só os empregados podem esperar autonomia na forma como o trabalho é feito, mas também onde e quando.

Na empresa de consultoria de benefícios SIG adotou-se o ROWE (*Results Only Work Environment* [Ambiente de Trabalho Baseado Apenas em Resultados]) como forma de criar autonomia para seus colaboradores. Essa abordagem de gestão foi criada por Cari Ressler e Jody Thompson em 2003 (GOROWE, 2016). Na SIG, ROWE significa que os funcionários podem trabalhar quando e onde quiserem, desde que seu trabalho seja feito. Isso cria a liberdade para os funcionários moldarem seu dia de trabalho em torno do que funciona melhor para eles.

Ironicamente, a mudança para a ROWE tornou a chegada ao escritório mais atraente para muitos funcionários da SIG. Essa autonomia para os funcionários coloca um foco maior em tornar o ambiente de trabalho no escritório um lugar para onde os empregados querem ir. Além disso, quando os funcionários trabalham a partir do escritório, é porque escolheram estar lá, não porque têm de estar. Ambos os fatores contribuíram para reforçar ainda mais o ambiente de trabalho positivo facilitado pelo CEO da empresa, Richard Silberstein.

A empresa de tecnologia Hudl.com abriu recentemente as portas de uma nova sede em Lincoln, Nebraska. Uma vez que a Hudl está no negócio dos esportes, o escritório é impressionantemente temático sobre esportes, até o detalhe de que cada funcionário tem seu próprio armário (assim como aqueles que você pode encontrar em um vestiário, sem os odores pungentes). Mas não é isso que torna esse novo escritório notável. A Hudl não tem uma política que dite onde se deve trabalhar. Em vez disso, há uma expectativa geral de que você deve trabalhar onde e como for mais produtivo.

O que se destaca nos escritórios da Hudl é a variedade de espaços disponíveis. Os empregados da Hudl não têm lugares de trabalho atribuídos, têm simplesmente um armário para as coisas que trazem ou guardam no escritório.

Todos os dias, quando os funcionários chegam, eles podem encontrar um local que melhor se adapte às suas necessidades naquele dia. Há os abertos e colaborativos com mesas e cadeiras. Há áreas menores com mesas. Há salas de conferências pequenas e grandes. Há um local que parece um café e outro um bar desportivo. Há uma cafeteria. Seja qual for o tipo de espaço que se precisa, provavelmente existe ali. A Hudl criou um local de trabalho dinâmico, onde você pode encontrar o espaço que precisar. Mas, se precisar estar longe, também pode fazer isso.

A autonomia assume cada vez mais a forma de flexibilidade. Isso é particularmente verdadeiro para a pequena empresa de serviços de contabilidade, Patke and Associates, que concebeu toda a sua cultura em torno da criação da máxima flexibilidade para os seus funcionários. Para atrair e reter talentos como uma pequena empresa, eles reconheceram que precisavam diferenciar a experiência de trabalho. Uma forma de o fazerem era por meio de acordos de trabalho flexíveis.

Na Patke and Associates, a maioria dos funcionários trabalha de casa em vários lugares dos Estados Unidos. Assim como a SIG, os empregados têm uma enorme liberdade para decidir quando e onde fazer seu trabalho. Realizar essa flexibilidade, no entanto, não se tratava simplesmente de mudar uma política ou expectativa. O tipo de trabalho e os clientes que a Patke and Associates atendem exigem capacidade de resposta e senso de urgência no acompanhamento. Para obter a flexibilidade desejada, ironicamente, a criação de alguma estrutura era essencial para garantir que a qualidade do trabalho e a capacidade de resposta não fossem prejudicadas.

Para começar, cada funcionário entende que é obrigado a trabalhar um número mínimo de horas por semana. Eles podem tomar decisões sobre quando trabalhar essas horas, mas todas devem ser registradas e relatadas em um relatório semanal (prática recorrente neste setor). Além disso, eles aprenderam que precisavam definir uma expectativa padrão de resposta para a comunicação interna e com o cliente. Por fim, concordaram com um prazo específico dentro do qual os e-mails e os telefonemas devem ser respondidos. Além disso, eles têm processos formais para auditar a qualidade do trabalho, o que cria uma prestação de contas não só para fazer o trabalho, mas também para fazê-lo corretamente. Embora este tipo de estrutura possa não parecer necessário dentro de sua organização, faz sentido para os funcionários da Patke. Ele a veem como um pequeno compromisso em troca da autonomia de que gozam. A lição a tirar disso é que a maioria das organizações pode criar uma maior autonomia para os seus empregados, mas como isso funciona provavelmente será muito diferente de uma organização para a outra.

## Propósito

No início do livro, revisamos o papel que o propósito pode desempenhar no cenário de expectativas. Ele é, talvez, o mais poderoso dos motivadores intrínsecos. Quando sabemos como uma meta é importante em algo que nos interessa, a meta é mais significativa. E, como resultado, estamos mais empenhados em alcançá-la. Esse é o poder do propósito.

**ESTUDO DE CASO** A jornada de Antis Roofing rumo ao propósito

O propósito pode motivar-nos em uma variedade de níveis. A história de Charles Antis e da sua empresa, a Antis Roofing, deixa isso incrivelmente claro. Charles Antis é um líder que irradia propósito. Mas, como ele próprio admite, nem sempre foi assim. Antis começou seu negócio de telhados no sul da Califórnia em 1989, e recorda sua primeira percepção da importância do propósito para seu negócio desde os primeiros dias.

Como alguém tentando desesperadamente manter seu negócio na superfície e crescendo, cada telefonema que chegava precisava ser convertido em um novo cliente. Em uma determinada manhã, o telefone tocou e, do outro lado, uma mulher perguntou pela reparação de um telhado. Charles avidamente anotou o endereço da casa e concordou em sair para dar uma olhada. Outro potencial novo cliente a servir.

Só que, quando chegou ao endereço para encontrar o que ele só pode descrever como uma "cabana", percebeu que aquilo não era o que tinha em mente. O seu primeiro pensamento foi virar-se imediatamente e ir embora, mas tinha prometido à mulher que iria. Então, ele bateu à porta. Quando ela se abriu, um forte cheiro de mofo atingiu suas narinas, e Charles foi novamente dominado pelo desejo de sair dali. Mas, quando estava prestes a dizer que provavelmente não poderia ajudar e sair, uma garotinha de cinco anos apareceu ao lado dele com um sorriso brilhante e pegou sua mão. Ela estava entusiasmada para sua casa mostrar ao visitante. Então ela levou-o para dentro.

Ela levou-o pela sala de estar e por um corredor cheio de gente. Estava muito entusiasmada por mostrar a Charles o seu quarto. Ao entrar no pequeno quarto, ele notou que o cheiro de mofo havia se intensificado. No chão havia quatro colchões cobertos de mofo, onde a menina e seus irmãos dormiam. Foi naquele momento, olhando para essa menina e sua mãe, sabendo que estavam sofrendo, que Charles sabia o que tinha que fazer. Ele ia ajudar.

Então, ele subiu ao telhado para vê-lo. Estava irreparável. Tinha de ser substituído. E ele ia descobrir como fazê-lo de graça porque era a coisa certa a fazer. No fim de semana seguinte, como ainda não tinha empregados, reuniu sete voluntários e juntos colocaram um telhado doado na casa para que a menina e sua família não tivessem que continuar a viver em um local insalubre e inseguro.

Esse momento mudou a vida de Charles e sua perspectiva de negócios. Embora não percebesse na época, foi a primeira vez que ele colocou as pessoas antes do lucro.

Isso acabaria por se tornar um princípio orientador para a forma como iria construir o seu negócio. Ele praticou a premissa na sua empresa, "nunca poderíamos deixar alguém ter um telhado com goteiras só porque não tinha dinheiro para pagar". Ao longo das últimas décadas, isso levou a inúmeras reparações e substituições de telhados doados, incluindo a doação de todos os telhados para todas as casas construídas na área pela Habitat for Humanity, uma organização sem fins lucrativos de construção de casas, desde 2009. A empresa doou o equivalente a mais de 5% da receita total em 2017, enquanto fez crescer o negócio em mais de 70% em um único ano.

À primeira vista, parece que uma empresa que está tão comprometida com um propósito de ajudar a comunidade e as pessoas individualmente certamente seria incrivelmente envolvente e motivadora para os funcionários. E, para alguns isso é verdade, mas Charles descobriu ao longo do caminho que era realmente desanimador para outros. Uma vez que a maioria das doações feitas foram substituições de telhados ou reparações, elas tiveram impacto contrário na empresa sobre aqueles que tinham de fazer o trabalho de fato. Um telhado doado pode ser ótimo para a pessoa que o doou, mas simplesmente parece mais trabalho para as equipes que têm que instalá-lo. Como resultado, houve alguma tensão dentro da empresa sobre o valor desses projetos de doação.

Para agravar a tensão, grande parte do dinheiro gasto pela empresa vinha de fora, tanto para atrair como para receber clientes. Em retrospectiva, Charles percebeu que as suas prioridades não estavam alinhadas. Era generoso com a comunidade e com os clientes, mas os funcionários eram, muitas vezes, negligenciados.

Ele acabou por perceber que, embora estivesse pessoalmente muito ligado a esse objetivo maior, ele não era compartilhado por todos os seus funcionários. O propósito é algo com que cada indivíduo deve se conectar em um nível individual. Essa foi uma lição que Charles aprendeu enquanto conduzia conversas pessoais com cada funcionário na tentativa de entender melhor seus valores individuais e seu propósito motivador. Ouvindo cada uma de suas histórias e ganhando uma compreensão do que era importante para eles, ele e sua equipe começaram a transformar a Antis Roofing em uma empresa movida pelo propósito, tanto em nível organizacional quanto individual. Eles se envolveram com a Imperative, uma empresa de ativação de propósito, para obter o treinamento e as ferramentas necessárias para ajudar cada funcionário a identificar seu propósito motivador e usá-lo para encontrar mais significado em seu trabalho individual.

A história de Antis Roofing é inspiradora e informativa. Ela ilustra como o propósito pode existir em muitos níveis dentro da organização, mas que o verdadeiro poder motivacional do propósito só é totalmente desbloqueado quando for pessoal e individual. Como empregador ou gestor, um primeiro passo poderoso é ajudar os empregados a identificar e se conectar com um senso de propósito significativo para eles. Os valores pessoais escolhidos na Ansarada ou definir seu "Motley" em The Motley Fool são exemplos destacados no capítulo anterior de como abordar isso. Uma vez que você tenha nomeado seu propósito ou valores fundamentais, é muito mais fácil alinhar seu trabalho para criar um significado maior e torná-lo mais motivador.

*Progresso*

Um sentido de progresso é o quarto motivador intrínseco. É fácil se identificar com o impacto desse motivador quando você reflete sobre um momento em sua carreira em que se sentiu preso ou estava lutando para ver qualquer impacto real do seu trabalho. Psicologicamente, o progresso cria uma sensação de impulso e energia positiva.

O progresso está intimamente relacionado com a finalidade, porque o progresso mais poderoso é aquele feito na busca do nosso propósito. É por isso que colocar objetivos e expectativas no contexto de nosso propósito e valores individuais é tão eficaz para nos motivar a alcançar nossos objetivos. Na próxima seção do livro sobre responsabilidade, você encontrará uma variedade de exemplos de processos que criam visibilidade e um sentimento de progresso por meio de feedback e medição.

---

## Principais conclusões

- O elemento mais complexo da gestão do desempenho é a motivação. Sem motivação, mesmo as expectativas mais claras terão um impacto limitado.
- Existem dois tipos de motivação: intrínseca e extrínseca. Tradicionalmente, as organizações têm se apoiado fortemente em motivadores extrínsecos, como incentivos e bônus. Esses motivadores contribuem para o trabalho de rotina, mas são menos eficazes para o conhecimento e trabalho criativo.
- O salário é um fator de higiene. As pessoas precisam ser pagas o suficiente para remover o dinheiro como uma consideração primária. Depois disso, a motivação intrínseca é mais eficaz para desbloquear um melhor desempenho.
- As motivações intrínsecas mais poderosas para os funcionários são o domínio, a autonomia, o propósito e o progresso. Cada trabalho pode ser projetado para incluir mais desses fatores, mas vai parecer diferente dependendo do papel e do contexto.

# Referências

GoROWE. What we do, 2016. Disponível em: http://www.gorowe.com/what-we-do-1-1/. Disponível em: 30 abr. 2018.

Mind Tools Content Team. Motivators and hygiene factors: learn how to motivate your team, *Mind Tools*, 2018. Disponível em: https://www.mindtools.com/pages/article/herzberg-motivators-hygiene-factors.htm. Acesso em: 30 abr. 2018.

Pink, D. *Drive: The surprising truth about what motivates us*. Portfolio, 2011.

Ryan, R. e Deci, E. Intrinsic and extrinsic motivations: classic definitions and new directions, *Contemporary Educational Psychology*, 25, 2000, p. 54-67. Disponível em: http://repositorio.minedu.gob.pe/bitstream/handle/123456789/2958/Intrinsic%20and%20Extrinsic%20Motivations%20Classic%20Definitions%20and%20New%20Directions.pdf?sequence=1&isAllowed=y. Acesso em: 30 abr. 2018.

Thomas, K. The four intrinsic rewards that drive employee engagement, *Ivey Business Journal*, 2009. Disponível em: https://iveybusinessjournal.com/publication/the-four-intrinsic-rewards-that-drive-employee-engagement/. Acesso em: 30 abr. 2018.

# 08
## Reconhecimento e valorização

Um elemento frequentemente ignorado da gestão do desempenho é a valorização. A gestão de desempenho tradicional foca apenas no reconhecimento daqueles que têm um desempenho acima e além do esperado. E, embora o reconhecimento dos melhores desempenhos seja uma boa ideia, isso significa que a grande maioria dos colaboradores — que apresentam o desempenho esperado — estão potencialmente sem qualquer reconhecimento positivo ou valorização.

Em 2004, o fundador da Gallup, Don Clifton, publicou, com Tom Rath, o livro *How Full Is Your Bucket?* para apresentar algumas ferramentas simples para abordar essa questão. As descobertas compartilhadas no livro, baseadas em décadas de pesquisa e milhões de respostas de pesquisa de funcionários, descobriram que quase 65% dos entrevistados achavam que não tinham recebido nenhum reconhecimento positivo durante o ano anterior. Zero. Embora esse seja um ponto de dados bastante duro, não é assim tão difícil de acreditar. Sentir-se valorizado está sempre entre os maiores impulsionadores de engajamento dos funcionários nas pesquisas que realizei ao longo da minha carreira. É também uma área em que a maioria das organizações e líderes luta para ser eficaz na satisfação das necessidades dos colaboradores.

Não somos bons em valorização e reconhecimento, especialmente a maioria dos gerentes e líderes. Mais uma vez, isso não é muito surpreendente quando considerado no contexto da abordagem "trabalho como um contrato", que dominou o ambiente de trabalho no século passado. Para além dos prêmios de desempenho com base no mérito ou dos incentivos para os grandes empreendedores, foi dada pouca importância à apreciação no modelo contratual. O empregado faz o trabalho e o empregador paga-lhe um salário em reconhecimento pelo seu cumprimento. No início da minha carreira, lembro-me de um líder dizer algo que capturou perfeitamente essa mentalidade. Como reação à sugestão de que talvez devêssemos dar mais reconhecimento, ele disse: "O que você quer, um troféu por fazer o seu trabalho? Damos-lhe um pagamento. Essa é a sua recompensa." Espero que não se ouça tanto essas palavras hoje. Mas essa forma de pensar sobre reconhecimento e valorização ainda está bem viva e presente nas mentes de muitos gerentes que foram educados em práticas tradicionais de gestão.

Não investimos em valorização e reconhecimento historicamente, porque, até recentemente, não percebemos sua importância. Apesar do que nossas pesquisas com funcionários revelaram sobre a importância de garantir que eles se sintam valorizados, não entendemos o que isso significa realmente. Graças à pesquisa no campo da psicologia positiva, estamos começando a criar um argumento baseado em evidências para apoiar o que parece ser uma conclusão óbvia em retrospectiva: todos precisam se sentir apreciados.

Alguns psicólogos ainda argumentam que a busca por se sentir valorizado pelos outros (valor social) é um motivador humano primário em todas as áreas da nossa vida, não apenas o trabalho (Grant e Gino, 2010). Isso ajudaria a explicar por que receber reconhecimento e apreço dos outros pode ser tão satisfatório e edificante. E por que é difícil ficar motivado quando ninguém parece notar nossos esforços e contribuições.

Cada vez mais, a investigação revela que as expressões de gratidão e valorização no trabalho têm impactos positivos de longo alcance sobre os indivíduos. Um estudo descobriu que o trabalho pode ser literalmente um "lugar de cura", quando os empregados têm experiências diárias positivas nele, tais como feedback positivo e alcance de metas, juntamente à socialização. Essas experiências positivas permitem reduzir os níveis de estresse e melhorar a saúde dos colaboradores (Bono et al. 2013).

A valorização e a gratidão parecem criar um ciclo virtuoso para os seres humanos. Um estudo realizado em 2010 por Adam Grant e Francesca Gino revelou que receber expressões de gratidão promove comportamentos pró-sociais. Comportamento pró-social é qualquer ação deliberadamente tomada com a intenção de ajudar o outro, muitas vezes sem qualquer expectativa de reciprocidade (Good Therapy, 2018). Ser apreciado parece tornar as pessoas mais generosas e prestativas. O que, muitas vezes, resulta em receber mais gratidão dos ajudados e assim por diante. Isso parece alimentar um ciclo virtuoso.

Para realmente desbloquear o poder de apreciação e reconhecimento no local de trabalho, as organizações têm recorrido cada vez mais a programas destinados a aumentar o que mais se refere ao "reconhecimento entre pares". Esses esforços visam a encorajar os colegas de trabalho a se reconhecerem e expressarem apreço uns pelos outros diretamente. Clifton e Rath foram os primeiros promotores dessa abordagem em *How Full is Your Bucket*, em que encorajaram as pessoas a escreverem notas positivas umas às outras em cartões em forma de gota d'água. Essas notas foram concebidas para colocar uma "gota" positiva no "balde" emocional do outro para ajudar a enchê-lo de positividade. Hoje, há uma série de plataformas de software que foram projetadas para permitir e escalar o processo de valorização dentro de uma organização.

Embora isso possa parecer um pouco romântico aos que ainda estão enraizados no pensamento de gestão de antigamente, há um poderoso benefício secundário para essa abordagem que se estende além do impacto positivo sobre aqueles que estão recebendo o reconhecimento. A expressão de gratidão foi identificada como tendo um efeito positivo igualmente poderoso na experiência de trabalho de um indivíduo. Estudos têm demonstrado uma ligação entre expressões de gratidão e satisfação no trabalho, sugerindo que, quando um colaborador toma a ação de expressar apreço pelo outro, ele melhora sua própria satisfação no trabalho (Waters, 2012).

Essa percepção é apoiada por pesquisas crescentes no campo da neurociência que revelam que os sentimentos de gratidão estão ligados a respostas biológicas em nosso cérebro, que reduzem a ansiedade, a depressão e o estresse. Além disso, sentimentos de gratidão também foram demonstrados como desencadeadores da liberação de dopamina em nosso cérebro — um neurotransmissor de recompensa — porque nos faz sentir bem. Essa liberação de dopamina tem o efeito de atuar como um reforço positivo do comportamento que a provocou, obrigando-nos a repeti-lo (Korb, 2012).

Em resumo, os atos de receber e dar valor têm efeitos positivos e motivadores sobre o indivíduo. A gratidão também tem o potencial de criar um ciclo virtuoso em que os apreciados estão mais propensos a ajudar e valorizar os outros. E o reconhecimento não tem de ser complicado ou formal. Pode ser muito simples. Trata-se de criar momentos positivos e afirmativos que ajudem os colaboradores a sentirem-se apreciados e valorizados.

Como estudei ambientes de trabalho positivos ao longo da última década, uma das coisas consistentes que os melhores têm em comum é que, de alguma forma, eles operacionalizaram a valorização e a gratidão pela forma como trabalham. Isso pode parecer muito diferente de uma organização para outra, mas o objetivo é o mesmo: garantir que os funcionários se sintam valorizados. No restante deste capítulo, destacarei algumas práticas comuns e eficazes que observei.

## Declarações

Uma prática que se tornou mais comum é fazer com que as "declarações" façam parte das reuniões regulares e das de equipe. Quer se trate de uma reunião mensal de toda a empresa ou de uma reunião diária, há tempo na agenda para os indivíduos expressarem apreço e agradecimento aos outros. Essas declarações servem o duplo propósito de promover expressões de gratidão e iluminar os comportamentos e resultados positivos.

A Behavioural Insights Team (BIT), uma consultoria em ciências comportamentais baseada em Londres, tem uma abordagem inovadora para o reconhecimento contínuo com uma reviravolta. Chamam-lhe "*whoops and whoopsies*". A equipe, na sua sede, realiza uma pequena reunião às segundas-feiras para dar início à semana. Cada reunião encerra-se com a oportunidade para as pessoas compartilharem "*whoops*", que são declarações e expressões de apreço por seus companheiros de equipe da semana anterior. A reviravolta é que eles também usam esse tempo para dividir as seus "*whoopsies*". São erros ou falhas que eles pessoalmente cometeram na semana anterior e o que aprenderam como resultado. Dessa forma, podem transformar um fracasso em uma experiência de aprendizagem positiva para a equipe, encontrando um momento positivo no que poderia ser desmotivador.

Na Wistia, uma empresa de tecnologia de hospedagem de vídeo em crescimento, eles têm uma reunião de uma hora para "mostrar e contar" toda terça-feira. Os funcionários usam essa reunião para apresentar o trabalho do qual se orgulham e sobre o qual gostariam de receber feedback. Ao compartilhar, eles provocam tanto o reconhecimento de seu trabalho quanto a apreciação do que estão criando. Mas essa reunião não se trata apenas de compartilhar o próprio trabalho, mas também de reconhecer o bom trabalho dos outros. As pessoas criam um slide de uma página para exibi-lo na reunião como forma de mostrar apreço ou reconhecer as contribuições de outros.

## Programas de reconhecimento

Para além das declarações simples, outras organizações criaram programas mais estruturados para encorajar e permitir o reconhecimento e a apreciação entre pares. Em The Motley Fool, os colaboradores (a quem se referem como tolos) recebem pontos que podem ser atribuídos a outros colaboradores como reconhecimento de viver os valores fundamentais ou fazer um excelente trabalho. Internamente, eles se referem a esses pontos como "ouro de tolo". Os funcionários que recebem ouro podem, como descrito no seu manual, "trocá-lo por prêmios, vales-presente, viagens e experiências tolas".

**ESTUDO DE CASO** Reconhecimento do empregado na Baystate Health

Programas de reconhecimento de pares como estes tornaram-se mais comuns na última década, à medida que surgiram plataformas tecnológicas para ajudar a gerenciá-los e escalá-los para grupos maiores de funcionários. A Baystate Health, um sistema de saúde de 12 mil funcionários, está em uma jornada para desbloquear o poder do reconhecimento que começou com o desejo de melhorar a experiência do paciente. Jennifer Faulkner, vice-presidente da Team Member Experience, descreveu uma forte ligação entre o envolvimento dos colaboradores e o dos doentes: "Em geral, os dados sugerem que colaboradores mais felizes conduzem a pacientes mais felizes."

Enquanto analisavam os dados da pesquisa de engajamento de funcionários, uma coisa ficou clara. Os empregados não se sentiam reconhecidos. O item da pesquisa sobre reconhecimento estava entre os mais baixos, e a falta de reconhecimento tinha alguns impactos significativos.

Ficou claro que o reconhecimento era importante para os funcionários da Baystate Health, mas eles queriam entender mais sobre que tipo de reconhecimento era mais significativo. Especificamente, estavam curiosos sobre o valor percebido de reconhecimento de três fontes: líder, pares e paciente. Eles conduziram pesquisas com funcionários para responder a essa pergunta. O que descobriram foi que, embora todo reconhecimento seja valorizado, o reconhecimento por pares foi altamente valorizado. Os funcionários revelaram que valorizam o reconhecimento específico (ou seja, o que eu fiz e qual o impacto que teve) entregue de forma oportuna. Quanto mais perto de quando o comportamento aconteceu o reconhecimento é recebido, melhor. Os pares, afinal, estão na melhor posição para fornecer isso.

Uma das descobertas interessantes da pesquisa foi que os funcionários queriam poder compartilhar seu reconhecimento com os membros da família. A capacidade de compartilhar o reconhecimento recebido com seus entes queridos parecia ampliar seu valor.

Como resultado dessas descobertas, eles decidiram implantar uma plataforma de software de reconhecimento social, criada pela Globoforce, na organização. Os funcionários poderiam usar essa plataforma para compartilhar o reconhecimento com outros funcionários. Isso não só permitiu o reconhecimento direto entre pares, como também ampliou esse reconhecimento, tornando-o visível para outros funcionários. Cada reconhecimento dado está ligado a um valor fundamental da organização para consolidar e fortalecer a cultura.

Jennifer e sua equipe viram o poder da plataforma desde o primeiro reconhecimento compartilhado. Foi de um jardineiro de longa data no hospital, escrito por uma médica. Eis o que ela escreveu.

*Steve, eu observei seu esforço extraordinário para manter nossos terrenos do hospital na sua melhor forma dia após dia, por muitos anos. Acho que você é um herói desconhecido do Baystate. Quando nossos pacientes, famílias e funcionários vêm ao Baystate, são recebidos por gramados e flores imaculados, e isso tem um impacto positivo em nossa imagem. Embora eu nunca tenha conhecido você e tenha precisado perguntar por aí para descobrir o seu nome, há muito tempo, quis dar-lhe uma declaração pela sua ética de trabalho e dedicação. Obrigada!*

Não houve nada que impedisse a médica de compartilhar esse reconhecimento e apreço no passado, mas isso simplesmente não tinha acontecido antes. Foi só quando a organização deu o passo para encorajar ativamente a gratidão e introduziu um mecanismo facilitador que isso finalmente aconteceu. Só posso imaginar o impacto positivo que essa nota deve ter tido em ambas as pessoas.

Os funcionários abraçaram essa nova plataforma e ela está tendo impacto. Uma área em que esse impacto tem sido bastante dramático é nos resultados dos questionários dos colaboradores. Esse item de reconhecimento, que costumava estar entre os menos cotados na pesquisa, está agora entre os mais altos. Além disso, descobriram que as enfermeiras que tinham sido reconhecidas pelo menos uma vez no ano anterior foram 3,5 vezes mais propensas a permanecer na organização no ano seguinte. No mercado de trabalho altamente competitivo dos cuidados de saúde, esse tipo de impacto positivo sobre a retenção foi revelador e digno de investimento.

## Operacionalização da apreciação

O que essas organizações têm em comum é que fizeram da valorização e do reconhecimento parte de como o trabalho acontece nelas. Reconhecem que não somos naturalmente bons nisso quando deixados por conta própria e decidiram não deixar ao acaso. Toda empresa ou equipe precisa encontrar maneiras de criar intencionalmente momentos mais positivos e edificantes para os funcionários, construindo esse sentimento de reconhecimento e valorização.

Para algumas organizações, isso pode significar começar cultivando momentos positivos mais simples. O simples ato de dizer obrigado, dar uma nota alta a alguém, ou mesmo simplesmente sorrir e dizer "bom dia" no corredor pode ter um impacto positivo. Líderes e gerentes devem primeiro começar a modelar esse comportamento antes que possam esperar isso dos outros. Isso pode criar um efeito de propagação.

Outra oportunidade para aumentar a apreciação sistematicamente é tornar a solicitação e o compartilhamento de feedback apreciativo uma parte de qualquer feedback ou processo de treinamento. Por exemplo, um gestor pode incluir em cada conversa individual uma pequena lista de coisas que aprecia sobre o que observou do empregado no último ciclo. Elas não precisam ser especificamente relacionadas a objetivos ou desempenho, mas podem ser simples reforços positivos como: "Eu realmente aprecio a perspectiva positiva que você tem trazido às nossas reuniões de equipe ultimamente."

Ao utilizar processos de feedback entre pares, como pesquisas de

360 graus, certifique-se de que há tanta ou mais ênfase no que os outros valorizam e apreendem sobre o indivíduo do que na solicitação de feedback crítico (mais sobre isso na próxima seção do livro). Esses processos tendem a ser orientados para a identificação de lacunas e oportunidades que focam o colaborador nas necessidades de desenvolvimento. Embora isso seja importante, a menos que seja equilibrado com uma apreciação positiva, pode desencadear uma resposta defensiva que é contraproducente.

Outra abordagem que eu tenho experimentado em várias configurações envolve usar um questionário estruturado na conclusão de um projeto ou um período de desempenho específico. Quando um projeto é concluído ou no final de um ciclo de desempenho (ou seja, semana, mês, etc.), a equipe se reúne para fazer um balanço formal sobre o que correu bem e o que poderia ter sido melhor. Uma parte de cada depoimento é a resposta à pergunta: "A quem devemos agradecer pelo apoio?" Isso força as pessoas a pensarem sobre aqueles que contribuíram tanto para o sucesso da equipe como para o individual, para garantir que elas saibam que seu apoio foi valorizado e reconhecido. Em um caso, enviamos a um desenvolvedor uma caixa de sua cerveja favorita como um agradecimento por ajudar nossa equipe a resolver um grande problema.

## Principais conclusões

- Um elemento frequentemente negligenciado do gerenciamento de desempenho é a apreciação. A gestão de desempenho tradicional apenas foca no reconhecimento daqueles que têm um desempenho acima e além do esperado. Todos precisam se sentir apreciados.
- Os atos de receber e dar apreço têm efeitos positivos e motivadores no indivíduo. A gratidão também tem o potencial de criar um ciclo virtuoso em que os apreciados são mais propensos a ajudar e apreciar os outros.
- A criação de rituais ou processos formais para encorajar o "agradecimento" é uma forma comum de as organizações criarem um ambiente de trabalho positivo e apreciativo.
- Não somos naturalmente bons em expressar apreço pelos outros. Um programa bem concebido de reconhecimento pessoa a pessoa pode ser muito eficaz para incentivar os funcionários a expressarem mais gratidão e apreço uns pelos outros. Isso pode ter impactos muito positivos no engajamento geral dos funcionários.
- Toda organização ou equipe precisa encontrar maneiras de criar intencionalmente momentos mais positivos e edificantes para os funcionários que constroem esse sentimento de reconhecimento e valorização.

## Referências

Bono, J E et al. Building positive resources: effects of positive events and positive reflection on work stress and health, *Academy of Management Journal*, 56 (6), 2013, p. 1601-1627. Disponível em: https://pdfs.semanticscholar.org/4a37/5ce73ac7b9b78c9fc29c7d9086a74b8cb174.pdf. Acesso em: 30 abr. 2018.

Clifton, D. e Rath, T. *How Full is Your Bucket? Positive strategies for work and life*. Gallup Press, 2005.

Good Therapy. Prosocial behavior, 2018. Disponível em: https://www.goodtherapy.org/blog/psychpedia/prosocial-behavior. Acesso em: 30 abr. 2018.

Grant, A. e Gino, F. (2010) A little thanks goes a long way: explaining why gratitude expressions motivate prosocial behavior, *Journal of Personality and Social Psychology*, 98, 2010, p. 946-955, doi: 10.1037/a0017935

Korb PhD, A. The grateful brain: the neuroscience of giving thanks, *Psychology Today*, 20 nov. 2012. Disponível em: https://www.psychologytoday.com/us/blog/prefrontal-nudity/201211/the-grateful-brain. Acesso em: 30 abr. 2018.

Waters, L. Predicting job satisfaction: contributions of individual gratitude *and* institutionalized gratitude, *Psychology*, 3, 2012, p. 1174-1176, doi: 10.4236/ psych.2012.312A173

# 09

# Bem-estar e inclusão

A partir da década de 1980, tornou-se cada vez mais comum que as organizações criassem iniciativas de bem-estar no local de trabalho. O seu objetivo subjacente era apoiar os colaboradores na consecução e manutenção de uma melhor saúde física. Os programas surgiram a partir de uma variedade de necessidades, desde ajudar os colaboradores a se recuperar do abuso de substâncias até a prevenção de acidentes (Khoury, 2014).

O interesse em programas de bem-estar no local de trabalho intensificou-se quando alguns começaram a promover a ideia de que, se os empregadores pudessem ajudar os empregados a serem saudáveis, eles consumiriam menos com assistência de saúde, utilizariam menos tempo de licença por doença e seriam, em geral, menos dispendiosos de empregar. Na minha última função executiva de RH, investimos muito em bem-estar, com base na promessa de contenção de custos futuros ao melhorar a saúde dos funcionários.

Após anos de investimento nessas iniciativas e programas, o consenso parece ser de que o bem-estar não tem estado à altura dos gastos. Há cada vez mais evidências de que os programas de bem-estar corporativos falharam em produzir qualquer economia substancial para as organizações (Greenfield, 2018). Podemos debater as razões desse fracasso ou se este pode ser corrigido, mas penso que isso não é pertinente. A maioria das organizações ainda está negligenciando o valor real de investir em bem-estar. O impacto do bem-estar nunca foi na mitigação de riscos ou na contenção de custos, mas sim como uma forma de melhorar o desempenho. E o foco comumente limitado na saúde física reduziu a escala do impacto que esses programas poderiam ter tido.

Quando reflito sobre a minha carreira e, em particular, sobre quando eu não estava no meu melhor momento, os problemas que interferiam com o meu desempenho muitas vezes não tinham nada a ver com o trabalho. Em muitos casos, minhas falhas de desempenho eram relacionadas a estresses em minha vida pessoal. Às vezes, envolvia a minha saúde física. No início da minha carreira, levei a socialização muito a sério, então eu estava muitas vezes acordado até tarde com amigos consumindo bebidas alcoólicas demais. As ressacas e o efeito cumulativo de dormir pouco afetaram a minha capacidade de desempenho no trabalho. Os meus empregadores, durante esse período da minha carreira, certamente não tiveram o meu melhor.

Em outros momentos na minha carreira, a questão era minha saúde emocional. Eu tive um "casamento prematuro", como alguns chamam, nos meus vinte e poucos anos. Foi uma decisão imprudente me casar, já que o relacionamento sempre foi caracterizado por enormes e dramáticos altos e baixos. No curto período de vinte meses desse casamento, ele nunca teria sido descrito como "estável", e essa situação conturbada em casa significava que meu estado emocional estava sempre desestabilizado. Isso dificultou o foco em alguns dias e limitou a quantidade de energia emocional positiva que eu tinha para contribuir com meu trabalho e meus colegas.

Outro grande fator de estresse de que me lembro ao longo da minha carreira é o dinheiro. Embora todas as minhas questões financeiras tenham sido autocriadas, o peso das questões de dinheiro pode ocupar toda sua atenção. Quando não se tem a certeza de que seu próximo pagamento irá cobrir as suas contas, fica difícil pensar em outra coisa. E sentir-se financeiramente tenso faz com que qualquer conversa sobre salário ou remuneração no trabalho pareça muito importante e pessoal.

Em todas essas circunstâncias, mesmo que eu fosse muito claro sobre minhas expectativas, tivesse todos os recursos que precisava e recebesse muito apoio e encorajamento no trabalho, eu não iria obter meu melhor resultado. Devido a esses vários problemas com o meu bem-estar pessoal, a minha capacidade de realizar meu potencial máximo era limitada, se não impossível.

Cultivar o desempenho máximo exige que se abrace o fato de os empregados serem seres humanos que têm vidas e circunstâncias fora da empresa que têm impacto no trabalho. A ideia de que trabalho e vida são, de alguma forma, separados ou não afetam um ao outro é uma falácia. O "bem-estar" pessoal ou dos funcionários, de modo geral, é uma questão de capacidade de desempenho. Quanto melhor cada colaborador se sentir em todas as dimensões de sua vida, maior será a capacidade de seu pleno potencial para oferecer à organização a cada dia.

Muitos modelos de bem-estar surgiram para ajudar as organizações e lideranças a pensarem sobre como podem apoiar mais ativamente cada funcionário, tanto no trabalho como fora dele, em uma jornada para que se sinta melhor e completo como pessoa. Um dos modelos mais populares de bem-estar é chamado de "Gallup-Sharecare Well-Being Index" (Gallup and Sharecare, 2018). Esse modelo define e mede o bem-estar individual em cinco categorias:

---

### Índice de bem-estar Gallup-Sharecare

1. Finalidade
2. Social
3. Financeiro
4. Comunidade
5. Físico

O modelo completo é explicado em detalhes no livro *Well-Being: The Five Essential Elements* (Rath e Harter, 2010). O meu objetivo ao partilhá-lo não é defender esse como o único ou melhor modelo de bem-estar (nem sequer é o meu favorito), mas sim ilustrar como essa abordagem é um afastamento do pensamento tradicional sobre o que é "relacionado com o trabalho". Também ajuda a estimular o nosso pensamento sobre as formas como podemos apoiar cada colaborador na sua jornada de bem-estar individual.

Minha própria experiência ilustra como o estresse e a perturbação de cada circunstância que descrevo poderiam ter sido minimizados ou evitados por meio de melhores escolhas. Se eu tivesse sido mais experiente ou se estivesse mais equipado para fazer essas escolhas, ou pelo menos para gerenciar o impacto do que estava acontecendo comigo, meu bem-estar poderia ter melhorado. Se meus empregadores na época tivessem fornecido recursos ou apoio para navegar em um casamento problemático ou finanças instáveis, talvez eu pudesse ter alavancado esses recursos para melhorar minha vida fora do trabalho e, como resultado, melhorar meu desempenho.

O bem-estar é outro conceito que não faz sentido no contexto do pensamento de gestão tradicional em que o trabalho é um contrato. A noção de que um empregador ou gestor deve apoiar ativamente um trabalhador dessa forma vai muito além do âmbito do contrato. O meu empregador deve me ajudar a aprender como ter um casamento melhor em casa ou me ensinar a lidar com conflitos de forma mais positiva? Podemos debater isso se quiserem, mas é a pergunta errada a se fazer.

Abraçar o bem-estar leva a um par de perguntas diferentes. Como ajudar os nossos colaboradores a terem melhores relações em casa pode melhorar a sua capacidade de desempenho no trabalho? E qual é a oportunidade perdida de não o fazer? As organizações que se destacam em cultivar o desempenho veem o seu compromisso de bem-estar como uma forma de ter sucesso, ajudando os funcionários a serem mais saudáveis e completos em todas as facetas de suas vidas. Ao fazer isso, eles desbloqueiam a maior parte do potencial do indivíduo para desempenhar e criar valor no trabalho.

**ESTUDO DE CASO** Farm Credit Services of America

A Farm Credit Services of America (FCSAmerica) tem sido reconhecida, muitas vezes, como o melhor lugar para se trabalhar, e é geralmente considerada como um dos empregadores favoritos nas comunidades onde atuam. Lynette Campbell, vice-presidente de desenvolvimento e aprendizagem da organização, atribui isso, em parte, a uma crença defendida por seu CEO de longa data e recentemente aposentado. Ele costumava dizer que a organização queria ajudar cada membro da equipe a tornar-se uma pessoa melhor, seja qual fosse a forma que mais importasse para eles (como cônjuge, pai, mãe, líder, etc.). Ele acreditava que, quando a organização conseguia ajudar um membro da equipe dessa forma, este o pagaria adiante, dando aos clientes uma grande experiência. E parece ter funcionado, se o crescimento e a expansão servem como indicadores.

Uma maneira que a Farm Credit Services of America trabalha nesse ideal é por meio do desenvolvimento contínuo e oportunidades educacionais disponibilizadas aos funcionários. Eles oferecem aulas abordando tópicos como finanças pessoais, aprender a ouvir e como administrar o estresse. Até ministram aulas intituladas "mudar qualquer coisa" para ajudar a capacitar os funcionários a moldar qualquer aspecto importante de sua vida. Como Lynette me contou, não é incomum que os funcionários se aproximem dela e de sua equipe para compartilhar histórias de como esses e outros programas oferecidos pela empresa mudaram suas vidas para melhor.

Outra forma que a Farm Credit Services of America tem investido no bem-estar é por meio do ambiente físico de trabalho. Quando construíam e remodelavam os espaços de trabalho, fizeram-no para promover a colaboração e o conforto das pessoas que os ocupam. O local de trabalho é projetado para dar uma sensação de abertura, e ali cada funcionário é exposto à luz natural. Eles também incorporam plantas vivas e cuidam para que o ambiente esteja sempre limpo e funcional. Quando alguma coisa quebra, é consertada imediatamente. O objetivo é criar um local que seja enriquecedor e que promova o trabalho em equipe.

A consultoria de benefícios aos funcionários, SIG, também promoveu uma cultura premiada, investindo no bem-estar. As iniciativas da SIG são apoiados por um comitê de funcionários voluntários que orienta e planeja muitas das atividades e programas. Eles até batizaram suas medidas de bem-estar internamente, chamando o programa de "Faísca". Como explicou Rachel Druckenmiller, diretora de bem-estar da SIG, eles gostaram da metáfora de uma faísca para descrever suas iniciativas, porque uma pequena faísca tem o potencial de provocar um grande incêndio. E acender uma fogueira significa ajudar o empregado a "ganhar mais vida". A SIG evoluiu de um foco tradicional no bem-estar apenas na saúde física para uma visão mais ampla e holística do bem-estar. Não estamos necessariamente tentando torná-los saudáveis, tentamos ajudá-los a se sentirem mais vivos e conectados.

Para uma organização menor, a SIG oferece uma ampla gama de programas voltados a lançar essas "faíscas" do bem-estar, que vão desde sessões curtas de meditação e aulas de decoração de bolos a cursos de autodefesa e lanches compartilhados. Foi oferecida, inclusive, uma aula "dar e receber" de aromaterapia durante a época mais estressante do ano no negócio, como um alerta para lembrar as pessoas para fazer uma pausa e conectarem-se entre si. O comitê de bem-estar hospeda uma caça ao tesouro anual seguida de um *happy hour* na cidade. Também colabora com as comissões de serviços sociais e comunitários para planejar outros eventos ao longo do ano, a fim de construir uma comunidade.

O que talvez seja mais interessante e poderoso sobre a abordagem da SIG para o bem-estar é uma intenção subjacente revelada por Rachel em nossa entrevista. Independentemente da atividade ou programa planejado, eles estão sempre pensando em como promover a construção de relacionamentos e ajudar os funcionários a sentir um sentimento mais profundo de conexão uns com os outros e com a organização.

Investir no bem-estar dos seus colaboradores é benéfico em vários níveis. Como sublinhei acima, o bem-estar é uma questão de capacidade de desempenho. Quanto mais completos e bem os funcionários se sentem quando aparecem a cada dia, mais eles são capazes de trazer todo o seu potencial e contribuir para enfrentar o trabalho naquele dia. Além disso, é também um investimento na relação com o colaborador. As nossas relações mais saudáveis são com aqueles que procuram e defendem o nosso bem-estar. E, como a Farm Credit Services of America tem demonstrado, a natureza recíproca dos relacionamentos significa que, quando investimos no bem-estar de nossos funcionários, eles ficam mais propensos a olhar para o bem-estar dos clientes, o que, por sua vez, leva ao sucesso da organização.

## A importância da inclusão

Se eu lhe pedisse para descrever seu melhor amigo e por que gosta de passar tempo com ele, você provavelmente listaria uma série de coisas. Na lista é provável que haja algo do gênero: "Eu posso ser eu mesmo quando estou com ele." Os nossos melhores amigos tendem a ser pessoas que nos viram no nosso melhor, no nosso pior e em todo o resto. E eles aceitam tudo. Não nos julgam. Nem tentam mudar-nos. Eles simplesmente nos amam pelo que somos e nos apoiam da melhor maneira que sabem.

Isso sugere que, para promover o tipo de experiência do colaborador sentida como uma grande relação, devemos encontrar uma forma de criar este sentimento de pertencimento e aceitação no trabalho. No contexto de um melhor amigo, essa é uma tarefa muito fácil. O seu melhor amigo é provavelmente muito parecido com você. Provavelmente vocês têm muito em comum e têm interesses comuns. É fácil aceitar alguém de quem gostamos e com quem compartilhamos semelhanças.

A tarefa não é tão simples no trabalho, onde os funcionários podem ser muito diferentes e ter interesses, experiências e antecedentes muito diferentes. O desafio é criar uma experiência de trabalho, como as nossas relações mais próximas, que compreenda e aceite toda essa diversidade abertamente, sem julgamento e sem tentar mudá-la. Muitos se referem a uma experiência de trabalho desse tipo como sendo inclusiva.

A inclusão é fundamental para o cultivo do desempenho. Cada funcionário possui um conjunto único de perspectivas, experiências e talentos diferentes de qualquer outra pessoa viva. Essa perspectiva única está entre as contribuições mais valiosas que o indivíduo tem para oferecer. Seus colegas podem ver o seu trabalho e a organização por meio de uma lente que só eles possuem, revelando perspectivas que só eles podem ver.

Tradicionalmente, as organizações têm investido mais na assimilação do que na inclusão. Os programas integrados tentam ajudar as pessoas a aprender como se "encaixar" na organização mais rapidamente, sem perceber que o efeito colateral é que os funcionários ouvem que não é valorizado "destacar-se". Os códigos de vestuário organizacional incentivam as pessoas a se vestirem da mesma forma, muitas vezes exigindo que mudem ou encubram coisas importantes para seu senso de identidade, como roupas especiais, joias ou tatuagens. Nas reuniões, a pessoa com o maior cargo ou há mais tempo no comando fala mais, enquanto os novatos apenas ouvem e esperam pelo momento em que terão sido assimilados o suficiente para ter uma opinião adequada.

Embora possa parecer um pouco cínico, reconheço que essas coisas raramente são feitas com más intenções. É outra manifestação da nossa herança de gestão de maximizar a produção da forma mais fácil e rápida possível, com pouca ou nenhuma atenção dada à experiência do funcionário. Nesse modelo, é muito mais fácil gerir um grupo de pessoas que foram assimiladas para agir, vestir-se e falar de forma semelhante do que um grupo que age e se comporta de forma diferente. A diversidade é confusa e mais difícil de gerir.

Investir na criação de uma experiência de trabalho inclusiva traz benefícios em vários níveis. No nível do relacionamento, sentir-se aceito e compreendido por sua singularidade é vital para construir um vínculo duradouro. Os seus melhores amigos provavelmente têm estado habilmente na sua vida há muito tempo. Quando você encontra uma relação como essa, quer mantê-la.

A inclusão também alimenta o desempenho e a inovação, convidando os empregadores a darem o máximo de sua contribuição. Quando o ambiente é seguro e convida os funcionários a compartilhar o que os torna diferentes, essas perspectivas únicas abrem oportunidades que teriam sido imperceptíveis em um ambiente mais assimilado.

Criar uma experiência de trabalho verdadeiramente inclusiva é uma tarefa árdua. É algo que requer empenho intencional e ação dedicada ao longo do tempo por parte de líderes e empregados. Exige a criação de processos e mecanismos que permitam a extração ativa e a inclusão da diversidade. Como os grupos homogêneos assimilados são mais fáceis de gerenciar, eles podem se tornar nosso modo de operação padrão não intencional. Quando permitimos que a assimilação seja a norma, a relação (e o desempenho) sofrerá.

Livros inteiros foram escritos sobre como criar culturas inclusivas, por isso não vou tentar fornecer uma lista abrangente de recomendações aqui. Encorajo-os a procurar recursos adicionais e a aprender mais. Uma forma de avançar para uma maior inclusão é tomar medidas efetivas para promover a diversidade e celebrar o que torna as pessoas únicas. Demonstrar ativamente apreço pela singularidade torna mais seguro ser único no trabalho. Embora seja cada vez mais comum encontrar a "diversidade e a inclusão" como parte dos valores de uma empresa, esse compromisso deve ser apoiado por ações.

Em Wistia, por exemplo, eles querem que seu local de trabalho seja sentido como um lugar autêntico e criativo. Como parte disso, encorajam ativamente as pessoas a mostrar o lado mais estranho de si mesmas. Uma das formas é encorajando-as a partilhar os seus passatempos. Quer se trate de tocar um instrumento musical ou exibir habilidades culinárias em uma nova churrasqueira do escritório, eles incentivam as pessoas a colocar seus interesses e talentos em exposição. Ao fazê-lo, também encorajam as pessoas a dedicarem-se mais ao seu trabalho. Em um caso, um funcionário particularmente criativo e apaixonado pelos grandes shows de Hollywood decidiu criar um programa de prêmios para os clientes. Como se trata de uma empresa de plataforma de hospedagem de vídeo, os "Febbies" se tornaram um sucesso instantâneo.

Curiosamente, apesar da Farm Credit Services of America estar em uma indústria muito diferente (bancária e financeira), com uma cultura muito diferente, eles têm empregado uma abordagem semelhante para estimular os hobbies e interesses dos funcionários como uma forma de aceitar a singularidade e promover a inclusão. Durante uma série de almoços ao longo do ano, eles encorajam os empregados a dividir e ensinar os seus passatempos e interesses aos outros. Os eventos não só convidam demonstração de singularidade, mas criam oportunidade para uma verdadeira conexão. As pessoas desenvolvem uma experiência compartilhada para uni-las. Não é provável que você esqueça o colega de trabalho que lhe ensinou o método *konmari* para organizar sua casa ou como fazer seus próprios laços e embrulhar belos presentes.

Convidar funcionários para trazer seus hobbies e interesses para o trabalho pode não parecer uma maneira óbvia de impactar o desempenho. É uma maneira simples e de baixo risco de tomar medidas para abraçar seus funcionários como um todo. Ela também celebra os funcionários por se permitirem ser um pouco vulneráveis ao compartilhar mais de si mesmos no trabalho. Quando somos recompensados por mostrar um pouco mais de nós mesmos, é provável que façamos de novo no futuro.

Na Arbor Day Foundation, encontraram outra forma inovadora de promover um ambiente inclusivo, ao mesmo tempo que promovem a aprendizagem e o crescimento. Chamaram de "comida para o pensamento". Os funcionários são convidados a se inscrever para almoçar com os colegas em uma das várias opções de restaurantes. Durante o almoço, eles discutem algumas questões pré-determinadas como forma de promover o aprendizado e conhecer melhor uns aos outros. O que torna o processo tão poderoso é que, quando os funcionários se inscrevem no programa, eles não sabem com quem vão almoçar. O processo de inscrição é às cegas, o que leva a companheiros de almoço inesperados que, de outra forma, poderiam não ter conversas regulares juntos.

Essa abordagem é semelhante ao Randomized Coffee Trials (RCT), uma ideia popularizada em 2013 pela Nesta, uma fundação de inovação sediada no Reino Unido. É uma ideia incrivelmente simples, em que os funcionários que se voluntariam para participar recebem, semanalmente, um pareamento aleatório com outro funcionário com quem vão tomar café (Soto, 2013). RCT e "comida para o pensamento" encorajam ativamente a construção de relacionamentos e o compartilhamento de perspectivas únicas, reunindo pessoas que de outra forma seriam menos propensas a se conectar.

Aqui estão algumas outras formas simples de ajudar a sua equipe a tornar-se mais inclusiva:

- Reuniões de equipe abertas com uma rodada de compartilhamento. Dê a cada membro da equipe a oportunidade de contar algo interessante sobre si mesmo que a maioria das pessoas no trabalho não conhece. Alternativamente, peça a cada pessoa que responda à mesma pergunta (ou seja, "qual é o seu filme favorito de todos os tempos?"). Cada reunião convida a um pouco mais de partilha e a uma oportunidade de encontrar comunhão com os outros na sala.
- Ao reunir-se em equipe para rever um plano ou tomar uma decisão, certifique-se de que todas as vozes são ouvidas. Em uma ou duas vezes durante a discussão, faça um *check-in* com o grupo, indo ao redor da sala para perguntar o que as pessoas estão pensando ou que pergunta domina sua mente no momento. O objetivo é garantir que todos se sintam valorizados e ouvidos, independentemente de seu título ou poder.
- Designe um advogado do diabo para cada reunião, cujo propósito é fazer perguntas difíceis e tomar opiniões contrárias para desafiar o pensamento. A uma pessoa diferente deve ser atribuído esse papel em cada reunião, para que todos tenham vez. Com o passar do tempo, o grupo aprenderá tanto a fazer como a responder perguntas difíceis. Eles também perceberão que ter uma opinião contrária ou única é valiosa e importante para o desempenho da equipe.

# Principais conclusões

- A maioria das organizações ainda está negligenciando o valor real de investir em bem-estar. Em vez de ser uma ferramenta para conter custos, o valor real em bem-estar é liberar maior capacidade de desempenho de cada funcionário.
- As organizações que se destacam em cultivar o desempenho veem o seu compromisso de bem-estar como uma forma de ter sucesso, ajudando os funcionários a serem mais saudáveis e completos em todas as facetas de suas vidas. Eles fornecem treinamento, recursos e um ambiente que prepara os funcionários para melhorarem suas vidas fora do trabalho.
- Além de aumentar a capacidade de desempenho, investir no bem-estar dos seus colaboradores é também um investimento na sua relação com eles. Estamos motivados para cuidar e prestar atenção em quem faz o mesmo por nós.
- Para criar uma experiência de funcionário que se pareça como nossos relacionamentos mais próximos, é preciso compreender e aceitar a diversidade abertamente, sem julgamento ou desejo de mudá-la. Chamamos isso de inclusão.
- Investir na criação de uma experiência de trabalho inclusiva traz benefícios em vários níveis. No nível do relacionamento, sentir-se aceito e compreendido por sua singularidade é vital para construir um vínculo duradouro. A inclusão também alimenta o desempenho e a inovação, convidando os trabalhadores a darem o máximo de sua contribuição.
- Uma forma poderosa de avançar para uma maior inclusão é tomar medidas para promover ativamente a diversidade e celebrar o que torna as pessoas únicas.

# Referências

Gallup e Sharecare. About the well-being index, *Sharecare*, 2018. Disponível em: https://wellbeingindex.sharecare.com/about/. Acesso em: 30 abr. 2018.

Greenfield, R. Workplace wellness programs really don't work: they aren't saving money or making employees healthier, a new study finds, *Bloomberg*, 26 jan. 2018. Disponível em: https://www.bloomberg.com/news/articles/2018-01-26/workplace-wellness-programs-really-don--t-work?utm_campaign=ED_HCM_HR%20News%20Brief_Q1%202018&utm_source=hs_email&utm_medium=email&utm_content=60328148&_hsenc=p2ANqtz-DuCo8VOppAkh-MIw1ypGn1Afg-DDCpj9Z7XH5nkFRiuXoUsNKwmjEBRftFkKz_rjsX8Ie5My8BCAjdg-drSPN3Jf7Mg&_hsmi=60327829. Acesso em: 30 abr. 2018.

Khoury, dr A. (2014) The evolution of worksite wellness, *Corporate Wellness Magazine*, 29 out. 2014. Disponível em: http://www.corporatewellnessmagazine.com/worksite-wellness/the-evolution-of/. Acesso em: 30 abr. 2018.

Rath, T. e Harter, G. *Well-Being: The five essential elements*. Gallup Press, 2010.

Soto, M. Institutionalising serendipity via productive coffee breaks, *Nesta*, 21 jan. 2013. Disponível em: https://www.nesta.org.uk/blog/institutionalising-serendipity-productive-coffee-breaks. Acesso em: 30 abr. 2018.

# 10
## Removendo obstáculos

Na agricultura, se você não trabalhar para combater e remover ervas daninhas e insetos invasores, os danos às plantações podem ser catastróficos. Mesmo que todas as outras condições sejam favoráveis, esses organismos invasivos podem frustrar qualquer esperança de uma colheita produtiva. Isso torna a sua remoção particularmente vital.

Ao cultivar o desempenho no trabalho, os obstáculos podem ser igualmente perturbadores e importantes de remover. Por exemplo, eu recentemente conduzi uma série de grupos de foco de funcionários para um cliente, em que a rotatividade de empregados estava aumentando e a moral parecia ser um problema. Os grupos focais de funcionários sempre revelam uma variedade de questões que precisam ser abordadas, desde falhas de comunicação até uma falta de valorização. Este não foi exceção.

Neste caso, o que foi surpreendente sobre esses grupos focais foi a consistência com que identificaram um obstáculo comum que sentiram que estava dificultando o desempenho e levando ao *burnout*.

A questão que eles descreveram é o que eu frequentemente chamo de "morte por reuniões". Esses funcionários passavam tanto tempo em reuniões durante o dia que lhes faltava tempo para completar seu trabalho. Descreveram uma cultura em que o agendamento de uma reunião era a ação padrão. O resultado dessa cultura de reuniões foram horas extras para os funcionários, desequilíbrio entre o trabalho e a vida pessoal e desempenho reduzido devido ao trabalho apressado.

Os colaboradores sentiam-se, como seria de se esperar, frustrados e exasperados, o que explica o aumento de problemas de estado de espírito e da rotatividade dos funcionários. Muitos estavam próximos do seu limite. Eles precisavam desesperadamente de ajuda, mas a maioria se sentia impotente para mudar a situação. Na maioria dos casos, não tinham o poder de cancelar ou optar por não participar dessas reuniões, mesmo quando não pareciam ser valiosas. Elas tornaram-se um obstáculo bastante significativo. Como se poderia prever, eu recomendei uma série de intervenções aos líderes dessa organização com o objetivo de reduzir o número de reuniões que realizavam. Também disse que melhorassem a eficácia e encurtassem a duração das que mantivessem.

Assim como na analogia com a agricultura, os obstáculos podem ser particularmente perturbadores para a experiência e o desempenho geral dos funcionários. Um obstáculo é algo que interfere com o seu progresso. Interrompe seu avanço até que seja removido ou se encontre uma maneira de contorná-lo. Isso é o que torna os obstáculos tão perigosos. Mesmo quando você está cultivando o desempenho por meio da motivação e apreciação efetivas, um obstáculo como "morte por reuniões" pode frustrar o desempenho e matar o engajamento dos funcionários.

## Tipos de obstáculos

Os obstáculos podem assumir muitas formas. Eles podem ser sistêmicos, como o exemplo das reuniões compartilhado acima. Mas também podem ser individuais e específicos. Um exemplo pode ser descobrir que lhe falta a ferramenta ou o recurso certo para completar uma tarefa. Se você já tentou fazer uma melhoria em casa e descobriu que não tinha uma ferramenta essencial, sabe como perturbador isso pode ser para se progredir.

Os obstáculos também podem ser interpessoais. Estar em conflito com um colega cuja cooperação é necessária é um exemplo. Nos meus anos como líder de RH, esse foi um obstáculo que tive de enfrentar frequentemente, tanto nas minhas próprias interações como entre pares. A fim de resolver muitos dos nossos problemas de RH mais complicados, foi necessário fazer alterações nos processos de gestão e, por vezes, na forma como se esperava que os gestores se comportassem. Nem todos os gestores apreciaram que lhes fosse pedido que fizessem as coisas de forma diferente, por isso resistiam e até minavam as mudanças — por vezes abertamente e outras vezes secretamente. Em ambos os casos, se não conseguíssemos influenciar esses gestores a abraçar as mudanças, não haveria progresso. O nosso desempenho dependia da resolução desse conflito para conseguirmos a sua cooperação. Esse foi um obstáculo significativo ao nosso desempenho que, se não fosse abordado, poderia ter consequências substanciais.

A mentalidade também pode ser um obstáculo. Ao longo dos anos, um dos exemplos mais comuns que encontrei foi o que o psicólogo Martin Seligman descreve como "desamparo aprendido" (Seligman, 2011). Com base em experiências passadas em que tentaram algo e falharam, os indivíduos passam a acreditar e a aceitar que, se tentarem a mesma coisa no futuro, sempre falharão. Então param de tentar. Essa mentalidade pode revelar-se de várias maneiras. Por exemplo, uma pessoa nunca fala em reuniões ou expõe ideias porque foi silenciada ou ignorada no passado. Outro exemplo comum é alguém que não vai tentar algo novo porque, nas últimas vezes que o fez, não funcionou ou foi decepcionante. Então eles param de correr riscos assim. Aprenderam a aceitar um sentimento de impotência nessas circunstâncias. Esse tipo de obstáculo é particularmente perigoso para o desempenho se não for abordado. O único caminho para lidar com um obstáculo mental é com treinamento e apoio. Para fazer isso, é preciso primeiro identificar que o obstáculo existe.

## Remoção de obstáculos

A chave para identificar e remover obstáculos é a comunicação contínua e permanente sobre a experiência de trabalho. Obstáculos podem surgir a qualquer momento. A maneira mais simples e comum de garantir que eles não sejam perdidos é torná-los parte de reuniões individuais regulares ou *check ins*. Ao fazer da pergunta "quais desafios você está enfrentando neste momento?" uma parte da sua agenda regular nessas reuniões, é provável que qualquer obstáculo substancial seja revelado. Além dessa questão, é importante dar atenção, em conversas individuais, a tudo o que pareça um obstáculo. Quando se fala de trabalho, é natural que surjam frustrações e desafios. Se for assim, faça perguntas para entender as causas. É aí, muitas vezes, que os obstáculos potenciais se revelam.

### *Reunião* stand-up

Outra forma de as organizações lidarem proativamente com os obstáculos é tornando mais fácil pedir ajuda. Na Menlo Innovations, eles têm uma reunião diária chamada "Stand Up". Essa é uma prática comum em equipes que utilizam a metodologia Agile para desenvolvimento de software. Na Menlo, essa é literalmente uma reunião de *stand up* que dura cerca de 15 minutos e é frequentada por todos os funcionários. Ela acontece em um ritmo acelerado e cobre um bom terreno rapidamente. Uma das coisas que acontece nesta reunião é que qualquer pessoa pode levantar uma questão ou desafio que precise de ajuda para resolver. Ao tornar seu desafio visível para a organização, você convida os outros a ajudá-lo. Eles descobriram que é provável que haja alguém na sala que tenha a habilidade, experiência ou know-how para ajudar com quase todos os problemas.

### *Pesquisa com colaboradores*

Uma das formas mais eficientes de identificar potenciais obstáculos sistêmicos é por meio de uma pesquisa com os colaboradores. Graças aos avanços da tecnologia, tornou-se relativamente fácil enviar uma pesquisa aos funcionários como forma de coletar informações valiosas. Elas revelam frequentemente onde existem obstáculos comuns e onde faltam recursos. Essas pesquisas podem ser simples e curtas. Para obter os insights mais valiosos, use perguntas criativas e abertas.

Abaixo estão exemplos de perguntas que ajudam a revelar obstáculos e desafios percebidos a serem abordados.

---

- Se você fosse o CEO por um dia e pudesse mudar uma coisa sobre a organização, o que seria?
- Qual é o maior obstáculo que enfrenta todos os dias no seu trabalho?
- Qual é a parte mais desafiadora do seu trabalho?

---

O objetivo de uma pesquisa não é tentar descobrir e corrigir todas as reclamações, mas sim ter uma noção dos problemas mais comuns que podem estar afetando muitos funcionários. Isso permite que a remoção desses obstáculos se torne prioridade. Se você usar um questionário dessa forma, como em qualquer solicitação de feedback, é importante validar as informações do funcionário, confirmando que ele foi ouvido. Isso pode acontecer de várias formas, mas, no mínimo, os líderes e gerentes devem compartilhar e discutir os resultados da pesquisa com suas equipes.

## Acompanhamento da pesquisa

Quando há questões sistêmicas ou obstáculos apurados nos resultados, o processo de compartilhar e discuti-los com a equipe pode ajudar a trazer maior clareza à questão. Por exemplo, se os empregados disserem que o excesso de reuniões está atrapalhando a conclusão das tarefas de trabalho, uma discussão poderia revelar quais reuniões são vistas como mais prejudiciais e quais como benéficas. Isso pode trazer foco para o que precisa ser feito.

Para garantir que a sua pesquisa seja vista pelos funcionários como eficaz, é importante que você não só compartilhe os resultados, mas também tome medidas com base no feedback recebido. Isso não significa tentar abordar todas as questões levantadas na pesquisa, mas sim encontrar pelo menos um obstáculo ou oportunidade onde possa tomar medidas específicas. Continuando com o exemplo das reuniões, um bom passo seguinte poderia ser facilitar uma conversa com a equipe para identificar como minimizar o impacto negativo das reuniões. Você pode discutir as seguintes questões:

- O que torna uma reunião valiosa?
- Como poderíamos tornar nossas reuniões mais eficazes?
- Que diretrizes poderíamos colocar em prática para encurtar as reuniões?
- Que reuniões devem ser eliminadas?

Ao envolver a equipe na resolução de problemas e explorar como remover um obstáculo da forma mais eficaz, cada membro ganha um senso de propriedade e motivação para torná-lo melhor.

Embora uma pesquisa seja uma maneira de encontrar e lidar com obstáculos, você não precisa dela para progredir. Conduzir uma discussão do tipo "grupo focal" com a sua equipe sobre a sua experiência de trabalho pode ser igualmente eficaz, especialmente com equipes menores. Quando desafios ou problemas comuns são identificados por meio dessa conversa, você pode usar a mesma abordagem de planejamento de ação descrita acima para o feedback da pesquisa para diagnosticar melhor o problema e convidar toda a equipe a participar da solução.

## Principais conclusões

- Ao cultivar o desempenho no trabalho, os obstáculos são incrivelmente perturbadores e importantes de remover. Mesmo quando você está cultivando o desempenho por meio da motivação e valorização efetivas, um obstáculo pode frustrar o desempenho e matar o engajamento dos funcionários.
- Os obstáculos podem assumir muitas formas, incluindo a falta de ferramentas, conflitos interpessoais e mentalidade.
- Para eliminar um obstáculo, você deve primeiro identificar que ele existe. Uma das formas mais eficazes de fazê-lo é por meio de reuniões regulares e check-ins.
- As pesquisas com funcionários também podem ser eficazes para identificar obstáculos sistêmicos. Ao usar um questionário, é fundamental acompanhar e validar para os funcionários que você ouviu o feedback e, em seguida, tomar uma ação visível em resposta ao que foi dito.

## Referência

Seligman, M. Building Resilience, *Harvard Business Review*, 2011. Disponível em: https://hbr.org/2011/04/building-resilience. Acesso em: 1 maio 2018.

seção 4

## Responsabilidade pelo desempenho

Responsabilidade é uma daquelas palavras que desenvolveu uma reputação muito má. Quando alguém usa a palavra "responsável", geralmente é para sugerir que alguém precisa ser punido por algum tipo de falha. Parece uma coisa assim:

— Alguém deve ser responsabilizado por isto!

Ou mesmo:

— Você precisa assumir a responsabilidade por suas ações. Foi você que fez esta confusão.

Como resultado, as pessoas parecem gastar tempo demais tentando evitar assumir a responsabilidade. Tornou-se algo a temer. Não deve ser surpreendente que tenhamos essa relação com a palavra e o conceito.

A responsabilidade tem algumas raízes profundas nos procedimentos legais e comerciais. Na lei, você vai encontrar palavras como "responsável" ou "culpado" usado na definição de responsabilidade (US Legal, 2016).

Tudo isso aponta para a capacidade de punição em circunstâncias em que você fez mal ou não fez o que deveria ter feito.

Nos negócios, o termo é frequentemente utilizado para representar obrigações (responsabilização). Particularmente para o líder geral, a prestação de contas destina-se a refletir a responsabilidade assumida pelos líderes individuais para assegurar uma governabilidade adequada da organização. Uma vez que essa é frequentemente uma responsabilidade legalmente definida, a intenção e o significado da palavra refletem a definição jurídica. Cuide do negócio da maneira correta ou haverá consequências graves. Em outras palavras, se abusar do seu poder, será responsabilizado e punido em conformidade.

Mesmo na psicologia, algumas definições enquadram a responsabilidade de uma forma que parece um pouco punitiva, descrevendo-a como tendo de justificar as suas ações a outros (definição de responsabilidade). Como resultado, a maioria das aplicações de prestação de contas no trabalho tende a refletir a mesma coisa. Quando o trabalho é visto como um contrato, é apenas razoável que os empregados devam ser responsabilizados pelo fim dele. As avaliações de desempenho e os planos de melhoria do desempenho foram concebidos com esta mentalidade de "desempenho ou não".

Se o trabalho fosse um contrato, então poderia parecer razoável gerenciá-lo dessa forma. Mas, como o trabalho é uma relação para os funcionários, devemos reexaminar o que significa responsabilidade nesse contexto.

## Prestação de contas nos relacionamentos

A responsabilidade é um ingrediente importante na criação de relações saudáveis. Quando você pensa nas relações mais fortes da sua vida, elas são geralmente construídas sobre uma base de compromisso mútuo e reciprocidade. Guardam segredos e promessas uns com os outros. Aparece quando é necessário. Você vai investir de si mesmo para garantir que o relacionamento permaneça saudável e positivo.

Em contraste com o que significa na lei e nos negócios, em relacionamentos saudáveis a prestação de contas é sobre sentir-se responsável e desejoso de satisfazer as necessidades e expectativas dos outros. Trata-se de ser responsável *perante os outros* em vez de ser responsabilizado *pelos outros*. Não se trata de algo feito a você, mas sim de algo que você abraça de bom grado como parte de seu compromisso com a outra pessoa. Para criar uma experiência de trabalho que construa relações saudáveis e desbloqueie o desempenho, devemos mudar o modelo contratual de responsabilizar os outros e, em vez disso, inspirar outros a serem responsáveis por suas ações e comportamentos.

Para ilustrar a diferença mais claramente, vamos comparar como funciona a prestação de contas no meu relacionamento com os meus filhos *versus* com a minha esposa. Eu amo cada um deles imensamente e estou totalmente comprometido com seu crescimento, felicidade e sucesso. Mas, como seria de se esperar, a minha relação com os meus filhos é muito diferente da minha com a minha mulher.

Enquanto escrevo este livro, os meus filhos mais novos têm oito e dez anos. Como pai deles, meu papel é amá-los, protegê-los, incentivar seu crescimento e ensinar-lhes. Aceito de bom grado esse papel e me comprometi a ser o melhor pai que posso ser. Escolho ser responsável perante os meus filhos dessa forma. Mas isso não é um compromisso mútuo. Os meus filhos me adoram (pelo menos dizem que sim) mas não escolheram estar nesta relação. Eles nasceram nela, e estão presos vivendo comigo durante os primeiros 18 anos de suas vidas. Como resultado, eles não estão comprometidos com o relacionamento como eu. São dependentes da relação e colhem alguns benefícios dela, independentemente das suas escolhas individuais ou do seu comportamento.

Meus filhos não estão motivados, nesta fase de suas vidas, para ter qualquer sentimento de responsabilidade para com o relacionamento. Em vez disso, eles olham para nós, como pais, para fornecer as diretrizes e regras do que significa ser um membro da família. E o nosso papel é responsabilizá-los por essas regras. Devido à falta de compromisso mútuo e à dependência deles da minha mulher e de mim para a sua sobrevivência, essa relação funciona muito bem de forma contratual. Esse tipo de responsabilização acontece quando há um desequilíbrio de poder significativo na relação.

A minha relação com a minha mulher é muito diferente. Ela, felizmente, escolheu estar nesta relação comigo e eu com ela. Nos relacionamentos adultos, escolhemos nos comprometer uns com os outros, e esse compromisso é o que, em última instância, forma o vínculo que preserva ou corrói o relacionamento ao longo do tempo. Nas uniões saudáveis, o compromisso é o que impulsiona um desejo inerente de fortalecer o relacionamento e evitar fazer qualquer coisa que o prejudique. Quando ambas as partes da relação sentem esse senso de responsabilidade uma para com a outra, a relação pode florescer.

Entender o que significava ser responsável dentro de uma relação não foi uma lição que aprendi rapidamente. O que descobri ao longo do tempo foi que isso significa fazer pequenas escolhas (e por vezes grandes) em uma base diária, que não são necessárias, mas são importantes para a minha mulher e, portanto, representam um pequeno investimento na nossa relação. Significa apanhar algo do chão e guardá-lo em vez de passar por ele. Significa lavar a louça quando não quero. Significa passar tempo falando e ouvindo, mesmo quando há um milhão de outras coisas que eu quero fazer naquele momento.

Cada uma dessas pequenas ações eu posso evitar, mas se o fizer, posso lentamente matar o relacionamento. E a culpa será minha se isso acontecer. Aceitar a posse total do meu próprio comportamento e seus efeitos intencionais ou não intencionais é o que significa responsabilidade em nosso relacionamento. Adotei o mantra "esposa feliz, vida feliz" desde cedo como marido. Se ela estiver infeliz, farei tudo o que estiver ao meu alcance para ajudá-la a encontrar mais felicidade.

Enquanto o nosso relacionamento progredia, eu aprendi a prestar mais atenção ao que ela parecia valorizar mais e a fazer perguntas para avaliar como eu estava me saindo no relacionamento. "Como posso ajudar?", "Como posso ser um marido melhor?". No início, essas conversas revelaram coisas bastante básicas que eu poderia fazer para ter um impacto imediato no relacionamento. Ao longo dos anos, essas conversas foram se aprofundando para focar em como podemos nos apoiar mutuamente na realização de nossos sonhos e na realização mais plena de nosso propósito na vida.

Meu relacionamento com minha esposa é construído sobre um compromisso mútuo que impulsiona um senso de propriedade individual de nosso próprio comportamento dentro do relacionamento. Porque não há desequilíbrio de poder, a relação funciona em uma moeda de reciprocidade e confiança. Qualquer um de nós pode, a qualquer momento, optar por não participar da relação, mas optamos por permanecer nela e investir nela. Escolhemos ser responsáveis uns pelos outros.

À medida que apoiamos essa responsabilidade compartilhada com a comunicação e uma curiosidade sobre como fazer com que funcione melhor, o relacionamento se fortaleceu. Quando isso aconteceu, foi necessário menos tempo e energia para fazer com que a relação diária funcionasse e, em vez disso, pudemos investir no crescimento de cada um. Por fim, ambos nos tornamos melhores companheiros, pais e pessoas.

## Responsabilidade na gestão do desempenho

O desafio de desbloquear o potencial de desempenho é reformular o que significa responsabilidade no gerenciamento de desempenho. Em vez de um sistema punitivo, baseado no medo, de responsabilizar as pessoas pelo cumprimento das obrigações do seu contrato, precisamos promover uma abordagem baseada no compromisso mútuo e na propriedade partilhada, apoiada por uma comunicação e feedback contínuos e abertos.

Muito do que encontramos hoje em dia como gestão de desempenho assemelha-se à relação que descrevi com os meus filhos. Mesmo os bons empregadores, que realmente se preocupam e têm um senso de responsabilidade para com a sua equipe, abordam a criação da experiência do empregado como se este não tivesse poder ou escolha na situação. Criam regras, políticas e expectativas para governar o comportamento dos colaboradores da mesma forma que eu crio regras para os meus filhos. Nenhuma discussão é necessária, porque o pai sabe o que é melhor. E, quando você não se vê como estando em uma relação de compromisso mútuo com o poder equilibrado, o padrão natural é um modelo que responsabiliza os empregados pela conformidade.

Quebrar esse ciclo requer uma mudança de mentalidade sobre o equilíbrio de poder no trabalho. Cada trabalhador está envolvido na sua própria relação individual com o trabalho. Devemos interagir como organizações e gestores, combinando compromisso com compromisso. Devemos assumir a responsabilidade de fazer tudo o que pudermos para garantir que o relacionamento seja saudável para cada funcionário.

A responsabilidade nos relacionamentos, tanto pessoais como profissionais, deve ser natural e produtiva. Deve ser algo que ambos esperamos e desejamos. Quando temos expectativas mutuamente claras e estamos motivados para satisfazer as necessidades uns dos outros em um relacionamento, é quase natural sentir um senso de compromisso e um desejo de informação que ajuda a garantir que você está contribuindo adequadamente para manter o relacionamento saudável. Isso também se aplica à relação de trabalho dos empregados.

---

A responsabilidade nos relacionamentos saudáveis é alcançada das seguintes formas:

1. Compromisso mútuo com a felicidade do outro;
2. Transparência de impacto por meio da comunicação contínua;
3. Apropriando-se dos fracassos e aprendendo com eles;
4. Resolvendo problemas rapidamente com cuidado e respeito.

---

Projetar a prestação de contas em nosso sistema de gerenciamento de desempenho significa criar processos para alcançar cada uma dessas quatro coisas em uma base contínua. Um sistema de gestão do desempenho bem concebido deverá promover o empenho mútuo. A organização demonstra compromisso por meio do pensamento, projetando e implantando grandes processos que apoiam o sucesso de cada funcionário. Os dois primeiros processos de desempenho que desconstruímos nas seções anteriores, planejamento e cultivo, criarão compromisso com os funcionários. Quando o planejamento de desempenho está funcionando, os empregados têm clareza sobre o que se espera deles e como seu desempenho é medido. E o cultivo do desempenho garantirá que cada indivíduo seja motivado e apoiado para alcançar suas metas e objetivos.

# O impacto da responsabilização

Os processos de prestação de contas do desempenho, portanto, devem ser focados na criação de transparência do impacto, encorajando a apropriação do fracasso para aprender com a experiência e a resolução rápida de problemas para proteger o relacionamento. Nas páginas seguintes, vamos explorar processos e exemplos de como a organização pode criar, com sucesso, a responsabilidade de uma forma que seja natural e favorável ao relacionamento.

Dos três processos de desempenho, a prestação de contas é a que parece criar mais ansiedade. Planejamento e cultivo podem ser desafiadores e exigir esforço diligente, mas não há nada desagradável ou desconfortável sobre o trabalho de criar clareza ou motivar os funcionários.

Responsabilidade, por outro lado, é a parte do processo em que temos de enfrentar a realidade e fazer perguntas difíceis. Cumprimos os nossos compromissos? Correspondemos às expectativas? Quando a resposta a essas perguntas é "não", a conversa resultante pode ser bastante desconfortável.

Essa é também a parte do processo em que enfrentamos as consequências das nossas ações, tanto positivas como negativas. Quando nos destacamos, é aqui que encontramos recompensas e oportunidades promocionais. E, quando lutamos, é onde podemos enfrentar escolhas difíceis ligadas ao nosso próprio comportamento e compromisso.

Quando as expectativas são claras e compreendidas, o próximo ingrediente-chave no desempenho é saber como você está indo de acordo com essas expectativas. Uma coisa é dizer "esposa feliz, vida feliz", mas outra é garantir que a minha esposa esteja realmente feliz. Para ser responsável por garantir uma esposa feliz, preciso de informações contínuas sobre seu nível de felicidade e como estou contribuindo para aumentar ou diminuir esse nível. Isso requer comunicação e feedback contínuos.

Não é diferente na relação de trabalho. Se uma das minhas expectativas é ser um grande companheiro de equipe, a única forma de avaliar o meu progresso é com feedback. Sem a informação dos meus colegas sobre o impacto percebido do meu comportamento sobre eles, as expectativas não fariam muito para mudar o meu comportamento. Sem essa informação, posso pensar que me tornei um companheiro de equipe muito melhor, quando, na verdade, ela não notou qualquer mudança. A minha crença sobre o meu desempenho impulsiona os meus comportamentos; sem informação para moldar a minha crença, haverá uma mudança de comportamento mínima.

Precisamos dessa conscientização contínua do progresso para informar nossas crenças sobre nosso desempenho. Além disso, também precisamos de informações contínuas sobre o que está funcionando e onde são necessárias mudanças em relação às nossas expectativas. Para me tornar um melhor companheiro de equipe, é imperativo que eu entenda o que um bom companheiro de equipe faz, onde meu comportamento se alinha com isso e onde posso fazer mudanças para melhorar. A responsabilização depende da obtenção dessa transparência do impacto. Esse é o aspecto mais desafiador do processo, porque depende da palavra-chave de desempenho: feedback.

Nos capítulos seguintes, vamos mergulhar nos processos de responsabilidade de desempenho. Isso começa com o feedback, a prática mais espinhosa da gestão da desempenho. Os próximos dois capítulos são dedicados a nos libertar da nossa relação disfuncional com feedback. Vamos primeiro abordar por que nós o odiamos e evitamos (totalmente natural, por sinal) e depois explorar como corrigir isso.

Em seguida, vamos explorar o papel da medição na gestão do desempenho, incluindo uma discussão sobre a infame classificação de desempenho. O Capítulo 14 explora a importância e o poder da reflexão individual e em equipe e como as organizações estão usando-a com sucesso. Finalmente, já que um sistema de gestão de desempenho bem desenhado deve minimizar drasticamente os problemas de desempenho, vamos abordar como enfrentar e resolver esses problemas quando eles surgirem, sem danificar permanentemente o relacionamento com o funcionário.

## Referências

Accountability. *BusinessDictionary.com*. Disponível em: http://www.businessdictionary.com/definition/accountability.html. Acesso em: 2 maio 2018.

Accountability Definition, *Psychology*. Disponível em: http://psychology.iresearchnet.com/social-psychology/social-cognition/accountability/. Acesso em: 2 maio 2018.

US Legal. Accountability law and legal definition, *US Legal*, 2016. Disponível em: https://definitions.uslegal.com/a/accountability/. Acesso em: 2 maio 2018.

# 11
## Correção de feedback

Os momentos da minha carreira pelos quais tenho mais carinho estão todos ligados a momentos de realização:

- resolução de um problema complexo;
- conclusão de um grande projeto;
- adesão de um novo cliente.

Isso está de acordo com a minha motivação. Sua lista pode ser semelhante ou talvez envolva ajudar os outros ou grandes momentos de reconhecimento dos outros.

Os piores momentos da minha carreira estão todos ligados a uma coisa: feedback crítico. É bem possível que eu seja muito sensível, mas posso apontar para vários dias na minha carreira quando, no decorrer de uma hora, passei da sensação de valorização e engajamento no meu trabalho para desmoralização, derrota e até raiva. Acho que não estou sozinho nessa experiência. A maioria das pessoas que eu conheço se encolhem à mera sugestão de feedback, porque tiveram experiências passadas como a minha.

É verdade. Somos péssimos em feedback — dando e recebendo. Somos particularmente ruins em dar feedback de uma forma que não prejudique as relações.

É estranho que não tenhamos conseguido melhorar essa habilidade, dada a sua importância considerável para o desempenho e o crescimento. Com base na minha experiência, não acho que sejamos muito melhores em feedback em nossas vidas pessoais do que no trabalho. Na maioria das vezes, tentamos evitá-lo. Onde eu cresci, até fazia parte da nossa cultura. Ensinaram-me desde muito novo: "Se não tem nada de simpático para dizer, não diga nada."

Mesmo quando compreendemos e abraçamos a importância do feedback para o nosso crescimento e desenvolvimento como indivíduos, o processo de receber feedback frequentemente desencadeia respostas emocionais e o instinto de defesa. É comum, ao receber feedback, argumentar, defender ou racionalizar o nosso próprio comportamento. Podemos ser muito combativos às vezes. Essa reação explica por que um gerente ou colega pode optar por evitar fornecer feedback bem-intencionado e potencialmente útil. É cansativo dar feedback a alguém que reage dessa forma. Em última análise, faz com que todo o esforço de compartilhar o feedback pareça um desperdício de tempo e energia. É um ciclo vicioso.

## Por que odiamos feedback

Ao tentar entender por que o feedback é tão desafiador, é útil voltar novamente para os campos da psicologia e neurociência. Para começar, lembre-se que o nosso cérebro está programado para nos proteger. Quando percebemos uma ameaça, ele desencadeia uma resposta defensiva. Estamos todos familiarizados com a nossa resposta "luta ou fuga" ao perigo percebido. Pesquisas recentes em neurociência sugerem que nosso cérebro reage a ameaças "sociais" de forma semelhante às ameaças físicas. Percepções de comparação social negativa ou de tratamento injusto desencadeiam uma resposta cerebral semelhante à dor física (Lieberman et al., 2009). Isso ajudaria a explicar por que nós tendemos a reagir defensivamente ao feedback crítico, particularmente quando pensamos que pode ser injusto ou ameaçador para o nosso *status* social no trabalho. É uma resposta biológica natural para evitar a dor.

Para agravar essa questão, há um crescente corpo de pesquisa em psicologia que mostra como as pessoas, particularmente nas nações ocidentais, tendem a superestimar suas competências enquanto negligenciam suas fraquezas. Há muitos fatores que contribuem para esse fenômeno. Por um lado, tendemos a dar mais importância às coisas em que somos bons enquanto minimizamos as outras. Isso foi reforçado pela filosofia de gestão baseada em pontos fortes promovida pela Gallup e outras empresas nas últimas duas décadas. Por extensão, por sermos bons nessas poucas coisas importantes, tendemos a pensar que somos bons em geral (DeAngelis, 2003).

Os pesquisadores sugerem também que a falta de qualidade e de feedback equilibrado podem contribuir para essa questão. Devido à nossa tendência de evitar feedback crítico e à relativa facilidade de fornecer feedback positivo, é provável que a nossa superestimação da nossa competência seja reforçada pelo ambiente e por aqueles que nos rodeiam. É provável que você obtenha feedback positivo sobre as coisas que você faz bem e não consiga obter feedback crítico sobre outras áreas em que pode precisar melhorar (DeAngelis, 2003). É fácil ver como esse ciclo poderia, ao longo do tempo, nos levar a ter uma impressão falsamente inflada de nossas próprias habilidades e alguns pontos cegos significativos relacionados a fraquezas que podem estar nos atrasando.

Um viés cognitivo conhecido como Efeito Dunning-Kruger reforça ainda mais a importância e a complexidade do feedback. É um efeito primeiro identificado em estudos pelos psicólogos sociais David Dunning e Justin Kruger. Eles descobriram que a ignorância desempenha um papel significativo na inflação excessiva das nossas próprias capacidades. Em seus estudos iniciais, estudantes universitários foram convidados a completar testes simples e, em seguida, após a conclusão, estimar o quão bem eles tinham se saído. Aqueles que tiveram um desempenho mais fraco superestimaram o seu desempenho em comparação com outros que tiveram um bom desempenho (Kruger e Dunning, 1999).

É de se admirar que tenhamos problemas com feedback? A maioria de nós acredita que é melhor do que realmente é e está cega para pelo menos algumas de suas fraquezas. Essas crenças foram reforçadas ao longo dos anos pela falta de feedback de qualidade. Então, quando o feedback crítico chega, faz-nos sentir ameaçados. O que pode, naturalmente, desencadear uma resposta defensiva, de luta ou de fuga. Quando isso acontece, o valor do feedback pode ser diminuído ou perdido.

Então, o que podemos fazer?

Na minha opinião, grande parte do nosso problema com feedback pode ser atribuído a duas coisas: relacionamento e abordagem. Nas próximas seções, vamos ver como podemos criar uma abordagem mais eficaz para feedback usando essa compreensão fundamental da psicologia humana. E vamos explorar as práticas de algumas empresas que fizeram exatamente isso.

## Fazer com que o feedback funcione

A sabedoria convencional sobre como tornar o feedback mais palatável era usar o que muitos chamam de abordagem "sanduíche". Se você esteve na gerência em alguma ocasião, é provável que alguém tenha ensinado ou sugerido isso para você. A ideia geral é que o feedback crítico deve estar no meio de um feedback positivo ou elogio. A ideia subjacente é a de proporcionar algum reforço positivo como forma de compensar a resposta negativa às críticas.

Essa abordagem foi ensinada durante anos em aulas de formação em gestão, mas há um problema. Não funciona. Na melhor das hipóteses, faz com que a pessoa que fornece o feedback se sinta melhor, mas faz pouco para ajudar o receptor do feedback. Em muitos casos, o feedback positivo oferecido parece ser forçado ou inventado, o que, na verdade, mina a credibilidade do feedback crítico.

O feedback crítico "sanduíche" não faz nada para compensar nossas reações naturais às críticas. Colocar algo de gosto ruim em um sanduíche não o torna mais apetitoso. Como aprendemos anteriormente, o que nos faz reagir defensivamente ao feedback é que ele parece uma ameaça.

O nosso cérebro percebe-o como perigo e desencadeia uma resposta concebida para nos proteger. Para aumentar a eficácia do feedback, temos de encontrar formas que o façam parecer menos ameaçador.

No Capítulo 3, apresentei o teste de relacionamento como uma ferramenta simples para ajudar a explorar formas de fazer com que a experiência de trabalho seja sentida mais como um relacionamento saudável. Ao explorar como criar uma experiência de feedback mais segura e menos ameaçadora, a utilização desse exercício pode ser útil. Quando você decide que é importante o compartilhar algum feedback crítico com seu melhor amigo ou cônjuge, como você o aborda?

## *Abordagem*

Como a maioria das pessoas, não gosto de dar feedback crítico a quem me é próximo. Mas há ocasiões em que ele se justifica. Na maioria dos casos, o feedback é necessário para ajudá-los a alcançar algo que é importante para eles ou para protegê-los de danos. Em todos os casos, sou muito atencioso e calculista sobre o que estou compartilhando e por que, e tento pensar sobre como fazer com que o feedback seja o mais seguro possível. Pensar sobre como abordar essas conversas com os entes queridos pode fornecer algumas informações sobre como podemos abordar melhor o feedback no trabalho. Ao tratar todos no trabalho com o mesmo cuidado com que tratamos aqueles que mais significam para nós, podemos encontrar lições para tornar o feedback mais humano.

Há três abordagens que achei particularmente eficazes para fornecer feedback crítico em relacionamentos pessoais e profissionais.

## Pedir permissão primeiro

O feedback crítico muitas vezes parece ameaçador. Feedback crítico inesperado sempre parece ameaçador. É vital tirar o elemento surpresa do feedback. Quando o solicitamos a alguém, isso diminui a probabilidade de uma resposta defensiva, porque estamos preparados para o feedback e demos permissão à pessoa para fornecê-lo. Quando o feedback não tiver sido solicitado a nós, a melhor coisa que podemos fazer é pedir permissão para compartilhá-lo. Embora a simples pergunta "posso lhe dar algum feedback?" seja um pedido de permissão, é provável que suscite uma resposta defensiva baseada na nossa experiência passada.

Recomendo uma abordagem mais empática. Por exemplo: "Jason, notei algumas coisas sobre sua apresentação que podem ser úteis para você na próxima vez. Estaria interessado em ouvir os meus pensamentos?" Nesse pedido de permissão, estão tanto o contexto como o desejo expresso de ajudar.

Em alguns casos, se eu sei que o feedback pode ser difícil de ouvir, vou incluir isso no meu pedido de permissão: "Jason, eu sei o quanto você está trabalhando para se colocar em um bom lugar para ser promovido este ano. Quero lhe ajudar a chegar lá. Há algumas coisas que notei recentemente sobre suas interações que gostaria de dividir com você. O feedback pode não ser fácil de ouvir. Está aberto para ouvir o que reparei?"

Nesse pedido, novamente há uma expressão de intenção e o contexto da sua importância. Mas há também um prenúncio do fato de que o feedback pode ser desafiante de ouvir. Quando a pessoa lhe dá permissão para compartilhar o feedback, o que quase todos farão, o seu pedido lhe dá a oportunidade de se preparar para ouvir e receber o feedback. Também lhes permite moldar os termos para quando e como o receberão. Eles podem pedir para fazê-lo mais tarde ou que você envie por escrito. De qualquer forma, isso ajuda a criar um sentimento de controle para a pessoa que recebe o feedback e, esperançosamente, reduzir sua resposta à ameaça.

## Compartilhe uma história

A segunda abordagem que eu achei eficaz é compartilhar uma história pessoal de quando você estava recebendo feedback e como você o transformou em algo positivo. Sempre que tenho de passar um feedback crítico para alguém, reflito sobre a minha experiência em momentos em que estive em uma posição semelhante à da pessoa com quem estou prestes a compartilhar o feedback. Isso não só me ajuda a entender como será a reação dela ao feedback, mas também me dá algo que posso dividir com essa pessoa para ajudá-la a processar o feedback.

Felizmente, tenho recebido muitos comentários ao longo da minha vida. Alguns deles foram bastante brutais e eu não respondi bem. Compartilhar nossas próprias experiências é uma ótima maneira de ensinar e destacar as escolhas que podemos fazer quando recebemos o presente do feedback. Saber que outras pessoas passaram por uma experiência semelhante e emergiram com sucesso pode fazer com que ela se sinta menos ameaçada.

## Dê feedback como um presente

Quando damos um presente a alguém, muitas vezes somos muito cuidadosos sobre o que deve ser. Podemos gastar muito tempo e recursos selecionando-o ou criando-o. Então, damos o presente, esperando que o receptor o ame e faça com ele o que pretendemos. Mas, uma vez entregue, ele já não está sob o nosso controle. Os meus filhos me ensinaram bem essa lição ao longo dos anos. Independentemente de quão grande eu acho que é um presente em particular ou quanta energia coloco na busca e seleção dele, não há garantia de que eles vão gostar ou usar. Às vezes, adoram. Outras vezes, o abrem e não brincam com ele imediatamente, apenas para redescobri-lo um ano depois e então se apaixonar por ele. De vez em quando, o presente é um fracasso total da minha parte, e eles nunca o usam. Ao dar presentes, você espera que toda a consideração valha a pena, mas nem sempre é esse o caso. Forçar os meus filhos a brincar com um brinquedo que não lhes interessa só os faz gostar ainda menos dele. Os melhores presentes são dados livremente e sem expectativas.

É poderoso tratar o feedback da mesma forma. Tratá-lo como um presente implica que, embora muita energia e esforço possam entrar em sua criação e entrega, ele é dado livremente sem expectativas. Isso é mais difícil na prática do que parece, particularmente quando a pessoa a quem se dá feedback é alguém que você supervisiona ou gerencia.

O feedback crítico é tipicamente compartilhado como um meio para efetuar mudanças de comportamento. É útil lembrar que o propósito do feedback é criar consciência do impacto de nossas ações. O indivíduo tem de interiorizar e processar essa nova consciência para chegar a uma nova crença. Esta, então, leva a escolhas sobre como mudar seu comportamento.

Tentar forçar um indivíduo a agir com base no feedback é tão eficaz quanto forçar uma criança a brincar com um brinquedo em que não está interessada. Ele vai resistir. Não gostamos que nos digam o que fazer, como crianças ou adultos. Quando o feedback é dado livremente sem expectativa, a escolha do que fazer com ele cabe ao indivíduo. Ele pode decidir agir imediatamente. Pode pô-lo na prateleira por uns tempos e voltar a ele mais tarde. Ou talvez nunca o use. A escolha é dele.

Deixar claro que o seu feedback é dado como um presente, sem expectativas, reduz o nível de ameaça dele e torna muito mais fácil e seguro ouvi-lo, mesmo que o feedback em si seja um pouco duro. Eis um exemplo de como isso pode soar: "Jason, o feedback que estou prestes a lhe dar pode ser difícil de ouvir. A minha motivação para dividi-lo é ajudá-lo a ser o mais bem-sucedido possível. Dito isso, estas são apenas as minhas observações. Você terá que processá-las e decidir quais ações quer tomar, se houver alguma. Não tenho expectativas específicas sobre o que você vai fazer com esse feedback depois que compartilhá-lo. Isso é com você. Estou aqui para ajudar se precisar de mim."

## Relacionamento

Se usarmos o teste de relacionamento para entender o feedback da nossa própria perspectiva, podemos também obter algumas informações valiosas. Por que é mais fácil receber feedback daqueles com quem você tem um relacionamento sólido? Nos últimos quinze anos, a minha mulher tem me dado feedback contínuo sobre o nosso casamento. Na maior parte dos casos, foi muito fácil processá-lo e tomar atitudes. Quando ela me dá feedback, muitas vezes soa assim: "Querido, amo você, mas se não parar de sugar o café em vez de bebê-lo, posso perder a cabeça."

Embora a abordagem dela possa parecer um pouco retrógrada, é feita com humor e funciona para nós. Esse é o estilo dela, e eu recebo a mensagem pretendida ("por favor, não sugue o café"). O mais importante é o que ela disse primeiro: "Amo você." O nosso compromisso um com o outro é forte e eu confio nela completamente. Como investimos na criação de um relacionamento sólido, qualquer feedback que ela compartilhe não se parece muito com uma ameaça. Isso não significa que eu não fique um pouco na defensiva quando ela me diz que uma camisa nova que comprei não fica bem em mim, mas consigo superar rapidamente. Confio totalmente nas intenções dela. Nunca me preocupo que a nossa relação esteja em perigo.

O que o teste de relacionamento revela nesse caso é algo que você provavelmente soube ser verdade durante toda a sua vida. Quando um relacionamento é saudável e construído sobre uma base sólida de confiança e compromisso mútuo, o feedback não é tão ameaçador. Em vez de tentar truques como o método do sanduíche, é muito mais importante investir primeiro na construção de um relacionamento melhor, de modo que, quando chegar a hora do feedback, é mais provável que ele seja bem recebido.

**ESTUDO DE CASO** Almoços de feedback na Menlo Innovations

Na Menlo Innovations, empresa de desenvolvimento de software, o feedback é incorporado na forma como eles fazem o seu trabalho no dia a dia. Um dos processos formais é o chamado de "almoço de feedback". Eles o usam para garantir que todos os funcionários das equipes da empresa recebam o feedback de que precisam para o crescimento e desenvolvimento contínuos. É uma das abordagens mais relacionais ao feedback que encontrei na minha pesquisa. É uma sessão de uma hora, presencial, com cinco colegas. Funciona assim:

O funcionário inicia o processo e solicita que um almoço de feedback seja agendado. O próximo passo é identificar alguns companheiros de equipe (até cinco) que gostariam de estar envolvidos no processo. São pessoas com quem se têm trabalhado de perto em projetos recentes e que teriam uma boa perspectiva sobre as suas contribuições e desempenho. Uma vez identificado esse grupo, é fixada uma data para o almoço real, várias semanas depois.

Em seguida, o indivíduo que solicitou o feedback irá escrever um resumo dos projetos em que trabalhou e quaisquer questões específicas sobre as quais gostaria que o grupo pensasse. Quando chega o dia do almoço, o grupo se reúne em uma sala de conferências. Na hora seguinte, eles compartilham e discutem o feedback para o indivíduo que solicitou a reunião. Eles oferecem feedback positivo e crítico, com treinamento e sugestões de como melhorar. O indivíduo que recebe o feedback pode participar e fazer perguntas durante todo o processo.

Para encerrar o almoço, o indivíduo que solicitou a reunião é muitas vezes solicitado a responder à pergunta: "Como a equipe pode apoiá-lo melhor?" Isso dá ao empregado a oportunidade de solicitar suporte ou ajuda onde for necessário. Reforça a natureza mútua das relações e do processo. A reunião, então, termina e todos voltam ao seu trabalho diário.

Quando ouvimos pela primeira vez sobre esse processo, é natural reagir com um pouco de ceticismo. Para a maioria de nós, a ideia de convidar os seus colegas a sentarem-se à volta de uma mesa e fornecer feedback cara a cara soa simultaneamente aterrador e sem sentido. Por todas as razões que descrevemos anteriormente, esse processo parece ser um desastre. Não é provável que as pessoas se sintam à vontade para partilhar qualquer tipo de feedback crítico nesse fórum e, mesmo que o fizessem, provavelmente não o receberíamos bem. Falei com organizações que tentaram essa abordagem e depois abandonaram-na porque essa era a sua experiência. Não foi eficaz.

Então, por que funciona para a Menlo? Os seus colaboradores abraçam o processo e consideram-no extremamente valioso e, na sua maioria, livre de defensivas e tensões. A resposta resume-se às relações. A cultura da Menlo é construída sobre uma ideia central de que o papel de cada funcionário é fazer com que seu colega de equipe seja bem-sucedido.

Eles são bem-sucedidos e fracassam dependendo da força do seu compromisso um com o outro. Isso está incorporado no DNA da organização. Seu elaborado processo de entrevista de grupo inclui uma instrução clara para aqueles que desejam ser novos contratados: "Seu objetivo nesse processo é fazer com que a pessoa ao seu lado seja contratada." E falam sério. Ser contratado na Menlo significa que você é intrinsecamente um jogador de equipe que sente tanta ou mais alegria em ajudar os outros a ter sucesso do que na sua realização individual.

Tudo na maneira como a Menlo trabalha reforça essa ideia. Isso levou a uma cultura de ambiente de trabalho rica em confiança, onde os funcionários se sentem profundamente comprometidos com o sucesso um do outro. É essa força de relacionamento que faz com que o almoço de feedback funcione. As pessoas sentadas à volta da mesa confiam nas intenções umas das outras. Eles estão todos lá para ajudar, e tudo o que é compartilhado é feito no interesse da pessoa que solicitou o feedback. A experiência mostra-se segura. O feedback não é ameaçador, por isso pode ser recebido abertamente e abraçado como um investimento no seu crescimento.

O almoço de feedback é um processo eficaz e simples na Menlo. Mas o que é extraordinário nesse exemplo não é o processo, mas a forte base de compromisso e relacionamento que existe entre colegas. Sem os relacionamentos, o processo provavelmente falharia, como em outros lugares.

À medida que continuamos a explorar diferentes formas de lidar e estruturar processos de feedback, é fundamental lembrar que a relação vem em primeiro lugar. Investir tempo e recursos para construir e fortalecer relacionamentos aumentará a eficácia de qualquer processo de feedback que você usar. Quanto mais forte for a base de relacionamentos saudáveis, mais eficaz será o seu processo de feedback para motivar a mudança de comportamento e o crescimento.

## Principais conclusões

- O feedback é desafiador em grande parte devido à forma como o nosso cérebro o processa. Ameaças percebidas ao status social ou à falta de justiça causam uma reação no cérebro semelhante à dor física - algo a ser evitado. Isso é problemático porque tendemos a superestimar a nossa competência e a ignorar nossas fraquezas, fazendo com que o feedback mais crítico pareça socialmente ameaçador ou injusto.
- Somos péssimos no feedback. Somos particularmente ruins em dar feedback de uma forma que não prejudique as relações.
- Tornar o feedback mais eficaz começa com o uso de uma abordagem diferente. Três abordagens eficazes incluem pedir permissão primeiro, compartilhar uma história e dar o feedback como um presente.
- A outra chave para um feedback eficaz é estabelecer relações de confiança saudáveis. Quanto mais forte a relação, mais provável será que o feedback seja recebido positivamente e não pareça ameaçador.

## Referências

DeAngelis, T. Why we overestimate our competence: social psychologists are examining people's pattern of overlooking their own weaknesses, *American Psychological Association*, 2003. Disponível em: http://www.apa.org/monitor/feb03/overestimate.aspx Acesso em: 2 maio 2018.

Kruger, J. e Dunning, D. Unskilled and unaware of it: how difficulties in recognizing one's own incompetence lead to inflated self-assessments, *Journal of Personality and Social Psychology*, 77 (6), 1999, p. 1121-1134.

Lieberman, M. et al. Pains and pleasures of social life, *Science*, 13 fev. 2009, 323 (5916), pp. 890-891. doi: 10.1126/science.1170008

# 12
# Uma nova abordagem ao feedback

Outra razão pela qual tendemos a ceder à menção do feedback é que, por definição, é informação sobre o passado. O feedback crítico essencialmente ilumina uma circunstância do nosso passado em que não conseguimos estar à altura das expectativas dos outros em relação a nós. E, como é passado, não há nada que possa ser feito para mudá-lo. Receber esse tipo de feedback é desmoralizador, porque nos lembra que falhamos sem que nos fosse dada a oportunidade de mudar.

"Você lidou com a pergunta daquele cliente muito mal. Pareceu estar na defensiva e despreparado."

Esse é um exemplo do tipo de feedback que preferimos evitar. Ele garante que você saiba que fez algo errado sem fornecer clareza sobre como corrigir e só conduz à incerteza e à frustração. Se uma mudança positiva de comportamento acontece por causa desse tipo de feedback, é mais por sorte do que como resultado dele.

## Feedforward

No início da minha carreira de RH, tive a oportunidade de ouvir o estimado tutor executivo e autor Marshall Goldsmith falar em uma conferência. Entre as coisas sobre as quais ele falou naquele dia estava uma abordagem que ele ensina aos seus clientes chamada "*feedforward*". A ideia é incrivelmente simples. Quando solicitado a dar feedback, em vez de criticar a situação, ofereça algumas soluções potenciais que podem ajudar. A justificativa para essa abordagem é que ninguém gosta de ser criticado, mas a maioria das pessoas está aberta a recomendações e sugestões que possam ajudar a resolver seu problema ou a alcançar seus objetivos. Essa é mais uma prova de que apresentar ideias de melhoria é empoderador, porque reforça o potencial de progresso e deixa a escolha nas mãos do indivíduo que recebe as recomendações. Essa é a magia do *feedforward*.

Por exemplo, se eu estivesse lutando para terminar meu trabalho a tempo, o feedback se concentraria no que eu não estou fazendo ou fazendo errado e onde meus resultados são insuficientes. *Feedforward* se concentra em fornecer algumas ideias que poderiam me ajudar a completar meu trabalho de uma forma mais oportuna no futuro. Isso pode incluir sugestões de como usar uma ferramenta de planejamento para organizar o meu trabalho ou estabelecer prazos no meu calendário para um dia antes do previsto. Embora essas possam não ser as soluções ideais para mim ou para o meu estilo de trabalho, leva-me a pensar em como posso alterar os meus resultados em vez de me sentir mal com eles. Reforça a minha crença de que posso fazer a mudança.

Quando ouvi o conceito pela primeira vez, pensei que era inovador, mas não entendi o seu poder. Não foi até quase uma década depois, em outra conferência em que ouvi o autor Marcus Buckingham falar sobre uma abordagem ligeiramente diferente de *feedforward*, que sua genialidade finalmente me atingiu. A diferença entre feedback e *feedforward* pode parecer pequena à primeira vista, mas é capaz de produzir reações muito diferentes da pessoa do lado receptor. A diferença fundamental entre *feedback* e feedforward está na orientação direcional da pessoa que fornece a informação ou insights. O feedback crítico é orientado para o passado, concentrando-se no que correu mal e como as coisas poderiam ter corrido melhor. O *feedforward* é orientado para o futuro, fornecendo sugestões e recomendações para consideração que são informadas pelo desempenho observado. A diferença na abordagem não será dramática para a pessoa que a entrega, mas quem estiver recebendo vai senti-la dramaticamente diferente.

Vamos examinar o contraste das abordagens no seguinte exemplo. Um funcionário da sua equipe aparece na reunião semanal atrasado e claramente despreparado pela segunda vez consecutiva. Isso perturba a reunião e diminui o seu valor para os outros participantes. É evidente que isso é frustrante para os outros membros da equipe.

Fornecer feedback ao funcionário com base nessa situação pode soar assim: "Jason, é importante que você chegue a tempo e venha preparado para as nossas reuniões. Você se atrasou nas duas últimas vezes e está claro pela sua falta de participação e pelas atualizações imprecisas que não estava preparado. Isso impacta negativamente o nosso encontro e todos os presentes. Não deixe que aconteça outra vez."

O feedback é bastante claro e a expectativa é reforçada. Se você recebesse esse feedback, saberia que seu comportamento precisa mudar. Mas e se pensasse que estava preparado para a reunião? Ou e se você tivesse toda a intenção de chegar lá a tempo, mas, apesar dos seus melhores esforços, acabou perdendo tempo em algum lugar? Em outras palavras, e se você estivesse tentando, mas sem obter resultados? Se fosse esse o caso, o feedback seria bastante desmoralizante e não o deixaria com qualquer ideia do que fazer de diferente no futuro.

Vamos tentar aplicar o *feedforward* à situação. A mesma circunstância, mas, em vez de realçar o que correu mal, concentramo-nos em fornecer sugestões para o futuro. Uma forma de abordar isso pode soar assim: "Jason, é importante que chegue a tempo e que esteja preparado para a reunião. Posso dar algumas sugestões que seriam úteis para o próximo encontro? Em termos de pontualidade, achei útil bloquear minha agenda por trinta minutos antes da reunião, para ter certeza de que terei a oportunidade de revisar minhas anotações pelo tempo suficiente. Talvez isso funcione para você também. Em termos de preparação, pode ser bom reservar quinze ou vinte minutos no dia anterior para organizar os seus pensamentos e fazer algumas anotações. Uma maneira de ajudar a se preparar pode ser ter uma ou duas perguntas como estímulo, como 'quais são minhas duas maiores prioridades esta semana?' e 'o que a equipe gostaria de saber sobre o que eu/nós estamos fazendo esta semana?'. Esta equipe depende de você para ser pontual e contribuir plenamente nestas reuniões. Espero que essas ideias sejam úteis."

A mensagem subjacente a ser entregue em ambos os casos é a mesma: ser pontual e vir preparado. Mas a experiência da pessoa que recebe a mensagem é marcadamente diferente. Uma das coisas poderosas sobre a abordagem *feedforward* é que ela é construída sobre uma suposição positiva de que cada indivíduo quer ter um bom desempenho. Quando o desempenho não se alinha com essa intenção presumida, a reação é ajudar, não criticar.

*Feedforward* é uma mentalidade de treino. Nos esportes, os treinadores utilizam esse tipo de abordagem com os jogadores, particularmente durante os jogos que exigem um desempenho impecável. Criticar um jogador por um erro ou alguma falha não o ajuda a ter um melhor desempenho. Um atleta desmoralizado raramente é um atleta de alto desempenho. Em vez disso, o treinador ensina e fornece orientação sobre como se sair melhor na próxima jogada ou no próximo tempo. Eles equipam o atleta com as informações de que ele precisa para mudar e melhorar seu desempenho e seguir em frente.

## Fazer com que o feedback pessoa a pessoa funcione

A abordagem *feedforward* pode ser usada para tornar os processos de feedback do grupo também mais eficazes. Vamos considerar a avaliação de 360 graus, um processo de feedback comum, particularmente para aqueles em funções de gestão e liderança. A ideia subjacente ao 360 é usar o feedback para pintar um quadro completo do desempenho do indivíduo a partir das perspectivas daqueles com quem ele trabalha mais de perto (ou seja, colega de trabalho, chefe, subordinados, etc).

O conceito de reunir uma perspectiva ampla do desempenho de um indivíduo daqueles que estão melhor posicionados para observá-lo é ótimo. No entanto, o problema com o 360 está no design e execução do processo.

Tive o desprazer de passar por uma avaliação de 360 graus várias vezes ao longo da minha carreira. Enquanto o método específico de 360 variasse de uma vez para a outra, o processo era geralmente o mesmo. Para aqueles com quem eu trabalhei mais de perto foi enviada uma avaliação confidencial (ou seja, eu não saberia quem disse o quê) para responder sobre mim e meu desempenho. Normalmente, eles eram convidados a avaliar minhas habilidades e comportamentos com base em suas observações usando uma classificação numérica de algum tipo.

Como parte do processo 360, também me foi dada a oportunidade de completar a mesma avaliação sobre mim mesmo, ostensivamente com o objetivo de realçar lacunas na minha autoconsciência. Como acontece com a maioria dos instrumentos de feedback, essas avaliações se concentraram em uma crítica do meu desempenho passado, não no meu potencial futuro. A maioria dos resultados veio na forma de classificações numéricas ou como parte de alguns gráficos visuais das respostas. Para piorar a situação, os dados são recolhidos confidencialmente, pelo que não há oportunidade de colocar o feedback no contexto de quem os forneceu ou de fazer perguntas esclarecedoras.

Sinceramente, não me lembro muito dos resultados de nenhuma dessas avaliações. Devido ao processo, o feedback em si perdeu-se para mim. Eu me lembro, porém, como foi terrível e angustiante. Nada sobre o 360 parece seguro. Saber que seus pares estão fornecendo feedback confidencial sobre você é ameaçador. A expectativa de receber feedback crítico muitas vezes desencadeia uma resposta negativa. Esse efeito é amplificado pelo 360, porque o feedback está vindo das pessoas com quem você trabalha mais de perto. As únicas pessoas que parecem realmente gostar do processo 360 são aquelas que o administram; ele é desconfortável para as pessoas que dão e recebem feedback.

Para ser justo, acho que algumas das avaliações 360 das quais participei podem ter feito algumas perguntas sobre como eu poderia melhorar.

Mas, quando chegávamos a essa parte do processo, eu já me sentia bastante ameaçado e defensivo, por isso não tenho a certeza se consegui colher os benefícios das sugestões. O processo definitivamente me causou mais angústia do que motivou o crescimento ou a mudança de comportamento. A avaliação 360 tradicional é falha. No contexto da criação de uma experiência de trabalho que pareça uma relação saudável para os funcionários, pode ser uma das práticas mais prejudiciais dentro de nossas organizações hoje. Nada nela ajuda a construir relações.

Isso não significa que todo o feedback de grupo baseado em pares é ruim ou que você deve abandonar a prática completamente. Mas significa que temos de abordar a questão de forma muito diferente da que fizemos no passado.

O almoço de feedback da Menlo Inovations descrito no capítulo anterior realiza um objetivo semelhante ao do 360, mas com uma abordagem muito diferente. Em grande parte, o seu processo funciona porque é uma relação consciente. Ele é apoiado por uma forte cultura de compromisso mútuo e confiança que torna mais seguro dar e receber feedback. O processo também honra a relação ao ter o feedback entregue pessoalmente para que o indivíduo possa colocá-lo em contexto e fazer perguntas. Embora eu tenha certeza de que ainda pode haver alguma ansiedade em um almoço de feedback, particularmente nas primeiras vezes, ela é mínima em comparação com a experiência de um 360 tradicional.

Embora sua cultura possa ainda não estar pronta para abraçar a abordagem de almoço de feedback, existem algumas maneiras de criar processos de feedback de grupo que passem mais segurança e sejam mais amigáveis.

## 1. *Fazer perguntas abertas e* feedforward

Era comum em minha pesquisa encontrar organizações que começaram a usar um processo simplificado de feedback de grupo em pares no lugar do 360, mas com o mesmo objetivo: dar às pessoas um feedback completo e de apoio para encorajar seu crescimento. Em vários casos, a avaliação utilizada consistiu apenas em duas perguntas abertas, uma centrada no que o indivíduo faz bem e a outra na apresentação de sugestões sobre como melhorar no futuro.

Por exemplo:

- O que o Jason faz melhor?
- Como pode o Jason ter um impacto maior no futuro?

Essas questões são concebidas para reforçar positivamente o que funciona e solicitar sugestões para melhorar o desempenho futuro. O uso de uma abordagem de *feedforward* como essa torna o processo menos ameaçador e mais acionável. Ele é construído com base no pressuposto de que o funcionário quer ter sucesso, fornece o reconhecimento de seu impacto atual, e o capacita com ideias para formas de encontrar um maior sucesso no futuro. Essa abordagem tem muito menos probabilidade de prejudicar as relações, particularmente quando o feedback é atribuído (você sabe quem o forneceu).

## 2. Abandonar a confidencialidade e o anonimato

A avaliação 360 tradicional falha no teste de relacionamento em vários níveis. Mais precisamente, qualquer tipo de feedback dado anonimamente ou sem ser atribuído nunca construirá relacionamentos e quase sempre causará danos. Não se pode construir uma relação com um indivíduo sem rosto e desconhecido.

Fornecer feedback anonimamente a alguém de quem você gosta também viola nossas expectativas de confiança, respeito e reciprocidade. Nunca usaríamos o anonimato para fornecer feedback a um membro da família ou cônjuge se nos preocupássemos em preservar o relacionamento. O feedback anônimo gera suspeita, defensiva e desconfiança; não o tipo de emoção que você quer causar em qualquer relacionamento importante.

As organizações que estão verdadeiramente empenhadas em criar uma experiência de trabalho mais humana e amigável removeram o anonimato e a confidencialidade da troca de feedback. Não fazer isso é prejudicar intencionalmente a relação do empregado com o trabalho.

Quando essas organizações descobrem que os funcionários não

podem ou não querem fornecer feedback diretamente uns aos outros, elas reconhecem que têm um problema de confiança ou habilidade (ou ambos), não um problema de feedback. Quando o relacionamento é saudável e uma abordagem de *feedforward* positivo é usada, não há razão para que os funcionários não possam fornecer feedback uns aos outros diretamente e com seu nome anexado a ele.

## 3. Dar controle ao empregado

Na maior parte da história da gestão, processos de feedback como o 360 e a avaliação de desempenho foram realizados nos funcionários, não com ou para funcionários. Esses processos foram impostos, na maioria dos casos, sem muita contribuição e com participação limitada do empregado. A falta de influência ou controle sobre essas experiências é outra razão pela qual elas não são bem recebidas.

Nas relações saudáveis, o compromisso e a participação são mútuos. Embora eu possa ter que forçar algum processo ou regra sobre meus filhos para seu desenvolvimento ou proteção, eu nunca teria a presunção de fazê-lo com minha esposa. Apenas o ato de tentar forçar alguma regra ou processo sobre ela sem discussão e acordo mútuo prejudicaria gravemente nosso relacionamento. Tomamos as decisões juntos.

Devemos ter isso em mente quando projetamos processos de feedback. Para tornar o feedback pessoa a pessoa menos ameaçador, coloque-o nas mãos do funcionário para que ele tenha mais sensação de controle. Quando os funcionários sentem um senso de propriedade do processo, é menos provável que se sintam ameaçados por ele.

Aqui estão duas maneiras simples de dar aos funcionários um sentimento de propriedade e controle em um processo estruturado de feedback pessoa a pessoa:

- Deixe-os escolher e convidar as pessoas que irão passar o feedback para eles. Ninguém está melhor posicionado do que a pessoa que recebe o feedback para identificar quem tem o melhor ponto de vista para fornecer. Além de oferecer algum controle sobre este processo, convidar outros a dar o feedback ajuda o colaborador a ser mais receptivo ao que recebe.

- Dê-lhes a capacidade de acrescentar ou dar forma às perguntas que são feitas. Se um colaborador está especificamente interessado em receber feedback sobre um aspecto exato do seu desempenho, por que não permitir que ele solicite isso especificamente? Se permitir que os funcionários adicionem uma pergunta ao processo não for possível ou for muito complicado, sugira que ele adicione algum contexto ao convite para feedback enviado. Por exemplo, eles poderiam avisar que estão tentando melhorar suas habilidades de comunicação e que qualquer *feedback* ou sugestões nessa área seriam particularmente úteis. Mais uma vez, esse tipo de propriedade do processo não só o torna menos ameaçador, como também é mais provável que o feedback seja adotado quando recebido.

## ESTUDO DE CASO Vistaprint

Na Vistaprint, eles descobriram o valor de capacitar os funcionários para desenvolver seu próprio processo de feedback. A Vistaprint, uma empresa da Cimpress, oferece materiais de marketing impressos e produzidos sob medida e emprega aproximadamente 7 mil pessoas em todo o mundo. Há alguns anos, como a organização estava em meio a uma transição para o uso da metodologia Agile no desenvolvimento de software, as equipes de tecnologia começaram a perceber que os processos tradicionais de gerenciamento de desempenho não eram eficazes nesse novo ambiente. À medida que mais e mais equipes autônomas estavam sendo estabelecidas em torno dos resultados, os gerentes estavam perdendo a linha de visão para o desempenho de cada funcionário. As estruturas dessas equipes estavam pedindo que o feedback, e até mesmo o gerenciamento geral da equipe, acontecesse de forma mais direta e dentro da equipe. Esse era um problema da sua velha abordagem ao desempenho, centrada na gestão.

A equipe de RH, liderada por Colleen Fuller, que apoiou os grupos de tecnologia e administração, tomou isso como uma dica para dar uma olhada crítica em seus processos de gestão de desempenho. Eles iniciaram um processo de descoberta para coletar informações dos funcionários sobre o que estava funcionando e o que precisava mudar. A mensagem retumbante dos funcionários era que eles queriam ser gerenciados, desenvolvidos e recompensados de forma diferente do que no passado.

O processo de gestão de desempenho tradicional da Vistaprint envolvia a avaliação de 360 graus, que servia de base para uma revisão formal anual do desempenho com classificação. O primeiro passo dado como resultado do feedback dos funcionários foi remover a formalidade e a rigidez do próprio processo. Isso incluiu tornar o formal 360 opcional. Os gerentes foram simplesmente informados de que precisavam ter uma conversa significativa com seus funcionários. Eles ainda podiam recolher feedback para se preparar para isso e criar um resumo simples (em tópicos), mas poderiam fazê-lo de uma forma personalizada e não eram mais obrigados a usar a ferramenta complicada e os formulários de acompanhamento. Como resultado, conversas melhores e mais significativas começaram a acontecer, e o uso do processo tradicional 360 diminuiu para quase zero.

Em seguida, eliminaram a exigência de os gestores completarem a revisão formal, incluindo as classificações e todas as formas envolvidas. Em vez disso, eles simplesmente pediram aos gerentes que se envolvessem com os funcionários pelo menos uma vez por ano, de alguma forma, para discutir e compartilhar feedback sobre o desempenho. Eles descobriram, por meio de dados de pesquisas com funcionários, que a remoção de qualquer requisito formal dos gerentes para fornecer uma revisão não reduziu o número de funcionários que receberam feedback dos gerentes. O processo antigo só parecia tornar a experiência menos agradável.

A fase final envolveu a transferência da responsabilidade de quem administrava o feedback dos gerentes para os funcionários e equipes individuais. Nessa nova forma de trabalhar, dar e receber feedback é uma expectativa de cada colaborador. Espera-se que os funcionários solicitem e obtenham feedback daqueles que tenham a melhor exposição a ele. Além disso, a expectativa é que também recebam regularmente feedback da equipe em que trabalham. A responsabilidade é então do indivíduo de receber o feedback e processá-lo de forma independente antes de compartilhá-lo com seu gerente.

De acordo com Fuller, essa abordagem fez com que o processo de feedback fosse sentido como mais seguro para os funcionários. Ao ouvi-lo diretamente, eles podem entender melhor o contexto, buscar mais clareza e ter mais oportunidades de pedir ajuda. Eles também ouvem dos membros da equipe o que estão fazendo bem. Essa abordagem também posicionou o gestor mais como um tutor do que como um avaliador. Quando o funcionário compartilha o feedback com seu gerente, gasta seu tempo processando o que ele significa e o que fazer como resultado. Todo o processo é projetado para focar na aprendizagem e não na conformidade com as expectativas. Depois de um ano do novo processo, o desempenho dos funcionários era constante, e opinião sobre ele é de que se trata de uma melhoria definitiva. Em particular, os funcionários gostam da sensação de estar no controle do processo.

## Desenvolver habilidades para receber feedback

Embora tenhamos analisado muitas maneiras de tornar o feedback menos ameaçador e mais construtivo, é impossível garantir que todos os que o compartilham com outras pessoas na sua organização o façam de forma positiva. Algumas pessoas serão contundentes ou críticas porque esse é o seu estilo. Seus funcionários passivos e agressivos descarregarão uma série de queixas armazenadas sempre que forem convidados a dar um feedback. Não há maneira de eliminar más experiências de feedback.

Por isso, embora seja incrivelmente importante ensinar abordagens eficazes para dar feedback e processos de design para ajudar os outros a compartilhar feedback de forma mais eficaz, isso não é suficiente. Também é importante equipar as pessoas com as ferramentas e a mentalidade para receber feedback, particularmente o crítico, que muitas vezes pode ser fornecido de maneiras não ideais.

Essa é uma lição que aprendi da maneira mais difícil há muitos anos, quando estava liderando uma equipe corporativa de gerenciamento de talentos. Passamos meses desenhando um novo processo de desenvolvimento de talentos dentro da organização, orientado por competências. O processo começou com uma avaliação do gestor e uma autoavaliação dos colaboradores, que foram discutidas e comparadas. O gerente então se reunia com seus pares de gestão para ter uma reunião de calibração em que apresentavam cada um de seus relatórios diretos para comparar como sua avaliação e percepção de cada indivíduo que eles gerenciavam estavam alinhadas com a do grupo. Após a reunião de calibração, o gerente deveria pegar o feedback dessa discussão e compartilhá-lo com o funcionário para complementar as discussões de avaliação que eles já tinham tido. Todo esse feedback era então usado para criar um plano de carreira e de desenvolvimento para o indivíduo.

Como esse era um novo processo e visto como estrategicamente importante para a organização, decidimos que aqueles que estavam no topo da organização deveriam ser os primeiros a passar por ele. Isso significava que, se você se reportasse a um membro da equipe executiva, era o primeiro. Isso incluiu a mim. Eu deveria estar sujeito ao meu próprio processo e estava muito entusiasmado com isso.

Os passos iniciais do processo envolvendo o gestor e a autoavaliação correram relativamente bem. Depois, os executivos reuniram-se para a reunião de calibração. Após ela, os executivos começaram a compartilhar o feedback resultante com seus relatórios diretos. Por coincidência, estive entre os primeiros a passar por essa etapa do processo. Em nosso desenho do processo, tínhamos presumido que executivos e diretores naquele nível eram capazes o suficiente para ter as habilidades necessárias para lidar com o processo de dar, receber e processar feedback. Estávamos terrivelmente enganados.

Ainda me lembro muito bem do dia em que recebi meu feedback da reunião de calibragem. Não me lembro muito do feedback real, mas lembro-me exatamente de como me senti durante e depois dele. Entrei na reunião naquele dia com expectativas realmente positivas e otimismo. Tinha tido um bom desempenho, diferente do que eu esperava, e acreditava que provavelmente seria visto como um futuro executivo da empresa. Na conversa anterior, em que comparamos nossas autoavaliações, minha chefe e eu estávamos relativamente bem alinhados. Não houve grandes surpresas nessa conversa.

O meu otimismo e positividade foram rapidamente descartados.

A minha chefe tinha uma folha de apontamentos à sua frente na mesa. Nela havia talvez dez notas específicas de feedback que ela tinha anotado para me passar. Sem qualquer contexto particular sobre a discussão, começou com a lista. Era claro que ela estava desconfortável. O feedback foi muito crítico, ressaltando coisas que eu precisava corrigir ou fazer melhor. Cada novo item parecia um punhal espetado em mim. No meio da lista, parei-a e perguntei-lhe se havia alguma coisa positiva ali. Ela disse que não havia e depois prosseguiu. Quando acabou, meu emocional estava uma bagunça. Eu estava confuso. Estava zangado. E estava completamente na defensiva.

Saí da reunião e fui para casa. Na manhã seguinte, o meu estado emocional não tinha melhorado, por isso liguei para dizer que estava doente. Eu sabia que, se fosse para o escritório, poderia dizer algo de que me arrependeria, então me dei um dia para recuperar minha saúde mental. Eu precisava de tempo para processar e chegar a um acordo com o que agora carinhosamente chamo de minha lista "Você é um bosta".

Em retrospectiva, não me orgulho de como reagi. Quem me dera não ter sido tão defensivo. Quem me dera que as minhas emoções não tivessem tirado o melhor de mim. Mas eu nunca tinha tido uma experiência assim, e não fui o único. Muitos dos meus colegas estavam passando por reuniões de feedback igualmente dolorosas, com diferentes tipos de respostas. Nenhuma delas particularmente positiva.

Uma vez que a minha cabeça estava de volta ao jogo, reconhecemos que tínhamos uma grande lacuna no nosso design de processos. O sucesso daquele processo dependia completamente de indivíduos receberem feedback de qualidade para informá-los de seus planos de desenvolvimento para o futuro. Tal como estava, tivemos um bom processo de recolha de feedback, mas ele falhou quando se tratou de transformá-lo em aprendizagem e motivação. A minha própria experiência foi incrivelmente informativa, pois consideramos como melhorar o processo.

Primeiro, sabíamos que precisaríamos treinar e orientar gerentes e líderes sobre como fornecer feedback de forma mais eficaz. No meu caso, a minha chefe esqueceu-se de dividir comigo na nossa reunião que, quando apresentou a sua avaliação da minha atual função, houve acordo. Foi só quando passaram a falar de mim como potencial sucessor dela como executiva que começaram a oferecer o feedback de desenvolvimento. Esse contexto mudou completamente o feedback para mim. Acontece que eu não fui mal, só tinha muito trabalho a fazer para estar pronto para o próximo passo na minha carreira. Foi a primeira vez que a minha chefe deu um feedback assim, e ela admitiu não ter lidado bem com isso. Ela teria se beneficiado da orientação sobre como tornar a reunião mais eficaz. Eu aprendi a nunca supor que alguém é hábil em feedback (ou habilidades de gestão em geral), independentemente de sua posição ou nível dentro da organização.

Eu também lidei com a situação muito mal. Fui apanhado desprevenido e não fazia ideia de como lidar com aquele cenário. Tinha tido um feedback crítico no passado, mas nada como aquilo. Eu não tinha nenhuma estratégia para me apoiar em como lidar com a situação ou minhas emoções resultantes dela. Se tivesse sido equipado com as ferramentas e a mentalidade certas para lidar com qualquer tipo de feedback, teria sido menos importante a forma como ele me foi entregue.

Depois disso, investimos tempo em ensinar aos gerentes melhores habilidades para fornecer feedback. Mas o avanço mais importante que fizemos foi oferecer treinamento a todos os funcionários sobre como receber feedback. Nossa crença era que, se pudéssemos criar uma força de trabalho de pessoas capacitadas para receber e extrair o aprendizado do feedback, independentemente de como ele fosse entregue, poderíamos acelerar o desenvolvimento. Quando demos esse passo, o processo começou a funcionar mais como previsto, criando motivação e foco para o desenvolvimento em vez de ressentimento e resistência.

## Principais conclusões

A seguir, algumas dicas para ajudar as pessoas a aprenderem a receber feedback de forma mais eficaz:

1. *É natural não gostar de feedback.* Não gostamos de feedback. Mesmo quando dizemos que gostamos, não falamos da experiência de ser criticado, mas sim da oportunidade resultante de melhorar e crescer. Pelas muitas razões que descrevemos nesta seção do livro, o feedback desencadeia frequentemente emoções desagradáveis. Isso é natural e esperado. Quando sabemos que a reação vai chegar, não devemos ficar surpreendidos com ela. Podemos aprender a aceitar essas emoções como parte do processo.

2. *Receba o feedback como um presente.* Como você responderia se um amigo lhe desse um presente que não tivesse uso para você ou te interessasse? Você poderia ficar confuso no início, mas provavelmente ainda diria "obrigado". Se quisesse manter o amigo, provavelmente evitaria uma discussão sobre o porquê daquele não ser um bom presente.

   Você simplesmente o receberia e daria crédito ao seu amigo por sua consideração e por arrumar tempo para até mesmo considerar a possibilidade de lhe dar um presente. Depois poderia guardá-lo em um armário e nunca mais pensaria nele. Quando vemos o feedback como um presente, ele ajuda ambas as partes a processar a experiência. Como sugerido anteriormente, o doador deve dedicar tempo para selecionar e preparar cuidadosamente seu presente. O receptor deve recebê-lo graciosamente. Se for um grande presente que o receptor ama e pode usar, isso é fantástico. Mas nem sempre será esse o caso. O receptor do presente está no controle do que acontece depois que o recebe. Quando presenteado com o *feedback*, não importa o quão bem ou mal ele foi passado, a melhor coisa a dizer é "obrigado". Lembre-se que foi provavelmente tão embaraçoso para a pessoa que o disse como foi para você ouvi-lo.

3. *Procure primeiro entender*. Depois de dizer obrigado, nossa primeira reação ao feedback deve ser fazer perguntas esclarecedoras. Como no meu exemplo, o contexto é importante para o feedback, mas é fácil de ignorar. Quando lhe é apresentado algum feedback crítico, o primeiro objetivo não é reagir ou internalizar, mas sim compreender o presente apresentado. Ter algumas perguntas prontas pode ser útil para combater qualquer resposta emocional que você possa experimentar. Por exemplo:
   - Pode me contar um exemplo ou dois de quando observou isso?
   - Quantas vezes você diria que isso ocorre?
   - Há quanto tempo isso acontece?
   - Que tipo de impacto isso está tendo?
   - Que ideias você tem de como eu poderia melhorar?

4. *Leve seu tempo para processar*. As respostas emocionais ao feedback podem ser intensas no início, particularmente quando o feedback é inesperado ou parece injusto. É importante dar tempo para que as emoções se acalmem antes de decidir o que fazer com o feedback. Se no início parecer injusto ou errado, antes de descartá-lo, faça a si mesmo a pergunta: "E se for verdade? Quais seriam as implicações?" O que descobrimos no nosso processo de gestão de talentos foi que parte do que tornou as discussões de feedback tão intensas foi que muitas críticas atingiram no ponto cego dos indivíduos. Como não havia nenhum processo no passado, alguns de nós estávamos recebendo feedback sobre coisas que provavelmente tinham sido problemas para nós por um longo tempo, mas que desconhecíamos totalmente devido à falta de feedback anterior. Uma vez que tive tempo para processar meu feedback, percebi que, independentemente de concordar ou não, ele era muito real nas mentes daqueles que precisavam estar em sintonia com a minha carreira futura. Eram verdadeiros obstáculos, justos ou não, que dificultavam o meu crescimento e precisavam ser resolvidos.

5. *Decida que ação tomar (se houver).* Tendo levado seu tempo para processar e compreender o feedback, é hora de decidir o que fazer.

   Na maioria dos casos, se alguém investiu tempo e fez esforço de lhe dar feedback, é bom supor que ele é importante. Tomar medidas com base no feedback é uma boa prática, mas decidir que medidas tomar pode, às vezes, ser um desafio. Quando você não tem certeza sobre o que fazer em relação a algum feedback específico, um passo útil pode ser buscar mais feedback e aconselhamento de outras pessoas. Compartilhe o que você ouviu e peça ideias e sugestões. Por exemplo: "Recebi um feedback de que às vezes não sou bom ouvinte. Já sentiu isso de mim? E que sugestões tem para eu me tornar um melhor ouvinte?"

Tomar medidas em relação ao feedback é uma boa ideia, mas não um requisito. Só porque alguém lhe deu um feedback não significa que tenha de fazer alguma coisa com ele. Às vezes, a melhor coisa a fazer com o feedback crítico é ignorá-lo. Cada vez que dou uma palestra, há sempre pelo menos uma pessoa na audiência que tem alguma crítica a mim que eles vão compartilhar alegremente na avaliação. Se eu fizesse alterações com base em cada um desses comentários, perderia a cabeça e a confiança. Eu normalmente aceito o seu presente de feedback com gratidão e escolho ignorá-lo. Lembrar que você tem uma escolha é importante para ter uma mentalidade saudável sobre como receber feedback. Você está no controle. Haverá consequências da sua decisão, positivas ou negativas, independentemente do que você decidir. Mas a decisão do que fazer a seguir é sua.

A maneira mais confiável de garantir que o feedback se torne uma parte saudável do seu sistema de gestão de desempenho é equipar cada funcionário com as ferramentas e mentalidades certas para receber e processar este presente quando ele é dado.

## Principais conclusões

- Adotar e treinar uma abordagem feedforward para fornecer feedback pode ajudar a tornar o intercâmbio menos ameaçador e mais positivo. Simplificando, o feedforward muda o foco da crítica do desempenho passado para sugestões de como melhorar no futuro.
- A avaliação 360 tradicional é um processo defeituoso. No contexto da criação de uma experiência de trabalho que pareça uma relação saudável para os colaboradores, pode ser uma das práticas mais nocivas nas nossas organizações de hoje.
- Para tornar os processos de feedback pessoa a pessoa mais eficazes, use perguntas abertas, perguntas de feedforward, abandone o anonimato e dê aos funcionários o controle do processo.
- Apesar dos seus melhores esforços, algum feedback será sempre dado de forma deficiente. Para libertar todo o potencial do feedback para o crescimento e desenvolvimento, treine todos os funcionários sobre como receber e processar o feedback de maneira eficaz — independentemente da habilidade com que ele é fornecido.

# 13
## Medição e classificações

Uma coisa que achei fascinante ao longo da minha carreira foi a dificuldade que parecemos ter em medir o desempenho dos funcionários de forma eficaz. Não há dúvida de que entendemos a importância da medição. Os líderes repetem o velho ditado "o que é medido, é feito" como se fosse uma verdade universal de gestão. E a ideia de medir o desempenho é intuitivamente óbvia. Estamos naturalmente motivados por um sentimento de progresso, e isso é impossível sem medir o quanto já realizamos ou o quanto já avançamos.

Aceitar a responsabilidade pelo meu desempenho requer que eu entenda e tenha visibilidade de como ele é medido. Para me apropriar dos meus resultados, preciso entender o que conta, como é contado e quanto constitui o sucesso. E preciso de visibilidade sobre o meu progresso em relação aos meus objetivos com frequência. Estou espantado com a frequência com que esses componentes simples e aparentemente óbvios do gerenciamento de desempenho são negligenciados.

Quando você fala com os funcionários sobre por que o processo de avaliação de desempenho é tão desgastante e impopúlar, duas das reclamações mais comuns giram em torno da medição. Em alguns casos, eles não sabem ao certo como o seu desempenho será medido. Queixam-se também de que não tem qualquer noção do seu desempenho até receberem a sua revisão. A avaliação do desempenho é uma surpresa, porque eles não têm visibilidade sobre o seu progresso ao longo do caminho. Isso é inaceitável quando se considera a função que as avaliações de desempenho frequentemente desempenham nas decisões de remuneração dos empregados. Não gostamos de surpresas quando elas têm impacto no nosso cheque.

A medição do desempenho é outra forma de criar clareza e reduzir a incerteza para os funcionários. Se fica claro o que se espera de mim e eu sei qual é a situação dos meus resultados em relação à satisfação dessas expectativas a qualquer momento, então tenho uma sensação de controle sobre o meu desempenho. A responsabilidade pelo sucesso está nas minhas mãos.

## Por que as classificações falharam

Durante décadas, a principal "medida" do desempenho de um funcionário no trabalho foi a temida classificação de desempenho. Esse ritual anual de reduzir o valor de um ano de esforço para um único número é um dos exemplos mais óbvios de tratar o trabalho como um contrato a ser aplicado ao empregado. Considerando o teste de relacionamento, as classificações são sempre falhas como uma forma de construir relações, em vez disso, acabam prejudicando-as.

O que aconteceria se você dissesse isso a um de seus amigos próximos: "Você fez um bom trabalho como amigo este ano. Vou lhe dar nota três de cinco." Provavelmente acabaria com menos um amigo para avaliar no próximo ano.

Ou que tal este uso das avaliações em uma relação pessoal? "Obrigado por nos convidar para jantar. Eu daria à experiência um 2,5. Estava um pouco abaixo do que esperávamos de você."

Não usamos classificações para transmitir feedback àqueles que realmente nos interessam. Se o fizéssemos, isso iria certamente prejudicar essas relações. Reduzir o comportamento humano a um número não parece correto. Minimiza a complexidade e a nuance envolvidas. Mas essa não é a única razão pela qual elas são uma má ideia.

Talvez, mais criticamente, as classificações sejam a avaliação subjetiva de uma pessoa sobre outra. E não somos bons em avaliar outras pessoas com precisão. Um grande estudo de investigação revelou que, ao analisar a exatidão de uma classificação subjetiva de uma pessoa por outra no local de trabalho, mais da metade da variação (até 62%) não tinha nada a ver com *a pessoa a ser classificada*. Em vez disso, a variação de classificação tinha tudo a ver com *a pessoa que fez a classificação*. Eles descreveram isso como "efeitos idiossincráticos do avaliador", o que significa que, para classificações de desempenho, sua classificação tem mais a ver com quem está avaliando você do que com seu desempenho real (Skullen, 2000).

Além disso, tentar reduzir algo tão complexo como o desempenho dos empregados a um único número é uma prática questionável. Nos esportes profissionais, o desempenho de um jogador é avaliado usando muitas variáveis. No basquete, por exemplo, usar apenas o desempenho de tiro de um jogador retrata uma visão muito limitada do seu impacto global no jogo. Um jogador com uma elevada percentagem de remates pode surpreender frequentemente e permitir muitos pontos na defesa. Se só olhássemos para o percentual de tiro, deixaríamos passar o fato de que esse jogador realmente causa mais dano do que benefícios quando está no jogo.

Na medicina, a saúde nunca é medida usando um único número. Um exame simples de sangue normalmente mede seis ou mais fatores diferentes para fornecer uma avaliação ampla da saúde (NHS, 2016). Mesmo na escola, os professores usam uma variedade de medidas para avaliar o desempenho geral do aluno. A última caderneta que recebemos da escola dos nossos filhos tinha mais de vinte notas diferentes para cada criança.

Reduzir algo tão complexo como o desempenho dos funcionários para um único número é uma má prática. É necessária uma aplicação mais ampla e intencional das medidas para se ter impacto. As classificações não só são dados incorretos, como a própria classificação não consegue nem começar a captar a nuance e o contexto do desempenho humano ao longo de qualquer período de tempo.

As classificações não devem ter lugar na gestão do desempenho. Mas a medição, como já salientamos, é extremamente importante. Para criar a responsabilidade pelo desempenho, são necessários processos eficazes para medi-lo. A medição eficaz do desempenho é realizada por meio de três etapas: definir, avaliar e compartilhar.

## As três etapas da medição do desempenho

### Definir

**Figura 6**

O primeiro passo da medição é a definição. Para o desempenho do empregado, isso deve ocorrer no processo de planejamento. Expectativas claras tornam explícito como o desempenho será medido. É a resposta à pergunta: "Como saberei que fui bem-sucedido?" Isso pode ser fácil se o seu trabalho for facilmente quantificável (ou seja, o número médio de clientes servidos por hora).

Mas também pode ser um desafio quando a expectativa é mais difícil de contar. Por exemplo, e se seu objetivo tivesse a ver com ter uma atitude mais positiva no trabalho? Pode não haver uma produção óbvia e facilmente contabilizável em que confiar. Nesses casos, temos de fazer mais algumas perguntas para determinar a melhor definição de sucesso.

Em primeiro lugar, que instâncias ou interações específicas levaram à criação desse objetivo? Talvez você fizesse comentários negativos nas reuniões. Ou talvez fosse ser instantaneamente crítico e desdenhoso de qualquer nova ideia que surgisse. Uma medida possível seria a ausência desses comportamentos. O sucesso pode significar a ausência de contribuições negativas nas reuniões ou nunca ser imediatamente crítico a novas ideias. Mas essa não é uma forma muito convincente de medir o sucesso. Embora travar um mau comportamento possa ser um progresso, um objetivo melhor é substituí-lo por algo mais construtivo.

Para identificar uma forma mais construtiva de medir o progresso, pergunte-se que tipo de comportamentos sinalizariam uma melhoria? Nesse exemplo, poderia ser algo tão simples como fazer alguns comentários positivos ou afirmativos em reuniões. Outro exemplo poderia ser a substituição de uma resposta crítica a novas ideias por algo mais construtivo como "isso é interessante" ou "fala-me mais sobre isso".

Esses são apenas alguns exemplos simples. O ponto importante a lembrar é que a medição começa com a definição. Você não pode medir o que não definiu primeiro. Independentemente de quão desafiador possa ser, o esforço vale sempre a pena.

## *Avaliar*

**Figura 7**

Equipado com definições claras, você pode prosseguir com o núcleo da medição, que é realmente analisar, contar ou avaliar o progresso. Quando os resultados são fáceis de isolar e quantificar, esta parte do processo é bastante simples. Não é difícil coletar e analisar dados que são contados como parte de um negócio (ou seja, dólares de receita, clientes atendidos, etc.). O que é mais desafiador é quando os resultados são mais difíceis de quantificar, como no exemplo acima.

Grande parte do desempenho dos colaboradores é comportamental e cai nesta categoria que consideramos difícil de quantificar. Uma vez que grande parte do impacto do nosso comportamento está ligado à forma como afeta os outros (colegas de trabalho, clientes e demais), para avaliá-lo é necessário recolher o feedback dessas mesmas pessoas. Ao definir claramente como é o sucesso para as expectativas de desempenho, você informa o tipo de feedback que pode pedir.

No caso em que o objetivo é ajudar um colaborador a ter uma atitude mais positiva, especificamente nas reuniões e na resposta a novas ideias, solicitar aos seus pares o feedback pode ser incrivelmente valioso. Aplicando a abordagem de *feedforward*, aqui estão algumas perguntas específicas que você pode fazer aos colegas que interagem com o funcionário com mais frequência:

Você pode descrever um momento recente em que Jason mostrou uma atitude positiva em uma reunião?

Que ideias você tem sobre como Jason poderia contribuir mais positivamente para as reuniões?

O pedido de feedback pode ser feito por meio de um sistema on-line ou diretamente por e-mail. Em alguns casos, uma reunião presencial pode ser a maneira correta de solicitar o feedback. Esses pedidos revelariam tanto a frequência com que Jason está demonstrando uma atitude positiva como trariam algumas ideias de como ele poderia continuar a melhorar. Se o comportamento não estiver mudando, isso também virá à tona. É impossível citar um exemplo de algo que não tenha sido observado. Ao solicitar esse feedback periodicamente ao longo do período de desempenho, é possível observar uma medição do progresso.

## ESTUDO DE CASO K & N Management: jogo do filme

Existem outras formas criativas de avaliar o desempenho em relação a padrões desenhados que vão além do feedback entre pares. Em Austin, a empresa de gestão de restaurantes sediada no Texas, a K&N Management, usa um processo chamado "jogo do filme" para avaliar o atendimento ao cliente. A K&N leva a sério o serviço. Na verdade, um de seus oito principais impulsionadores de negócios na organização é o que eles chamam de "hospitalidade do Texas".

Este padrão de nível de serviço é definido de forma muito específica e clara até o nível comportamental dos caixas, que sabem que são vitais para a experiência do cliente.

Os jogos do filme são gravações capturadas secretamente em tempo real por profissionais que se fazem passar por clientes. Esses "clientes-ocultos" visitam os restaurantes periodicamente para filmar suas interações dentro do restaurante. Por vezes, chegam mesmo a apresentar uma queixa a um caixa para ver como respondem à situação. Os caixas estão bem cientes de que a empresa usa clientes-ocultos e jogos do filme, mas eles não sabem quando ou se estão participando.

O objetivo do processo do jogo do filem é ajudar os funcionários a ver a experiência de serviço por meio dos olhos do cliente. É aplicado com uma abordagem muito avançada. De acordo com Gini Quiroz, diretor de Engajamento de Membros da Equipe, o objetivo do processo é pegar os funcionários fazendo algo de bom e fornecer-lhes informações sobre como fazer ainda melhor no futuro. A empresa está tão comprometida com esse processo de avaliação de serviços que contratou um analista interno, cuja função é avaliar jogos do filme em relação às expectativas definidas para "pontuar" o filme e fornecer notas para o treinamento à gerência da loja. Os caixas com melhor pontuação são individualmente reconhecidos pelo seu desempenho. Os caixas também gostam de saber sua pontuação quando veem seus filmes para ter um senso de como estão se saindo em comparação a suas expectativas.

O processo do jogo do filme é um grande exemplo de como uma definição clara permite avaliar o comportamento e a aplicação de habilidades tradicionalmente consideradas difíceis de quantificar. A K&N reconheceu sua abordagem ao serviço como fundamental para o seu sucesso e operacionalizou-a de forma a ajudá-los a manter o elevado nível de serviço em todas as suas localizações e marcas.

## Compartilhar

**Figura 8**

O passo final da medição que cria responsabilidade é compartilhar abertamente os resultados da avaliação com o funcionário. Quando o trabalho é um contrato, a medição é algo que o empregador faz para garantir que o empregado está cumprindo os requisitos. É feito ao empregado, não com o empregado. E os resultados da avaliação nem sempre são tornados visíveis para o funcionário.

Em um relacionamento, medir é criar uma visão aberta e transparente do progresso que promova um senso de habilidade individual e compartilhada para alcançar o sucesso. Se tivermos colaborado para criar clareza em relação à forma como definimos o desempenho bem-sucedido, então é natural supor que qualquer medição do progresso em direção a esses objetivos seria abertamente compartilhada.

O processo do jogo do filme da K&N é um grande exemplo de compartilhamento. Uma vez que os filmes são pontuados pelo analista, eles são enviados para o gerente do restaurante para que possam ser vistos e discutidos em conjunto com o empregado que foi filmado. A pontuação do filme deixa claro o que correu bem e o que pode ser feito melhor no futuro. O gestor também recebe uma folha de treinamento que o orienta no fornecimento de treinamento positivo ao colaborador nos turnos seguintes. Todo o processo é conhecido pelos funcionários, e eles têm total visibilidade do seu desempenho.

Definir, avaliar e compartilhar é o caminho para a medição eficaz do desempenho, essa abordagem irá ajudá-lo a promover a responsabilização e a melhoria do desempenho.

## Principais conclusões

- Aceitar a responsabilidade pelo desempenho requer uma compreensão e visibilidade de como ele é medido.
- As classificações subjetivas não têm lugar na medição do desempenho. Elas são ruins para o engajamento dos funcionários, porque reduzir o comportamento humano a um número é prejudicial para os relacionamentos. Elas também não são confiáveis na melhor das hipóteses. Os humanos são ruins em avaliar outros humanos, e qualquer tentativa de fazê-lo tende a refletir mais sobre a pessoa que faz a avaliação do que sobre a pessoa que é avaliada.
- As etapas de medição do desempenho para a prestação de contas são definir, avaliar e compartilhar. A definição requer a criação de clareza sobre como o progresso será medido. A avaliação é o acompanhamento ou avaliação consistente do progresso em relação às metas. Compartilhar é o ato de criar transparência de progresso para o funcionário.

## Referências

NHS. Blood tests, 2016. Disponível em: https://www.nhs.uk/conditions/blood-tests/types/. Acesso em: 2 maio 2018.

Skullen, S. Understanding the latent structure of job performance ratings, NCBI, 2000. Disponível em: https://www.ncbi.nlm.nih.gov/pubmed/11125659. Acesso em: 2 maio 2018.

# 14

# O papel da reflexão

Há pouco mais de uma década, comecei um blog. Na época, estava trabalhando em RH corporativo, e meu blog representava uma saída para mim. Descrevi-o muitas vezes como um lugar para extravasar as minhas ideias malucas, para não desgastar a minha equipe no trabalho com elas. Nos primeiros tempos, não me preocupava se alguém estava lendo o blog. Embora fosse bom se alguém lesse uma postagem e reagisse a ele, a escrita era principalmente uma forma de me expressar.

Se você tivesse me perguntado então por que eu escrevi o blog, teria dito que era para compartilhar ideias com outros para ajudá-los a fazer um trabalho melhor em RH. O que percebi muito mais tarde foi que a escrita servia a um propósito muito mais importante para mim individualmente. Foi uma forma estruturada de processar e extrair o aprendizado das minhas experiências no trabalho e na minha vida. Na maioria das postagens, eu escrevia sobre alguma situação ou desafio que tinha enfrentado no meu trabalho. Enquanto escrevia sobre o assunto, percebi o que era importante e o que se podia aprender com ele.

Normalmente, eu tentava traduzir esses insights para o leitor em algumas recomendações ou regras de ouro que poderiam ser aplicadas ao seu próprio trabalho.

Na aprendizagem e no desenvolvimento, tomar tempo para processar a nossa experiência com o propósito de encontrar as percepções e lições é muitas vezes referido como reflexão. Escrever meu blog era mais sobre reflexão do que qualquer outra coisa. A reflexão é importante para o desenvolvimento humano. É um processo que nos ajuda a descobrir uma resposta por nós mesmos, em vez de sermos informados. Muitas das coisas sobre as quais escrevi no meu blog provavelmente tinham sido escritas sobre outras coisas — onde, então, as lições não eram necessariamente novas ou únicas. Mas elas eram novas para mim. E porque eu tinha encontrado o meu caminho para essas lições, ao refletir sobre a minha própria experiência, elas tinham mais significado e poder de permanência.

Pesquisas recentes revelaram o valor real da reflexão não só na aprendizagem, mas também no desempenho. Um dos principais focos dessa pesquisa, publicada pela Harvard Business School, foi entender a importância relativa da reflexão em comparação à experiência adicional na construção de habilidades e competências (Di Stefano et al, 2016). Por exemplo, vamos imaginar que você está aprendendo a completar uma nova tarefa complexa, como escrever um programa de computador ou realizar um procedimento médico. Suas primeiras dez tentativas são supervisionadas por um instrutor ou especialista para garantir que você faça isso corretamente. Uma vez que você tenha um nível básico de experiência, qual é o próximo passo mais eficaz para garantir que você domine essa habilidade e possa executá-la melhor? Seria melhor simplesmente aumentar o número de repetições fazendo essa nova tarefa mais dez vezes por conta própria? Ou você deveria fazer a tarefa menos vezes, mas com uma reflexão estruturada entre cada esforço?

A sabedoria convencional sugere que, quanto mais fazemos algo, melhor nos tornamos. Isso nos levaria a acreditar que fazer a tarefa mais dez vezes seria a maneira mais rápida de se tornar competente. Mas, como muitas vezes acontece, a sabedoria convencional nos engana. A pesquisa revelou que os indivíduos a quem foi dado tempo para refletir sobre uma tarefa melhoraram significativamente mais o seu desempenho do que aqueles a quem foi dada a mesma quantidade de tempo para acumular mais experiência com a tarefa. A reflexão teve um impacto significativo tanto na compreensão da tarefa por parte do indivíduo como na sua confiança em concluí-la com sucesso.

Dado esse poder de reflexão para melhorar o desempenho, você esperaria encontrá-lo como uma parte comum dos processos de gerenciamento de desempenho. Mas não é o caso. Embora a tecnologia nos tenha permitido ser mais eficientes e eficazes de muitas maneiras, ela tem sido acompanhada por uma expectativa generalizada de produzir mais e fazê-lo mais rapidamente. Como resultado, chegamos a uma eficiência sobrevalorizada na gestão do desempenho. "Fazer" é preferível a todo o resto.

A reflexão requer que os funcionários recebam orientação e algum tempo longe do "fazer" para processar o que estão experienciando. Não vai parecer eficiente a curto prazo, porque, durante o tempo gasto refletindo, não há produção. Mas a pesquisa sustenta que investir tempo na reflexão melhora a competência individual, levando a um melhor desempenho a longo prazo.

## Autorrevisão versus reflexão

Antes de olharmos alguns exemplos de organizações que são bem-sucedidas — usando plenamente a reflexão na gestão de desempenho, vamos aproveitar um momento para esclarecer a diferença entre a reflexão e o processo de autorrevisão que muitas organizações usam como parte de sua avaliação de desempenho. Eles podem parecer semelhantes, mas, na maioria dos casos, são concebidos para fins muito diferentes.

O objetivo da reflexão é a aprendizagem e o crescimento para desbloquear o potencial de desempenho futuro. A reflexão é desenvolvimentista e em benefício do indivíduo. Aqui estão exemplos de perguntas usadas na reflexão:

- O que funcionou bem? Por que funcionou?
- Onde e por que eu lutei?
- O que poderia ter feito de diferente para obter um resultado melhor?
- Como eu abordaria a mesma situação de forma diferente da próxima vez?

Cada pergunta leva a uma lição ou insight potencial que pode beneficiar o desempenho futuro. As perguntas de reflexão também levam o indivíduo a rever e dar sentido ao feedback ou aos dados de medição de desempenho que recebeu.

As autorrevisões, por outro lado, são frequentemente utilizadas como um meio para tornar a análise do desempenho mais abrangente e completa. Mesmo os melhores gestores não têm visibilidade sobre tudo o que um funcionário faz em seu trabalho. As perguntas de autorrevisão tendem a ser mais parecidas com estas:

- Quais foram as suas maiores realizações este ano?
- De que realizações você mais se orgulha neste ano?
- Quais desafios enfrentou?

A autorrevisão tende a ser um exercício em que o funcionário tem a oportunidade de garantir que seu gerente (e outros que importam) perceba quanto trabalho está fazendo. Ele também permite que o funcionário lembre o gerente de suas realizações ao longo de todo o ciclo de desempenho. Nas melhores circunstâncias, essa autorrevisão simplesmente complementa e acrescenta profundidade à revisão do gestor. Em outros casos, é uma muleta para os gerentes que fizeram um trabalho ruim de monitoramento do desempenho ao longo do ano. Infelizmente, a minha experiência diz-me que essa segunda utilização é uma aplicação muito mais comum desse processo. Pede-se ao empregado que compense a má gestão. As autorrevisões são um exercício de documentação, conformidade e autopromoção que existe principalmente devido ao modelo de "trabalho como um contrato". Quando as boas práticas de prestação de contas do desempenho em torno do *feedback* e da medição estão em vigor, não são necessárias autorrevisões. É o processo de reflexão coletiva que deve ser aplicado em vez disso.

## Integrar a reflexão na gestão do desempenho

Apesar da sua importância para o desempenho e crescimento, é evidente que não é provável que a reflexão ocorra sem alguma estrutura e apoio formais. As organizações que entendem o valor da reflexão a estão projetando tanto direta como indiretamente em seus processos de gestão de desempenho. Isso pode ser conseguido de várias maneiras, tanto a nível individual como de grupo. Anteriormente, compartilhei a história de como a Vistaprint substituiu seu processo tradicional de avaliação 360 e revisão de desempenho por um processo menos formal conduzido pelo funcionário. Para lembrar, em seu novo processo, o funcionário inicia um pedido de feedback dos colegas que sente estarem mais bem posicionados para fornecê-lo. Ao receber o feedback, o funcionário tem o poder de revisar e processá-lo antes de compartilhá-lo com seu gerente. Não é chamado tempo de reflexão, mas é exatamente o que é. Esse passo de reflexão tem sido eficaz para aumentar a apropriação do feedback por parte do colaborador e a sua abertura ao treinamento por parte dos gestores sobre a forma de pôr em ação o que aprenderam.

Uma grande organização global que entrevistei, e que está no início de sua jornada para reinventar a gestão de desempenho, também fez da reflexão uma parte fundamental de seu novo processo. Quando os resultados da pesquisa com os colaboradores revelaram que a sua abordagem tradicional à gestão do desempenho estava falida, decidiram começar do zero.

Depois de considerar o feedback dos colaboradores e estudar as melhores e próximas práticas relacionadas com a gestão do desempenho, desenharam uma abordagem totalmente nova. Seu objetivo era criar um processo que fosse simples, ágil e focado em capacitar os funcionários para melhorar o desempenho futuro, abandonando totalmente as abordagens orientadas pela conformidade do passado.

A sua nova abordagem consiste em quatro processos que estão ligados e se reforçam mutuamente. Eles desenvolveram internamente uma plataforma de tecnologia que suporta e habilita cada etapa do processo.

1. *Prioridades*. Este processo consiste em identificar as metas e expectativas mais importantes para o que está por vir. Isso pode ser para o próximo mês, trimestre ou ano. Embora se espere que cada funcionário crie e documente prioridades, o que elas são e como são criadas é deixado ao critério do gerente e do funcionário para determinar em conjunto: eles as

definem juntos. Têm também a flexibilidade necessária para se adaptarem e alterarem caso seja necessário.

2. *Touchpoints*. São conversas frequentes e contínuas entre um funcionário e seu gerente. Esses pontos de contato podem variar de simples *check-ins* a revisões mais longas e tradicionais, um a um. A expectativa é que conversas significativas sobre o desempenho aconteçam ao longo do ano.

3. *Feedback*. Por meio da nova plataforma tecnológica, é muito mais fácil partilhar feedback. Espera-se que os funcionários solicitem e forneçam feedback com frequência. No novo processo, eles adotaram uma abordagem *feedforward*. Ao fornecer feedback, você primeiro deve selecionar se é "continuar" (um comportamento positivo para reforçar) ou "considerar" (uma recomendação sobre como melhorar no futuro). Em seguida, você escreve o feedback em uma caixa de texto, sem números ou classificações envolvidas.

4. *Resumir*. É aqui que o seu processo realmente se conecta entre si e aproveita o poder da reflexão. Quando um empregado cumpre ou encerra uma prioridade (ou um conjunto de prioridades), ele é solicitado a preencher um resumo de desempenho. O resumo solicita formalmente ao colaborador que reflita e documente a aprendizagem da sua experiência ao trabalhar para essas prioridades específicas. O formulário on-line solicita que ele avalie o quão bem demonstrou responsabilidade, construiu suas capacidades e possibilitou o sucesso de outros. Em seguida, o funcionário é solicitado a resumir o feedback "continuar" e "considerar" que recebeu de outros sobre o seu trabalho nessa prioridade. Finalmente, ele pode adicionar um resumo narrativo que compartilha seus pensamentos e aprendizagem gerais. Enquanto o empregado trabalha em seu resumo, seu gerente é solicitado a preencher um resumo para ele simultaneamente, um gatilho para solicitar que reflita sobre o desempenho do empregado também.

Esse é um bom exemplo de como o processo e a tecnologia podem ser usados para desencadear o poder da reflexão em um sistema de gerenciamento de desempenho. Para apoiar o novo processo, a empresa também produziu e compartilhou recursos de treinamento com funcionários, gerentes e líderes para ajudá-los a entender o novo processo e o "porquê" por trás dele. A reação positiva e a adoção do novo processo excedeu as expectativas.

## Reflexão em grupo

Algumas organizações também descobriram que um processo de reflexão em grupo pode ser uma forma eficaz de apoiar a aprendizagem a partir da experiência, particularmente quando o trabalho é feito por meio de equipes. Tal como acontece com a reflexão individual, não é algo que acontece naturalmente sem que se faça parte de como o trabalho é feito.

### ESTUDO DE CASO NVIDIA pós-morte

Na empresa de tecnologia NVIDIA, sobreviver e prosperar na indústria ultracompetitiva que faz parte requer inovação contínua e implacável. Isso significa que eles têm que se mover muito rápido e aprender rapidamente com as experiências. Beau Davidson, vice-presidente de RH, descreve o desafio como "construir o avião enquanto se voa". Aprender com a experiência, particularmente com os erros e falhas, é uma grande aposta da NVIDIA.

A maior parte do trabalho na NVIDIA é organizada em projetos. Os funcionários muitas vezes trabalham em várias equipes de projeto ao longo do ano, às vezes, eles participam de mais de uma equipe ao mesmo tempo. Com muitas equipes se movendo a um ritmo acelerado, seria fácil perder o que está sendo aprendido ao longo do caminho por meio de cada experiência. Para evitar a perda potencial de aprendizagem e de oportunidades de melhoria, no final de cada projeto, eles utilizam um processo a que chamam "pós-morte".

Quando um projeto é concluído, a equipe passa tempo reunida refletindo sobre a experiência do projeto. Fazem perguntas como estas

para estimular a discussão:
- O que funcionou?
- O que não funcionou tão bem?
- Como podemos melhorar?

Ao tomar esse tempo para refletir, a equipe identifica e aprende com o que impactou positivamente o projeto e como poderiam fazer melhor da próxima vez. Cada membro da equipe tem a oportunidade de aprender com essa conversa e depois levar essas lições adiante em seu próximo projeto.

A Hubspot, empresa de automação de marketing, tem uma forma inovadora de usar a reflexão para estimular a aprendizagem em grupo. No Código da Cultura Hubspot, que vimos no Capítulo 3, encontramos esta afirmação: "É melhor tentar e, por vezes, falhar do que ficar sentado... E falhar com certeza." Eles reconhecem a importância de ajudar os funcionários a se tornarem mais confortáveis com os riscos e falhas como um ingrediente necessário na inovação. Mas eles também sabem que falhar sem aprender é improdutivo, então, criaram seu "Fórum de Falhas" (Burke, 2017). É um evento realizado algumas vezes por ano na sede da Hubspot e transmitido ao vivo para todos os funcionários globais. O fórum existe com uma finalidade: para que os funcionários compartilhem histórias de fracasso e o que aprenderam com a experiência. Eles se voluntariam para falar no evento. A apresentação precisa responder a três perguntas sobre o fracasso:
1. O que não funcionou?
2. Quando soube que não estava funcionando?
3. O que aprendeu com a experiência?

Um evento como o Fórum de Falhas deve alcançar alguns resultados. Primeiro, a própria existência do fórum envia uma mensagem forte para a organização de que o fracasso não é fatal e deve ser tratado como uma experiência de aprendizagem. Além disso, o convite aberto para que os funcionários compartilhem histórias é uma ótima maneira de provocar reflexão. Leva toda a gente a considerar a questão: "O que aprendi com o meu fracasso ultimamente?" Mesmo que a maioria dos funcionários nunca se apresente no fórum, muitos deles vão pelo menos refletir mais alguns minutos do que refletiriam se ele não existisse.

A outra grande vantagem deste processo é que amplia os benefícios da reflexão para a aprendizagem ampla em toda a organização. Você pode ter certeza de que aqueles que apresentam suas histórias de fracasso gastaram tempo refletindo para compartilhar o aprendizado mais significativo. Todos os que assistem à transmissão se beneficiam desse esforço.

A reflexão pode ser considerada como a arma secreta da responsabilidade pelo desempenho. Sem o passo de reflexão, pode-se perder o verdadeiro valor do feedback e da medição. Ao considerar como promover a responsabilidade em seu sistema de gerenciamento de desempenho, certifique-se de projetar o processo para permitir tempo e orientação para reflexão.

---

## Principais conclusões

- A pesquisa revela que os indivíduos que têm tempo para refletir sobre uma tarefa melhoram seu desempenho significativamente mais do que aqueles que recebem a mesma quantidade de tempo para acumular mais experiência com a tarefa.
- Os processos de autorrevisão e reflexão tendem a ser muito diferentes. As autoavaliações são um exercício de documentação, conformidade e autopromoção que existe principalmente devido ao modelo de "trabalho como um contrato". A reflexão está focada no crescimento e no desenvolvimento para desbloquear o potencial de maior desempenho.
- A reflexão não ocorre naturalmente em nossas organizações obcecadas pela eficiência, a menos que seja apoiada por processos estruturados. Para colher os benefícios da reflexão, ela deve ser incorporada à gestão do desempenho individual e da equipe com práticas como o "resumo do desempenho" ou "pós-morte".

### Referências

Burke, K. Does your company need a failure forum? The one mistake a company can't afford is becoming complacent *Inc*, 31 mar. 2017. Disponível em: https://www.inc.com/katie-burke/hubspot-scaling-failure.html. Acesso em 2 maio 2018.

Di Stefano, G. et al. Making experience count: the role of reflection in individual learning, *Harvard Business School*, 2016. Disponível em: http://www.hbs.edu/faculty/Publication%20Files/14-093_defe8327-eeb6-40c3-aafe--26194181cfd2.pdf. Acesso em: 2 maio 2018.

# 15
# Enfrentando proble-
# mas de desempenho

Uma das coisas que os gerentes parecem enfatizar mais é como lidar com as questões de desempenho dos funcionários. Quando um funcionário está tendo um desempenho abaixo do esperado de alguma forma, ele pode exigir atenção redobrada de um gerente. Como gerente, você se preocupa com o que fazer, o que dizer e como a situação se reflete em você. Às vezes, isso pode nos deixar meio paralisados, sem fazer nada enquanto a questão continua ou se agrava.

Como resultado, os departamentos de recursos humanos criaram várias funções e procedimentos em reação a essa angústia da gestão no confronto de questões de desempenho com os colaboradores. A função "Relações com os empregados", na maioria das organizações de médio e grande porte, existe em grande parte para ajudar os gestores a lidar com o desempenho e outras questões comportamentais. E o "plano de melhoria do desempenho" é o processo de "trabalho como um contrato" concebido para lidar com esse problema. Cria a documentação "melhore seu desempenho ou então..." necessária para ajudar os gerentes a demitir pessoas com a consciência tranquila e a bênção do RH.

Ninguém gosta de estar envolvido nesses processos sobre melhoria de desempenho quando há um problema. É doloroso para o empregado e embaraçoso para o gerente. Por isso, nunca me surpreendo quando recebo perguntas sobre como lidar com problemas de desempenho de forma mais eficaz. A melhor maneira de lidar com essas questões é preveni-las em primeiro lugar.

A maioria dos problemas de desempenho são de nossa própria criação. São falhas de gestão de uma forma ou de outra. A principal razão para implementar uma abordagem bem concebida à gestão do desempenho é prevenir problemas de desempenho antes que eles aconteçam. Quando os colaboradores estão cientes sobre o que é esperado, recebem os recursos de que necessitam, são devidamente motivados e apoiados, e têm visibilidade sobre o seu progresso, o desempenho é um resultado natural. O próprio sistema ajuda a identificar e eliminar problemas. Quando as expectativas são claras, não pode haver queixas ou argumentos relacionados com o "não saber o que devia fazer". Quando o progresso é visível, o funcionário pode tomar medidas a qualquer momento para mudar ou obter ajuda, caso esteja atrasado.

A maioria dos problemas de desempenho é uma falha no processo de gerenciamento de desempenho. O primeiro passo é identificar onde o processo falhou. Quando um empregado não cumpre as expectativas, há cinco razões principais.

## 1. *Não tenho certeza do que se espera de mim.*

Esta é uma das questões mais comuns e facilmente corrigíveis que já encontrei na minha carreira. Na maioria dos casos, quando um funcionário não estava apresentando ou se comportando como eu esperava, o problema quase sempre podia ser rastreado até uma falha da minha parte para garantir a clareza das expectativas. Muitas vezes eram minhas próprias suposições que atrapalhavam. Como gestores, tendemos a supor que as pessoas sabem e compreendem as coisas quando na verdade não sabem.

Por exemplo, eu sempre tive uma expectativa como gerente que envolve nunca comparecer a uma reunião sem algo para tomar notas, em papel ou eletronicamente. Embora nem sempre o use, você precisa ter um meio de capturar informações e acompanhar compromissos. Ter isso também sinaliza aos outros que você veio preparado e está focado em tornar a reunião valiosa.

Eu costumava presumir que, quando alguém chegava a um local de trabalho, era do conhecimento geral que você viria preparado dessa forma para qualquer reunião, independentemente do seu papel nele. Fiquei surpreso com a quantidade de vezes que isso não aconteceu, mesmo em circunstâncias em que o funcionário deveria ter antecipado a necessidade de tomar notas para futuras consultas. Costumava frustrar-me. Acabei por perceber que a minha suposição que era o problema. Uma vez que comecei a compartilhar feedback sobre isso com esses funcionários, aprendi que nunca ninguém havia colocado essa expectativa para eles antes. Uma conversa rápida, e foi resolvido. Eles estavam mais preparados, e eu estava menos frustrado.

Para abordar essa causa do mau desempenho, volte aos fundamentos do planejamento de desempenho discutidos em detalhe no início do livro — esclareça e documente as expectativas. Nunca presuma que algo esteja claro. Se for importante, deve ser discutido e escrito. Quando o empregado lhe diz que está claro, aí está claro.

## 2. Não sabia que não estava correspondendo às expectativas.

Esta é a segunda causa mais comum de problemas de desempenho. Quando a medição e o feedback não são um processo regular, os funcionários podem trabalhar durante meses (por vezes mais tempo) sem qualquer ideia de quão bem estão.

Como mencionado anteriormente, uma falha do processo de revisão anual de desempenho é que ele se torna facilmente a única vez no ano em que os empregados recebem de seu gerente feedback sobre seu desempenho. Descobrir, no final do ano, que você falhou de alguma forma sem ter a oportunidade de conserto é desmoralizador.

Quando os funcionários não sabem que estão ficando aquém das expectativas, é uma falha de feedback e medição. Como gerente, é fácil presumir que o empregado pode ver o que você vê quando ele está com desempenho ruim, mas, com frequência, esse não é o caso. Se ninguém me disse que tenho um desempenho fraco, é fácil pensar que estou bem. É como diz o velho ditado: "A falta de notícia é uma boa notícia." Esse é outro exemplo de como as suposições do gestor podem fazer descarrilar o desempenho.

Abordar esta causa do mau desempenho exige que nos concentremos nos processos de prestação de contas do desempenho que descrevemos nesta seção do livro. Analise as expectativas dos funcionários com eles próprios e discuta como você pode criar mais visibilidade sobre o progresso no próximo ciclo. As soluções podem incluir o aumento da frequência de reuniões individuais ou a adição de novos itens à reunião existente. Talvez o funcionário deva solicitar feedback dos colegas em intervalos fixos ao longo do ano. O objetivo deve ser garantir que o colaborador tenha transparência no seu progresso em relação às metas e expectativas, para que possa apropriar-se dos seus resultados no futuro.

### 3. Não sei como atuar como esperado.

Estar ciente sobre as expectativas é fundamental, mas, se eu não tiver a habilidade ou a capacidade de cumprir essas expectativas, o fracasso é inevitável. Em alguns casos, quando contratamos novos colaboradores ou colocamos os colaboradores em novas funções com diferentes expectativas, descobrimos que, independentemente do esforço que façam no seu trabalho, eles ficam aquém do esperado. Isso pode representar uma lacuna no processo de planejamento de desempenho. Podemos ter falhado em fornecer o treinamento e a orientação necessários para equipar o funcionário para alcançar essas expectativas.

O diagnóstico deste problema requer observação e feedback. Em particular, solicitar recomendações de *feedforward* àqueles que trabalham mais de perto com o colaborador pode revelar insights sobre qual treinamento ou orientação pode ser mais útil. Uma vez identificadas as necessidades de aprendizagem, crie um plano de desenvolvimento a curto prazo com metas para o empregado. A ênfase deste plano deve ser a aquisição de competências nas áreas identificadas como necessidades. Quando o trabalhador fecha a sua lacuna de "know-how", a questão do desempenho irá provavelmente desaparecer.

## 4. Sou incapaz de satisfazer as expectativas.

Há ocasiões em que as questões de desempenho não são por falta de know-how, mas sim por falta de capacidade ou adequação ao cargo. Isso não é comum, mas geralmente ocorre quando um indivíduo assume uma nova posição ou responsabilidade e, em seguida, torna-se claro que as exigências do papel não são compatíveis com ele. A circunstância mais comum em que já vi isso é quando os funcionários são promovidos para o seu primeiro papel de gestão de pessoas. Frequentemente, um indivíduo de alto desempenho e com grandes competências técnicas é promovido a gerir a equipe porque era tempo de uma promoção e essa era a única possibilidade. De repente, esse indivíduo descobre que está em um papel que lhe é inadequado e desinteressante. Ele pode nem sequer gostar de pessoas, mas agora é responsável pela gestão delas.

Nessas circunstâncias, a solução padrão é aplicar uma dose saudável de treinamento de gerenciamento. Dizemos a nós mesmos que "todo mundo tem potencial para ser um gestor". Mas, se esse novo gerente não gosta de falar com as pessoas, muito menos ter conversas difíceis, e prefere apenas fazer o trabalho real, nem toda a formação no mundo é capaz de mudar isso.

Quando você descobrir que tem um funcionário que está em uma situação como essa, tenha uma conversa honesta ele. Faça algumas perguntas sobre o que ele realmente gosta no trabalho e o que realmente não gosta ou suga sua energia. Então, encontre uma maneira de colocá-lo em um papel que seja mais adequado aos seus talentos. A organização o colocou em um papel que não é adequado para ele e que deve ser retificado. A alternativa é deixá-lo em um cargo em que se sente e está destinado a falhar.

## 5. *Eu escolho não satisfazer as expectativas.*

Quando seu sistema de gerenciamento de desempenho está fazendo um bom trabalho de planejamento, cultivo e prestação de contas, a maioria das questões desaparece. As pessoas querem fazer um bom trabalho e, quando o sistema funciona, têm todas as possibilidades de fazê-lo. Em raras ocasiões, você encontrará esse último tipo de problema de desempenho ruim, em que um empregado escolhe, por algum motivo, não desempenhar seu papel. Essas circunstâncias são raras e as causas, variadas. Pode ser o resultado de uma injustiça percebida pelo funcionário, como ser preterido para uma promoção. Também pode ser resultado de questões que acontecem fora do trabalho e que afetam negativamente a atitude ou a preocupação do indivíduo com o trabalho.

Embora essas situações possam, a princípio, parecer as mais embaraçosas de lidar, elas são, na verdade, bastante simples. Na maioria dos outros tipos de questões de desempenho, nós é que criamos o problema. Nesse caso, o empregado está fazendo a escolha de não executar ou se comportar como esperado. Administrar esta questão é principalmente ajudar o colaborador a reconhecer as consequências da escolha que está fazendo, convidando-o a uma opção diferente.

Em circunstâncias como esta, tendemos a optar pelo modelo de conformidade "trabalhar como um contrato", recorrendo à política e à documentação em detrimento do diálogo. Quando entendemos que o trabalho é um relacionamento, adiamos o plano de melhoria do desempenho e nos envolvemos diretamente com a pessoa como um primeiro passo. Comece com empatia, tentando entender o que está acontecendo com o funcionário e o que pode estar fazendo com que ele se comporte daquela forma. Nessas conversas, seja aberto, atencioso e direto. Uma conversa pode começar assim:

> Jason, quero falar com você sobre o que está acontecendo ultimamente, porque estou preocupado com você. Seu desempenho é sofrível, e o que mais me preocupa é que eu não tenho a sensação de que você está preocupado com isso. Gostaria de ajudá-lo a reverter a situação antes que seja tarde demais. O que está acontecendo?

Se você puder chamá-lo para uma conversa para entender qual é o problema e como resolvê-lo, você pode potencialmente fazer algum progresso bastante rápido. Mas nem todos vão aproveitar a oportunidade para entrar na conversa com você. Se eles respondem sendo distantes, resistentes ou beligerantes, então o próximo passo é enfatizar as consequências das escolhas que estão fazendo e colocar a decisão do que acontece a seguir nas mãos deles.

O erro que muitos gerentes cometem nesse momento é permitir que o indivíduo permaneça deliberadamente abaixo da meta por muito tempo. Uma vez que reconhece que isso está acontecendo, você força o funcionário a tomar a decisão de se mover em uma direção ou outra — corrigir o desempenho ou encontrar outro lugar para trabalhar que possa atender melhor às suas necessidades. O status quo não é uma opção.

Essa conversa é muito simples. Aqui está um exemplo de como pode ser.

> Jason, o seu desempenho e comportamento atuais não podem continuar. Então, você tem uma decisão a tomar. A opção um é que você avance e corrija os problemas que temos agora. Se escolher esse caminho, vou precisar que você esboce por escrito uma lista do que vai se comprometer a fazer de forma diferente nos próximos trinta dias para voltar ao bom caminho. A opção dois é que você já não trabalha mais aqui. Se não consegue mais fazer o trabalho, então esse pode ser o caminho certo para você. Não há opção 3. Eu realmente quero que você seja feliz e bem-sucedido em seu trabalho, e nenhuma dessas coisas parece ser verdade agora. Algo tem de mudar. Marcarei outra reunião para nós em dois dias para que possa me contar a sua decisão.

Pela da lente do teste de relacionamento, essa conversa não seria muito diferente se você tivesse que confrontar seu melhor amigo sobre repetidamente quebrar compromissos com você. É respeitoso, sincero e capacita o indivíduo a pensar e tomar uma decisão (esperemos) refletida.

Quando presumimos o melhor das pessoas e colocamos em prática um sistema abrangente que engloba planejamento, cultivo e responsabilidade no desempenho, abordar questões de desempenho se torna uma pequena parte do trabalho do gerente. Quando surgirem problemas, diagnostique onde o processo falhou e corrija o erro. Nos casos em que o funcionário está optando por não executar, use o teste de relacionamento para se lembrar de abordá-lo como um adulto de quem você realmente gosta e lidar com ele de uma forma que respeite e preserve o relacionamento sem permitir um mau desempenho e comportamento.

---

## Principais conclusões

- A maioria das questões de desempenho são culpa nossa. São falhas de gestão de alguma forma.
- Para confrontar e corrigir problemas de desempenho, você deve primeiro diagnosticar o que os está causando. Há cinco causas principais para o fraco desempenho dos funcionários:
  - Não tenho certeza do que se espera de mim.
  - Não sabia que não estava correspondendo às expectativas.
  - Não sei como atuar como esperado.
  - Sou incapaz de satisfazer as expectativas.
  - Eu escolho não satisfazer as expectativas.
- Quando presumimos o melhor nas pessoas e colocamos em prática um sistema de gerenciamento de desempenho abrangente para tratar do planejamento, cultivo e responsabilidade no desempenho, confrontar o mau desempenho se tornará uma pequena parte do trabalho do gerente. A maioria das questões serão evitadas antes mesmo de acontecerem.

# seção 5

## Construindo um sistema de gestão de desempenho sustentável e eficaz

Esperemos que haja muitas ideias em sua cabeça. Talvez você tenha uma lista mental de todas as maneiras que suas práticas atuais são projetadas mais para a conformidade do que para o relacionamento. Ou você está considerando algumas maneiras de começar a tornar o feedback menos doloroso para seus funcionários. O objetivo deste livro é equipá-lo com inspiração e uma variedade de soluções possíveis. Assim, como não há uma maneira correta de estar em um relacionamento com outra pessoa, não há uma maneira correta de gerenciar o desempenho. Há alguns elementos fundamentais que são necessários em todos os casos, mas o aspecto desses elementos depende da sua cultura e das pessoas envolvidas.

É natural, neste ponto, sentir-se um pouco sobrecarregado, especialmente se chegou à conclusão de que sua organização precisa fazer algumas mudanças importantes na forma como você aborda o gerenciamento de desempenho. Quando parece que há muitas oportunidades para aproveitar, saber por onde começar pode ser um desafio.

Ao longo do livro, temos falado sobre a ideia de que uma organização necessita de um sistema de gestão do desempenho para criar e sustentar a experiência pretendida para os nossos funcionários.

Projetar um sistema de gerenciamento de desempenho para a sua organização é o caminho mais confiável para realmente desbloquear o desempenho dos funcionários a longo prazo. Fazer isso de forma eficaz levará tempo, paciência e um processo inteligente. Nos próximos capítulos, vamos explicar como abordar a concepção de um sistema para a sua organização.

Talvez você não tenha tempo ou apetite para projetar um sistema para sua organização. Isso não significa que não possa fazer grandes progressos. Mesmo que não haja um redesenho do sistema, existem algumas maneiras poderosas de usar os insights deste livro para provocar algum impacto imediato. Você pode já ter se aproveitado de alguns deles agindo sobre uma determinada tática ou visão. Neste capítulo, vamos rever alguns passos que podem ser dados no sentido de promover uma melhor relação com os seus colaboradores que são relativamente simples de implementar na sua equipe.

## Vamos recapitular

Antes de chegarmos aos detalhes, vamos aproveitar um momento para recapitular as grandes ideias que abordamos no livro e trazê-las de volta à mente:

- A maioria das nossas atuais abordagens à gestão do desempenho (e à gestão em geral) baseia-se em um modelo de trabalho como contrato com o colaborador. Esse modelo nasceu da necessidade há mais de um século, quando as organizações começaram a tomar forma em uma era de industrialização.
- A natureza do trabalho mudou drasticamente ao longo do século passado, mesmo que a forma como o gerimos não o

tenha feito. Pesquisas revelam que, à medida que o trabalho evoluiu, a experiência e as expectativas de trabalho dos funcionários também mudaram. Mais do que uma obrigação contratual, os empregados experimentam o trabalho como um relacionamento. As coisas que envolvem e motivam os funcionários no trabalho são muito semelhantes ao que faz com que haja uma relação saudável entre duas pessoas.

- Essa desconexão entre a visão do empregador do trabalho como um contrato e a experiência de trabalho do empregado como um relacionamento é uma contribuição importante para que o engajamento do empregado permaneça estagnado por décadas. Para melhorar o engajamento e desbloquear o potencial de desempenho de cada funcionário, é necessário que empregadores e gerentes adotem uma perspectiva diferente sobre o trabalho. Em vez de ser tratado como um contrato a ser executado, deve ser encarado como uma relação a ser promovida.

- Você pode usar o "teste de relacionamento" como uma ferramenta para melhorar os processos e as interações. Considere, como essa abordagem funcionaria se alguém com quem você realmente se importa fora do trabalho estivesse do outro lado? Se preserva ou fortalece a relação, prossiga. Se não, considere uma abordagem diferente.

- A gestão do desempenho não deve continuar a centrar-se no cumprimento e na execução dos contratos, como tem acontecido no passado. Essa abordagem falhou. Para desbloquear um desempenho mais elevado, devemos conceber e implementar práticas de gestão de desempenho que criem uma experiência do colaborador que pareça uma relação saudável e rica em elementos como confiança, apreciação, aceitação e compromisso mútuo.

- A gestão do desempenho consiste em três processos distintos e sobrepostos: planejamento, cultivo e prestação de contas. Para otimizar o desempenho, você deve ter processos implementados para cada um deles, que criem as condições para o ótimo desempenho, de modo a promover a relação com o empregado.

O restante deste livro é dedicado a colocar as percepções e práticas fornecidas em prática em sua organização. O próximo capítulo é para aqueles que estão impacientes por resultados e querem fazer algumas mudanças agora. Neste breve capítulo, você vai aprender como você pode usar as táticas de parar o processo e *hacking* para ter um impacto agora.

Os capítulos restantes ilustrarão como usar o processo de design para primeiro ganhar uma compreensão mais profunda de sua organização e funcionários e, em seguida, usar esse conhecimento para definir o tipo de experiência do funcionário que você precisa para criar. Em seguida, vamos explorar como essa fundação ajuda você a determinar que práticas e processos de cada um (planejamento, cultivo e responsabilidade) são o melhor ajuste para a inclusão em seu sistema de gestão de desempenho.

Finalmente, vamos rever como testar, melhorar e implantar seu novo sistema. No final, você será equipado com o que precisa para conduzir sua organização através do projeto de um novo sistema para desbloquear o potencial de desempenho de todos os funcionários de uma forma que pareça saudável e afirmativa para todos os envolvidos.

# 16
# Promovendo melhorias imediatas

Antes de explorarmos nos próximos capítulos como conduzir sua organização por meio do processo de criação de um sistema de gerenciamento de desempenho, há duas táticas que você pode considerar para causar um impacto imediato.

## Parar o processo

Não sei quem disse primeiro, mas já se repetiu muitas vezes desde então: "Insanidade é fazer a mesma coisa várias vezes e esperar um resultado diferente." Por essa definição, estamos presos em um ciclo de insanidade com gerenciamento de desempenho há décadas. Esperemos que este livro nos ajude a quebrar este ciclo. Uma das maneiras mais rápidas de começar a quebrá-lo é simplesmente parar.

Quando entrei para as fileiras corporativas, uma das minhas

frustrações imediatas era a quantidade de trabalho com que me sentia sobrecarregado. O número de relatórios e atualizações semanais que a minha equipe produzia parecia um desperdício incrível quando considerados o tempo e os recursos que gastávamos para criá-los em comparação com o trabalho produtivo que realmente fazíamos. Para amplificar a minha frustração, não tinha a certeza se alguém sequer olhava todos os relatórios e atualizações que criávamos.

Felizmente, uma mentora partilhou alguns conselhos comigo. Ela aconselhou-me a começar com os relatórios que eu suspeitava serem menos valorizados e parar de enviá-los. Ela me disse para não fazer nenhum anúncio sobre parar e não pedir permissão. Apenas parar. Se as pessoas usassem o relatório e ele fosse valorizado, teríamos notícias muito rapidamente. Eles viriam à procura dele. Se isso acontecesse, pediríamos desculpa e começaríamos a enviá-lo novamente.

Isso não aconteceu muitas vezes. Na maioria dos casos, ninguém reparou que tínhamos parado. Quando repararam e pediram o relatório, fizemos perguntas sobre como eles o usavam e que informações eram mais valiosas para que pudéssemos melhorá-lo e tornar o processo de criação mais eficiente. A ideia subjacente a esta abordagem é que, se algo de valioso desaparecer, nós o procuramos. Então, se você não tem certeza se um processo ou abordagem está agregando valor como parte de seus processos de gerenciamento, tente parar. Tal como aconteceu com os nossos relatórios, este pode ser um grande teste para ver se alguém vem à procura dele. E, se o fizerem, comecem uma conversa sobre o que perderam e por quê.

Outras vezes, parar não é necessário como um teste. É a coisa certa a fazer. Apresentei anteriormente no livro algumas análises que fizemos sobre a eficácia do nosso processo de avaliação de desempenho. Não conseguimos encontrar nenhuma evidência de que a avaliação de desempenho estivesse impactando positivamente o desempenho de qualquer forma significativa. Dado esse fato, quando você considera as horas gastas, energia e trabalho emocional que o processo exige dos gestores e funcionários, há pouca dúvida de que o processo está realmente fazendo mais mal ao desempenho do que bem. A melhor coisa que podíamos ter feito era parar imediatamente.

Se a organização estiver em uma situação semelhante, interromper a avaliação de desempenho anual deve realmente melhorá-lo. Não somente as horas do tempo produtivo serão recuperadas para (assim se espera) fazer outro trabalho de valor mais elevado, mas a felicidade geral do pessoal deve melhorar eliminando a ansiedade e a angústia conectadas com esse processo. Seria lógico fazer essa jogada. Mas você pode descobrir, como eu, que, apesar da lógica da mudança, nos tornamos viciados em nossas práticas defeituosas. Mesmo quando fazia sentido simplesmente parar o processo, era difícil convencer a liderança a abrir mão. Eles se acostumaram tanto ao ciclo anual que não podiam simplesmente desistir dele. O medo da mudança superou a dor do processo em vigor.

Quando você encontra ou sente resistência em parar, há outra abordagem que pode ser mais palatável e alcançar resultados semelhantes. *Tornar o processo opcional.* Como você deve se lembrar do Capítulo 12, essa é a tática que a Vistaprint usou nas fases iniciais de sua reinvenção de gerenciamento de desempenho. Eles tinham recebido feedback de que a avaliação 360 não era apreciada pelos funcionários ou vista como agregasse valor ao processo de revisão, então eles decidiram torná-la opcional. Ainda estava disponível, mas não era um requisito indispensável do processo de revisão anual. Eles comunicaram essa mudança à organização e, em resposta, todos deixaram de usá-la. Os empregados não a pediram. E os gerentes que tiveram de completar as revisões também não sentiram falta dela. Além disso, não pareceu afetar a qualidade das revisões nem a qualidade do desempenho geral. Era um instrumento de uma era diferente de gestão que já não servia a um propósito.

Há coisas no seu processo atual que você pode parar de fazer? Gastar tempo e energia significativos tentando fazer com que as pessoas concluam um processo obrigatório pode ser um sinal de que ele não é valorizado ou que precisa de reformulação. Outro sinal para monitorar é a opinião geral sobre um processo ou abordagem. Se ouvir muitas queixas ou reclamações, vale a pena prestar atenção. Usando o teste de relacionamento, se você soubesse que algo que estava fazendo no seu relacionamento causou ansiedade ou desconforto ao seu parceiro ou amigo, você pararia assim que soubesse. Se fosse algo importante, encontraria uma maneira diferente de abordá-lo que minimizasse ou eliminasse a dor. Devíamos fazer o mesmo pelos nossos empregados.

## *Hackeando* seus processos atuais

A outra maneira de fazer algum progresso a curto prazo é considerar onde pequenas mudanças nas abordagens existentes podem ter impacto. Gosto de pensar nisso como invadir o seu sistema. Ao escanear seu processo usando o teste de relacionamento e o que você aprendeu neste livro, você pode notar alguns pontos onde, em vez de simplesmente parar, uma mudança em "como" algo é feito poderia ter um impacto. Um hack também pode significar adicionar um passo ou interação ao seu processo.

Há algumas áreas comuns que observei em organizações em que um hack pode ser útil. Enquanto considera como criar um sistema melhor em geral, estas áreas podem ser onde você pode fazer algumas melhorias imediatamente.

## *Reuniões individuais*

Se os gerentes não estão dedicando pelo menos um pouco de seu tempo em conversas com seus funcionários, eles não estão construindo relacionamentos. Quando uma organização não tem nenhuma expectativa formal de que os gerentes realizem reuniões individuais regulares com as pessoas por quem são responsáveis, essa é a primeira coisa que recomendo que façam. No Capítulo 2, aprendemos como uma unidade de fabricação da Merck melhorou drasticamente o engajamento dos funcionários, acrescentando a exigência de que os gerentes realizem reuniões regulares com cada funcionário.

Se a sua organização é nova em reuniões individuais ou não deu muita ênfase a elas no passado, fornecer algumas diretrizes e questões simples pode melhorar significativamente a sua eficácia.

> Poderiam ser incluídas orientações simples para reuniões individuais eficazes:
>
> - duração mínima de 30 minutos;
> - regularmente programadas, pelo menos mensalmente (ou seja, na primeira quarta-feira de cada mês, às 9 horas da manhã);
> - sem uso de tecnologia durante a reunião;
> - deixar o empregado conduzir a conversa;
> - o gerente deve passar tanto tempo ouvindo e fazendo perguntas quanto falando.

Também é útil fornecer algumas perguntas para que funcionários e gerentes discutam nessas reuniões como uma espécie de agenda simples. Para começar, estes são exemplos de perguntas eficazes a serem usadas:

- Onde você acha que fez progressos na semana/mês passado?
- O que conseguiu fazer?
- Em que você vai se concentrar na próxima semana/mês?
- Quais desafios você está enfrentando para fazer as coisas acontecerem?
- Onde posso ser mais útil para você?

O objetivo principal da reunião individual é criar tempo para que o funcionário e o gerente estejam juntos para conversar. No início, a natureza da conversa não é crítica. O fato de que o gerente está disponibilizando tempo para a conversa transmite que o empregado é importante e valorizado. A qualidade da conversa pode ser melhorada com o tempo.

## Expectativas escritas

Quando em dúvida, comece pelo início. Os funcionários têm clareza sobre o que se espera deles? A incerteza sobre as expectativas é altamente prejudicial para o desempenho, por isso mesmo, um pouco mais de clareza pode ir longe. Se lhe falta um processo formal para o estabelecimento de metas e expectativas, este pode ser abordado imediatamente e não requer uma solução complicada.

Peça aos gerentes que trabalhem com os funcionários para documentar suas metas para o próximo ano ou período de desempenho. O método utilizado é menos importante do que o ato de comprometê-los a escrever. O processo simples de documentar expectativas faz duas coisas. Primeiro, força a criação de metas tangíveis ou expectativas, se elas ainda não existirem. Em seguida, solicita que elas sejam compartilhadas e discutidas com o funcionário.

A documentação das metas e expectativas não eliminará toda a desconfiança, mas moverá a organização na direção da clareza. E a clareza é ótima para as relações.

## *Tornar o feedback menos doloroso*

Discutimos longamente no livro por que o feedback pode ser tão problemático. E, no entanto, o feedback é o combustível necessário para impulsionar o crescimento e desbloquear o potencial de desempenho. Mudar a relação da organização com o feedback não vai acontecer da noite para o dia, porque a maioria das pessoas que trabalham na sua organização construíram resistência e mecanismos de enfrentamento para o feedback ao longo de toda uma carreira. Chegar a um lugar onde o feedback é valorizado e desejado pode levar anos.

Para efetuar algumas mudanças mais imediatamente, concentre-se no que você pode fazer para mitigar algumas das dores causadas (ou percebidas) no feedback. Uma maneira de conseguir isso é treinar gerentes e funcionários no método *feedforward*. Equipar os funcionários com a mentalidade e ferramentas simples para passar da crítica do desempenho passado para a sugestão de ideias para o futuro pode tomar conta e ter um efeito positivo imediatamente.

Outro hack pode ser oferecer treinamento amplo sobre como receber e processar feedback individualmente. Sem alterar nada sobre seus processos de feedback atuais, seu resultado pode ser melhorado, ajudando os funcionários a serem mais eficazes em encontrar o presente no feedback, independentemente de como ele é entregue.

Essas são apenas algumas formas de hackear seus processos atuais enquanto você considera uma solução sistêmica de longo prazo. Onde quer que você encontre um processo que tenha o potencial de prejudicar o sentimento de um relacionamento saudável com o funcionário, hackeie. Faça algumas pequenas alterações e acompanhe o impacto. Tente a solução mais fácil e óbvia primeiro. Se ajudar, fique com ela e passe para o próximo ponto. Se não funcionar, tente algo diferente.

---

### Principais conclusões

- Um sistema de gerenciamento de desempenho bem projetado é a melhor maneira de desbloquear o potencial de desempenho da sua organização, mas não é uma solução rápida. Leva tempo. No entanto, existem também formas de ter um impacto imediato.
- Uma tática para melhorar suas práticas atuais de gerenciamento de desempenho é dar uma parada. Quando um processo ou prática não é apreciado ou o valor é questionável, considere parar a prática para ver se alguém sente falta ou reclama. Em vez de parar tudo junto, considere tornar um processo uma vez obrigatório opcional para ver o efeito que isso tem sobre sua utilização e os resultados gerais de desempenho.
- Use o teste de relacionamento para avaliar e *hackear* seus processos atuais. Quando você suspeitar que alguém possa estar prejudicando o relacionamento, considere quais mudanças simples você pode fazer para melhorá-lo.
- Para um impacto imediato, considere usar as táticas descritas no livro para melhorar um desses três processos de alto impacto: reuniões individuais, expectativas escritas e feedback.

# 17

# Obtendo aceite para mudança e recrutamento de uma equipe de design

Se você é um empresário ou executivo, pode ter pegado este livro porque sabe que precisa melhorar o desempenho organizacional, mas não sabe exatamente o que fazer. Ou você lidera a função de recursos humanos ou desenvolvimento organizacional para sua empresa, e pode ter escolhido este livro porque sabe que suas práticas atuais de gestão de desempenho e engajamento de funcionários não estão funcionando, e procura respostas. Em ambos os casos, você veio à procura de melhorias em termos de sistema que poderiam ampliar drasticamente os resultados em sua organização. *Hackear* alguns processos é bom, mas não é suficiente.

O restante deste livro é para você.

O impacto transformador do conteúdo deste livro não vem quando você desbloqueia o potencial de desempenho de alguns funcionários aqui e ali, mas quando pode construir um sistema que, por meio de seu design e execução, irá desbloquear o potencial de desempenho de todos os funcionários. Esse é o Santo Graal da gestão de desempenho que perseguimos há décadas. Ao longo do livro, referi-me a esse trabalho como a criação de um "sistema de gestão de desempenho". O sistema é uma série de processos interligados que criam uma experiência de empregado que libera desempenho em nível individual e de grupo.

Até este ponto do livro, temos construído uma compreensão mais profunda do desempenho dentro da organização. Ao embarcarmos no trabalho de construção de um sistema, nossa atenção se afasta da prática do gerenciamento de desempenho e, em vez disso, se volta para o gerenciamento de processos e mudanças. Design enquanto um processo é sobre criar coisas com propósito. Vamos usar um processo de design simples de quatro etapas como um guia para primeiro esclarecer seus propósitos, como discutimos inicialmente no Capítulo 3, e depois para identificar, testar e, finalmente, determinar a série de processos que irão criar um sistema de gestão de desempenho que é exclusivamente adequado às necessidades e aspirações da sua organização. Depois vem a parte mais difícil. Mesmo se você projetar o sistema perfeito para a sua organização, há outro fator complicador que precisamos abordar. As pessoas odeiam a mudança, mesmo quando é no seu melhor interesse. Assim, também exploraremos alguns passos fundamentais que ajudarão a mitigar os efeitos da resistência à mudança. Isso incluirá algumas sugestões sobre como envolver outras pessoas no processo como forma de melhorar a probabilidade de adoção rápida.

O que se segue são sugestões e ideias baseadas na minha experiência de como abordar e estruturar um esforço organizacional para realizar esse trabalho. Não é abrangente e não se destina a representar a única maneira de navegar com sucesso. Tal como acontece com todo o resto neste livro, deixo que você decida o que se adequa a si e como adaptar as ideias à sua situação específica. Se você o ler visando a finalidade subjacente de cada passo em vez da abordagem específica, será capaz de adaptá-lo facilmente às suas circunstâncias.

## A defesa da mudança

Uma das minhas grandes frustrações durante o meu mandato no RH corporativo foi a frequência com que nos vimos gastando tempo e energia significativos para construir justificativas e exemplos de negócios para obter permissão para resolver um problema que todos já concordavam que deveria ser abordado. Independentemente de ser válido ou necessário, criar uma justificativa para qualquer projeto de mudança é um ritual dentro da maioria das organizações, particularmente as grandes. Se você tiver a sorte de ser o chefe que pode autorizar as coisas ou se já recebeu luz verde para prosseguir com esse trabalho, por favor, sinta-se livre para pular para a próxima seção. Se não tem tanta sorte, continue a ler.

Para obter o apoio e a participação necessários para um esforço de mudança como esse, você precisará definir claramente o que está tentando realizar e por que isso é importante. Neste ponto, o objetivo não é propor uma solução, mas sim defender a mudança, destacando o que não está funcionando e o custo de não corrigi-lo. Mesmo que pareça que a maioria das pessoas compartilha sua opinião de que a mudança é necessária em relação ao gerenciamento de desempenho, para obter o apoio e os recursos necessários para fazer uma mudança substancial você precisa de mais do que um sentimento positivo.

É importante fornecer evidências de que a abordagem atual não está funcionando e que não tomar medidas para resolvê-lo não é uma opção.

Há uma variedade de lugares para procurar evidências da ineficácia do seu processo de desempenho.

- *Distribuição de classificações.* Se a sua organização usa classificações de desempenho, faça um gráfico da distribuição das classificações para entender se elas refletem uma avaliação precisa e a distribuição de talentos. Muitas vezes, a maioria das classificações reflete "atende" ou "excede" as expectativas, quando o desempenho real revela algo diferente. Se as classificações mostram todos no mesmo nível ou em uma faixa estreita, então o processo não está diferenciando entre bom, médio e mau desempenhos.
- *Dados da pesquisa com os colaboradores.* A maioria das pesquisas de engajamento de funcionários faz perguntas para avaliar a eficácia do gerenciamento de desempenho. Perguntas focadas na clareza das expectativas, no apoio à gestão e na frequência do

feedback podem fornecer dados poderosos de apoio à mudança.

- *Qualidade da documentação.* Uma auditoria da documentação de revisão de desempenho para conteúdo e qualidade pode ter um olhar revelador sobre a eficácia do seu processo atual e a habilidade da sua gerência em avaliar o desempenho. Ao fazer isso, encontramos evidências de conteúdo cortado e colado por mais de um gerente que enviou o mesmo conteúdo de avaliação para um funcionário por vários anos consecutivos.
- *Pontualidade das avaliações.* Se é uma batalha anual para fazer com que os gerentes completem o processo de avaliação de desempenho, isso é um feedback importante em si mesmo. Quando os gestores evitam ativamente um processo que supostamente deveria ajudá-los a fazer o seu trabalho com sucesso, é um sinal claro de que o processo precisa de ser melhorado.
- *Participação executiva.* Um ponto de dados interessante a considerar é a participação dos líderes executivos no processo atual. Se eles não o estão usando ou não o estão usando como projetado, essa realidade pode ser útil para iniciar uma conversa sobre mudança. Se eles não veem valor suficiente no processo para usá-lo, por que forçá-lo sobre todos os outros?
- *Utilização de recursos.* Ao coletar alguns dados simples de gerentes e funcionários sobre o tempo gasto no processo atual, você pode extrapolar as médias para ter uma ideia de quanto tempo está sendo investido em seus processos atuais. Por exemplo, é possível descobrir que os empregados relatam passar uma média de duas horas no processo de avaliação de desempenho entre a preparação das informações, a resposta às perguntas do gerente e a discussão da avaliação real. Além disso, você pode descobrir que os gerentes relatam que gastam pelo menos quatro horas por funcionário no processo. São seis horas por empregado que podem não acrescentar qualquer valor. Se multiplicado pelo total de funcionários, esse número cresce rapidamente. Com o uso de um componente 360 para a avaliação, os números ficam ainda maiores.

Uma vez que tenha reunido evidências em apoio à necessidade de mudança, você precisa juntar tudo isso para pintar um quadro tanto da situação atual quanto do que é possível no futuro. Para isso, é importante criar um breve documento de resumo que possa ser usado como uma peça inicial de conversação e comunicação. No mundo das startups, chamariam isso de seu "deck de arremesso".

---

Esse resumo deve ser um documento formatado de uma página ou alguns slides simples de PowerPoint que incluam as seguintes informações:

- Nome do projeto. Como você chamará este projeto (por exemplo, "gestão de desempenho 2.0") para facilitar a conversa e a referência?
- Descrição. Uma breve visão geral do que você está tentando realizar ou do problema que você está tentando resolver. Isso deve incluir um breve resumo do que está pedindo que apoiem. Por exemplo, "em resposta ao feedback esmagador de que as nossas atuais práticas de gestão de desempenho são ineficazes e pouco apreciadas, formaremos uma força-tarefa multifuncional para rever o estado atual e conceber um conjunto mais eficaz de processos para gerir o desempenho dos colaboradores".
- Provas. Resumo das evidências e dados que revelam o alcance do problema e a necessidade de mudança.
- Impacto potencial. Como a organização, a gestão e os colaboradores irão se beneficiar como resultado da resolução deste problema?

---

Comece por criar um documento de esboço com essas informações. Em seguida, compartilhe-o com colegas de confiança para obter feedback e fazer melhorias. Incentive-os a destacar pontos em seus argumentos e fazer perguntas difíceis. Isso vai forçar você a melhorá-lo. O objetivo é criar um documento que possa ser mostrado aos tomadores de decisão dentro da organização para obter seu apoio.

A forma como você embala formalmente esse documento dependerá da sua organização. No mínimo, certifique-se de que está bem escrito e de que é fácil de compreender. Este documento e a clareza que você ganha por meio de sua criação irão equipá-lo para recrutar apoiadores e criar impulso. No mínimo, este exercício irá ajudá-lo a encontrar e criar maior clareza sobre o escopo da oportunidade perdida que você está experimentando em sua organização. Além disso, ao ocupar o tempo para construir um argumento baseado em evidências para a mudança e apresentá-lo de uma forma polida e profissional, suas chances de ganhar apoio e interesse aumentam dramaticamente. Esse patamar de investimento e de esforço assinala um elevado nível de importância para os encarregados de avaliar se devem oferecer apoio ou aprovação.

Seu objetivo deve ser tornar mais fácil para aqueles que devem dizer sim dar-lhe o seu apoio. Uma vez que o processo de avaliação de desempenho é tão universalmente odiado, essa deve ser uma venda mais fácil do que outros projetos. Uma razão pela qual incluí tantos estudos de caso ao longo do livro é para oferecer histórias inspiradoras que podem ser usadas como prova de que há uma maneira melhor. Compartilhe essas histórias em seu campo para ajudar os líderes a imaginar como será o sucesso quando você tiver projetado e implantado com resultado positivo seu novo sistema.

## Recrutando sua equipe de design

Depois de obter a aprovação e os recursos para prosseguir, você precisará de uma equipe interfuncional para participar de seus esforços de design. Uma razão pela qual muitos processos de RH encontram resistência é que eles são vistos como "processos de RH" em vez de ferramentas úteis para facilitar o trabalho e impulsionar o desempenho. A percepção é de que os procedimentos de RH são impostos à organização, em oposição a atender a uma necessidade ou permitir um resultado. E, como demonstramos, essa reputação é, em grande parte, merecida. Muitos processos de RH foram concebidos tendo em mente a conformidade contratual e não foram criados para serem úteis ao gestor ou empregado.

Para que uma nova abordagem de desempenho seja amplamente adotada, ela deve ser vista como emergindo da própria organização para o bem da organização. Para conseguir isso, você deve alistar líderes e gerentes para se juntar ao projeto.

Na minha experiência, a melhor maneira de consegui-lo é formar uma "força-tarefa" para participar do processo. O papel da força-tarefa é servir tanto como uma equipe de design como um grupo de defesa. A força-tarefa desempenhará um papel vital em assegurar que o sistema projetado seja baseado no processamento e no conhecimento de como o trabalho realmente acontece em toda a organização. Ela fornecerá insumos, opiniões e feedback durante todo o processo. O grupo de trabalho também desempenhará um papel importante como defensor da mudança. Ele vai ajudar a compartilhar a história do projeto e construir apoio para o que vem depois.

Uma força-tarefa eficaz precisa ser pequena o suficiente para ser ágil, mas grande o bastante para representar uma grande parte da organização. Descobri que um bom tamanho de força-tarefa é de dez a doze membros comprometidos.

A chave para um grande grupo de trabalho é identificar as pessoas certas para ele. Um membro bem-sucedido da força-tarefa deve ter estas qualidades:

- um forte desejo de melhorar os processos de gestão de desempenho (ou seja, eles têm uma forte aversão aos processos atuais);
- perspectiva e experiência diversas para contribuir;
- representante de uma área-chave da organização (ou seja, diferentes divisões, locais, etc.);
- influenciador respeitado e confiável dentro da organização (as pessoas o procuram para orientação e liderança).

Conforme você constrói sua força-tarefa, assegure-se de que ela seja diversificada e representativa de uma ampla gama de experiências e perspectivas. Isso deve incluir a diversidade de gênero, raça/etnia, poder, nível de gestão, etc. Quanto mais diversificada for a comissão e mais representativa das diferentes partes da organização, maior será a probabilidade de o resultado ser eficaz e amplamente aceito.

Para alistar membros com sucesso, esteja preparado para discutir com eles as expectativas de servir nessa força-tarefa. Prepare-se para discutir quanto tempo o projeto levará para ser concluído e quanto tempo se espera de cada participante. Isso exigirá a criação de um plano de projeto ou estrutura hierárquica. O próximo capítulo deverá ajudá-lo a criar esse plano. Sua força-tarefa vai querer saber não só quanto tempo o projeto vai durar, mas também quanto tempo é esperado deles em uma base semanal ou mensal. Os melhores membros da força-tarefa estarão em alta demanda, porque o que os torna valiosos para você os torna valiosos para todos os outros também. Você vai ter de estar atento a isso. Seja objetivo em onde e como lhes pede tempo. E certifique-se de que, sempre que os solicitar, tenha um propósito claro para o projeto.

É fundamental definir com antecedência a expectativa de que os membros da força-tarefa devem representar e pensar amplamente sobre a organização, e não simplesmente expressar suas próprias opiniões. Outra expectativa a compartilhar é que, como membro da força-tarefa, eles serão ocasionalmente solicitados a compartilhar o trabalho da força-tarefa com colegas para solicitar feedback e construir apoio.

A criação de uma força-tarefa pode parecer uma forma complicada de abordar o processo. É verdade que, quanto mais pessoas estiverem envolvidas, mais lento será o processo e mais difícil será chegar a um consenso sobre quaisquer decisões. Seria muito mais rápido simplesmente pegar algumas ideias deste livro e projetar um sistema. Fazer isso permitiria que você tivesse um novo sistema criado no próximo mês e provavelmente seria uma melhoria em seu processo atual. Esse atalho de criar processos e forçá-los na organização é parte da razão pela qual nos encontramos nessa confusão. Lembre-se do teste de relacionamento. Se você estivesse contemplando grandes mudanças em sua família, certamente envolveria outras pessoas nesse processo de tomada de decisão em vez de simplesmente fazer um telefonema e esperar pelo melhor.

Para ser claro, a abordagem de usar uma força-tarefa não se destina a otimizar a velocidade ou a eficiência. O objetivo é projetar um sistema culturalmente calibrado que não seja apenas altamente eficaz para aqueles que o usam, mas que também seja rápido e amplamente adotado para ter o maior impacto possível na melhoria do desempenho. Lembre-se, as pessoas resistem a qualquer mudança, muitas vezes até mesmo àquilo que as beneficia. E resistirão duplamente a mudanças que não entendem. Uma boa força-tarefa, usando um processo de design sólido, produzirá um sistema muito melhor que parecerá que foi construído pela empresa, não imposto a ela.

## Principais conclusões

- Nome do projeto. Como você chamará este projeto (por exemplo, "gestão de desempenho 2.0") para facilitar a conversa e a referência?
- Descrição. Uma breve visão geral do que você está tentando realizar ou do problema que você está tentando resolver. Isso deve incluir um breve resumo do que está pedindo que apoiem. Por exemplo, "em resposta ao feedback esmagador de que as nossas atuais práticas de gestão de desempenho são ineficazes e pouco apreciadas, formaremos uma força-tarefa multifuncional para rever o estado atual e conceber um conjunto mais eficaz de processos para gerir o desempenho dos colaboradores".
- Provas. Resumo das evidências e dados que revelam o alcance do problema e a necessidade de mudança.
- Impacto potencial. Como a organização, a gestão e os colaboradores irão se beneficiar como resultado da resolução deste problema?

# 18

# O processo de design e como evitar a armadilha da melhor prática

Design, em uma definição simplificada, é a criação de algo com uma intenção clara. Aplicar o design aos processos das pessoas começa por articular o impacto que se deseja que o seu trabalho tenha sobre os outros. Se você já planejou uma festa de aniversário para seu filho ou uma festa surpresa para um ente querido, você já pode ter experimentado informalmente como é desenhar processos e experiências de pessoas.

Mesmo antes de começar a planejar, você provavelmente tinha uma boa ideia de como queria que a festa os fizesse sentir. Para o seu filho, você pode ter querido que ele sentisse que era a melhor festa de aniversário *da vida*. Para o seu ente querido, o objetivo poderia ter sido fazer com que ele se sentisse repleto de amor e alegria.

Os primeiros passos do design incluem saber para quem você está projetando e declarar como quer que eles se sintam. Isso vale tanto para se você estiver planejando uma festa de aniversário quanto um processo no trabalho. Embora possa parecer óbvio, o ritmo frenético de nosso trabalho e vida muitas vezes significa que saltamos esses passos.

Desejamos uma solução rápida. Assim, em vez de passarmos o tempo focados no trabalho e no design, olhamos à nossa volta para ver o que mais alguém está fazendo, na esperança de encontrar um atalho. Que tipo de festa de aniversário o vizinho fez para o filho? Como as outras organizações da nossa indústria lidam com esses processos?

Vamos imaginar que você tenha sido encarregado da tarefa de melhorar o nível de habilidade dos gerentes dentro de sua organização. Se você usasse o processo de design, como já vai aprender, iria começar por fazer alguma pesquisa e investigação para entender o estado atual da habilidade de gestão mais profundamente e por que a melhoria está sendo requerida. Por meio desse trabalho de descoberta, você desenvolveria uma compreensão mais clara do problema que está tentando resolver. Mas quem tem tempo para isso? Certamente, a sua organização não é a primeira a ter este problema. Uma busca rápida na internet revela milhares de soluções de treinamento em gestão e estudos de caso. Algumas até são rotuladas de "melhores práticas" com base no sucesso que outras organizações encontraram em usá-las. Se funcionou para eles, certamente funcionará para sua empresa. Você encontrou sua solução rápida.

As melhores práticas tornaram-se o atalho de escolha no mundo corporativo ao longo das últimas décadas. Adoramos as melhores práticas porque parecem ser de baixo risco. Ninguém é despedido por implementar uma "melhor" prática. Além disso, é muito mais rápido aplicar uma melhor prática ao seu problema do que ter o trabalho de criar a sua própria solução a partir do zero. A perpetuação desse hábito é um dos principais fatores que nos deixam tão atrasados na prática da gestão do desempenho.

As melhores práticas podem ser perigosas. "Qual é a melhor prática para isto?" Essa pergunta é feita diariamente em escritórios e salas de reuniões em todos os lugares. Parece ser a pergunta certa a fazer. Por que não olhar para outras organizações que enfrentaram um problema semelhante e depois fazer a mesma coisa que fizeram para resolvê-lo?

Em primeiro lugar, a própria noção de melhor prática é imperfeita. As organizações são complexas e únicas. Mesmo quando duas empresas estão no mesmo negócio, elas são formadas por pessoas diferentes e uma cultura corporativa resultante que torna o seu próprio ambiente único. Devido a essa complexidade, muitas vezes é difícil ou impossível isolar exatamente por que uma determinada prática ou processo funciona em uma determinada organização. O contexto em que qualquer prática foi aplicada é crítico e, muitas vezes, ignorado ao tentar compreender a sua eficácia. Às vezes, o tempo e a sorte podem ter tanto a ver com o porquê de uma prática ter tido êxito como a própria prática.

Não existem "melhores" práticas universais. Existem apenas as "corretas" dado o seu contexto e objetivos específicos. As melhores práticas são, muitas vezes, assumidas como as melhores para todos e são aplicadas como se não pudessem falhar ou causar danos. A avaliação de desempenho anual é um excelente exemplo. Foi provavelmente uma prática razoavelmente eficaz quando implantada pela primeira vez em ambientes de trabalho sindicalizados, onde o trabalho realmente era um contrato. Mas foi então perpetuada durante décadas como "melhor prática" em contextos organizacionais muito diferentes, em que o trabalho era muito diferente do que tinha sido no passado. Em retrospectiva, é óbvio que as avaliações de desempenho não têm sido "boas" práticas há mais de meio século, considerando a natureza mutável do trabalho. Mas eles persistiram, no entanto, porque todos as trataram como boas práticas. Às vezes, os atalhos que você toma podem parecer mais rápidos, mas acabam por levá-lo na direção errada.

A outra questão que se prende com as melhores práticas é que elas são, necessariamente, antigas. Uma boa prática ganha o seu rótulo ao longo do tempo. É criada em uma organização e usada com algum sucesso. Essa prática é então compartilhada ou transportada para outra organização por um empregado. Essa nova organização, então, aplica a prática e encontra alguns resultados positivos. Esse ciclo continua até que um número suficiente de pessoas tenha ouvido falar dessa abordagem e seja rotulado de "melhor prática". Isso leva tempo, muitas vezes anos e, por vezes, décadas. Em uma economia global volátil e dinâmica, confiar em práticas concebidas há anos ou décadas para resolver novos problemas é irracional e está condenado ao fracasso.

Não estou sugerindo que todas as melhores práticas sejam más.

Rotulá-las como "melhores" que é perigoso. São simplesmente práticas que funcionaram para outros, dado o contexto de sua organização na época. Quando não aplicamos o design à criação de novos processos e sistemas, é fácil sermos seduzidos pela promessa de melhores práticas. Ao aplicarmos alguns princípios básicos de design, somos forçados a clarificar as nossas intenções e a fundamentá-las em quem estamos projetando. Quando fazemos isso, podemos avaliar práticas ou soluções através das lentes do nosso contexto específico para explorar se elas são adequadas para nós. O design ajuda-nos a evitar a armadilha das melhores práticas.

Há uma variedade de maneiras de abordar e articular um processo de design. Entre os mais simples e fáceis de aplicar, está um de quatro passos criado pelo Conselho de Design do Reino Unido. Este processo "diamante duplo" descreve o design como tendo quatro etapas: descobrir, definir, desenvolver e entregar (Design Council UK, 2018).

**Figura 9** Diamante Duplo do Conselho de Design, criado em 2004

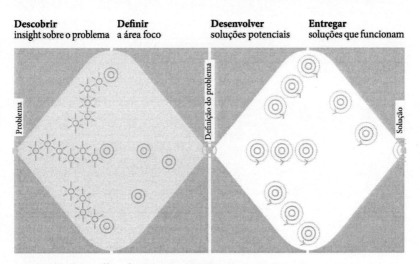

FONTE © Conselho de Design 2018

# Processo de design 4D

1. **Descobrir**. O primeiro passo é a pesquisa. O(s) designer(s) trabalha(m) para ganhar uma compreensão profunda do problema e da situação, incluindo quem será impactado e suas necessidades e motivações. Ele coleta informações e analisa o ambiente tentando ver o desafio de maneiras novas e diferentes.

2. **Definir**. A próxima fase é apurar e dar sentido ao que foi aprendido na fase de descoberta. Como o rótulo implica, trata-se de definir mais claramente o que está sendo projetado e as intenções que irão conduzir decisões sobre isso. Esta etapa do processo envolve lidar com questões como "o que é mais importante?" e "o que deve ser abordado primeiro?" O objetivo da fase de definição é a clareza do desafio de design.

3. **Desenvolver**. É nesta fase que são criadas ou identificadas potenciais soluções e práticas. Estas são então avaliadas, testadas e repetidas. Este processo pode incluir a criação de soluções a partir do zero ou a aplicação de ideias de outros locais que pareçam ser potencialmente valiosas. É neste processo que você busca feedback e usa pilotos para validar que uma solução é a certa para a sua organização ou equipe.

4. **Entregar**. Ao validar a solução ou os processos corretos, é aqui que ela é operacionalizada e lançada para a organização. É aqui que o trabalho é feito para apoiar e escalar a implementação do produto final projetado, processo ou experiência.

Não há nada de mágico nesse processo além do fato de que ele nos lembra de trabalhar com propósito e informação na criação de soluções. Também enfatiza a importância de usar ciclos de criatividade, ou divergência, para identificar muitas soluções possíveis que podem, então, ser reduzidas até a melhor opção usando feedback e testes (convergência).

Uma vez que você tenha formado sua força-tarefa para potencializar o processo de design para seu novo sistema de gestão de desempenho, o quadro 4D é uma ótima maneira de estruturar o trabalho a ser feito para o projeto.

## Descobrir e definir

O trabalho árduo de qualquer projeto de design está nos dois primeiros passos. É preciso tempo e esforço para entender a situação atual, identificar necessidades e esclarecer intenções. Tudo isso precisa ser articulado claramente de uma forma que possa atuar como um guia para a criação e seleção de processos que, em última instância, constituirão o seu sistema de gestão de desempenho. No Capítulo 3, revisamos o código de cultura Hubspot e o manual de The Motley Fool como exemplos desse tipo de clareza.

O resultado das duas primeiras etapas do projeto deve definir a experiência do empregado que você pretende criar. Isso será a base para todo o resto que fizer. Você também vai identificar onde as maiores lacunas e oportunidades estão entre a situação atual e o estado futuro desejado.

O primeiro esforço de descoberta deve se concentrar no que sua organização está comunicando atualmente sobre a experiência do funcionário. Examine o ambiente em busca de documentação de qualquer coisa que possa ser interpretada como impactando a experiência do funcionário. Os valores corporativos e os manuais de políticas são exemplos que a maioria das organizações geralmente tem em vigor. A marca do empregador, os documentos de cultura e as competências de liderança dão pistas sobre a experiência pretendida (e não intencional) do funcionário que a sua organização está tentando criar. A atual gestão de desempenho e outros processos de RH também são importantes nesta revisão. Qualquer coisa que forme a experiência atual do funcionário ou que sugira as aspirações da organização é valiosa de se considerar.

O processo de descoberta também pode exigir algumas entrevistas e conversas com líderes-chave para obter mais clareza sobre o tipo de experiência que a organização deseja criar. Como quer que os empregados se sintam em relação ao trabalho?

Você também pode conduzir grupos focais com funcionários para obter uma melhor compreensão da experiência atual. Se a sua organização realiza pesquisas com funcionários, os resultados também podem ser uma grande fonte de informações sobre o estado atual.

---

Questões-chave a explorar sobre a experiência do colaborador:

- Que tipo de experiência parece que estamos criando hoje?
- Quais parecem ser as nossas intenções sobre a experiência do colaborador com base no que está sendo comunicado hoje?
- Como a nossa cultura desejada impacta a experiência que queremos criar?
- Como queremos que os empregados se sintam em relação ao trabalho?
- Como podemos articular de forma mais clara a experiência que pretendemos dos nossos colaboradores?

---

Uma vez que você tenha feito sua pesquisa de descoberta, vem a parte difícil: refiná-la em uma articulação clara e compreensível de suas intenções. Ver uma definição como essa, é inspirador e convincente. O código de cultura da Hubspot é divertido de ler e pinta uma imagem clara de sua cultura esperada e ambicionada. Chegar a uma articulação que seja clara e convincente requer um esforço diligente. Você vai precisar de ajuda.

Na minha experiência, solicitar ajuda neste ponto do processo pode salvar vidas. Às vezes, pode vir na forma de suas equipes internas de marketing e comunicação, que têm a experiência em refinar e articular mensagens claras. Outras vezes, requer a contratação de uma equipe externa de consultoria para ajudar. Descobri que trazer um parceiro externo que tenha experiência em ajudar as empresas a definir e capturar sua cultura ou marca de empregador é inestimável. Uma razão é que, por não serem da empresa, eles geralmente podem ver e articular as coisas mais claramente. A equipe também tem experiência em fazer esse trabalho, o que significa não só melhores resultados, mas também resultados mais rápidos.

Independentemente de onde (ou se) você encontrar ajuda, a parte do processo de definição que é mais importante são os ciclos de feedback. Quando sentir que capturou a experiência ou cultura desejada do funcionário, leve isso de volta aos líderes e funcionários para obter feedback. Pergunte-lhes como se sentem. Pergunte-lhes o que falta. Pergunte-lhes o que ainda não está funcionando e por quê. Pegue o feedback e repita. Melhore a sua articulação e depois volte para obter mais feedback. Continue fazendo isso até que o feedback valide o que você está tentando capturar. Dependendo do tamanho e do escopo da sua organização, isso pode levar algum tempo. Mas vai valer a pena no final.

Quando chegar ao fim do passo de "definir" sua experiência de funcionário, você deve ter uma definição clara da experiência que está tentando criar. A forma específica como você articula e documenta isso deve se encaixar com suas normas organizacionais e cultura. O importante é que seja claro e possa ser usado para informar decisões sobre como os processos irão mudar e evoluir. E deve ser específico o suficiente para que você possa medi-lo no futuro por meio do feedback dos funcionários.

O exemplo do Farm Credit Services of America, no Capítulo 5, mostra como isso pode parecer. Como um lembrete, eles definiram a sua cultura por meio de um conjunto de declarações "nós somos". Essas declarações, consideradas em conjunto, falam sobre as experiências do funcionário e do cliente que pretendem criar. Cada uma delas é depois ilustrada por expectativas comportamentais específicas para facilitar o alinhamento dos empregados e líderes com as suas ações O exemplo partilhado foi "*somos servidores*". Uma das expectativas comportamentais em apoio a isso é "*busca contínua de maneiras de melhorar a experiência do cliente e do colaborador (incluindo a remoção de barreiras e o fornecimento de soluções)*". É fácil ver como essa expectativa se presta à medição, treinamento e feedback.

Ao projetar um novo sistema de gerenciamento de desempenho, também é importante fazer alguma pesquisa de descoberta com relação às suas práticas atuais de gerenciamento de desempenho. Este é um ótimo lugar para envolver a sua força-tarefa e pedir-lhes para ajudar na coleta de dados. O objetivo deste processo é recolher o feedback dos colaboradores e gestores sobre a situação atual e compreender as suas necessidades e desejos relativos à forma como esta pode ser melhorada.

Essa pesquisa é um passo importante no processo. Em vez de supor como os funcionários e gerentes se sentem sobre o processo, pergunte a eles. Se você fizer as perguntas certas, aprenderá do que gostam e do que não gostam no processo. E pode validar parte do que sente que está faltando. Além de oferecer um grande feedback e sugestões no processo, esta etapa de pesquisa serve a outros propósitos. Por um lado, é uma forma ativa de demonstrar aos empregados e gestores que a sua contribuição é importante para moldar quaisquer decisões feitas sobre o novo processo. Isso é útil na criação de um aceite da mudança quando ela vier.

Ao pedir à força-tarefa para participar na coleta dessa informação, cria-se um envolvimento mais profundo para eles no processo. Quando eles ouvem as histórias e experiências das pessoas diretamente, isso, muitas vezes, aumenta seu compromisso e energia com o projeto. Também constrói sua compreensão da dinâmica da gestão de desempenho.

Na minha experiência, é valioso dar à força-tarefa uma atribuição específica. Peça a cada membro para entrevistar dez pessoas em diferentes níveis e em diferentes papéis dentro da organização. O objetivo é obter um amplo feedback a partir de uma variedade de perspectivas. Forneça-lhe uma pequena lista de perguntas para usar nas suas conversas.

O guia de entrevista deve incluir perguntas como:

- Como você se sente sobre o atual processo de gestão de desempenho/avaliação de desempenho?
- Do que gosta nisto?
- O que odeia nisto?
- O que mudaria neste processo?
- O que falta no processo?

Cada membro da força-tarefa deve apresentar os resultados de suas conversas na próxima reunião. Uma vez que cada membro tenha compartilhado suas descobertas, trabalhe em conjunto para resumir as descobertas coletivas e identificar respostas comuns para cada uma das perguntas da entrevista.

Para reunir essa informação em uma definição do que você precisa para projetar em seu sistema de gerenciamento de desempenho, conduza sua força-tarefa por meio de uma análise do estado atual pela lente de sua experiência do funcionário desejada e dos três processos-chave de um sistema de gerenciamento de desempenho explicado neste livro: planejamento, cultivo e responsabilidade. Pode ser útil pedir à sua força-tarefa que leia as Seções 2, 3 e 4 deste livro para fornecer base e estrutura para a conversa.

As três perguntas abaixo podem fornecer uma estrutura para essa conversa:

- **O que já está funcionando?** Comece por identificar o que no seu processo e abordagem atuais está funcionando eficazmente. Quais processos ou práticas apoiam a experiência do colaborador a que você visa? Quais práticas são eficazes na construção de um sentido de relação? Por exemplo, você já pode ter medidas objetivas de desempenho em vigor que fariam parte de qualquer processo melhorado no futuro. Ou talvez os seus gerentes façam *check-ins* semanais com os empregados. Identificar o que está funcionando ajuda a evitar fazer mudanças desnecessárias e garante que você possa aproveitar os pontos fortes existentes.
- **O que ainda não está funcionando?** Esta será uma lista de coisas do seu processo atual que não estão alinhadas com a experiência pretendida do funcionário e que estão prejudicando relacionamentos ou falhando na entrega do impacto necessário. Por exemplo, alguns gerentes podem estar tendo reuniões individuais com seus funcionários, mas elas acontecem raramente, com pouca ou nenhuma estrutura, portanto não são vistas como tendo um impacto positivo sobre o desempenho. Você adicionaria reuniões individuais a esta lista porque, embora sendo uma boa prática, elas não estão funcionando em sua forma atual. Os itens que aparecem nesta lista são coisas que provavelmente farão parte de um novo processo, mas de uma forma nova e melhorada. Ao criar esta lista, também é importante compreender por que estes itens são incluídos e como você acredita que eles poderiam ou deveriam ser melhores.
- **O que falta?** É nesta discussão que você identifica onde existem

as lacunas no seu processo atual. Um exemplo pode ser que seu processo atual se concentre exclusivamente em motivadores extrínsecos para os funcionários (aumentos de salário, bônus anuais, etc.) sem foco em motivadores intrínsecos. Com base no que sabemos sobre desempenho, essa seria uma grande lacuna a ser abordada no seu novo processo.

No final da descoberta e definição de metade do processo de design, você deve ter clareza sobre que tipo de experiência do funcionário está tentando criar e por quê. Você também deve ter uma noção de onde já está fazendo as coisas direito e onde as maiores lacunas ou questões existem. Agora é hora de passar para a fase de desenvolvimento para explorar como abordar essas lacunas e projetar um sistema para garantir que você está criando uma experiência para os funcionários que irá desbloquear o seu potencial.

---

## Principais conclusões

- Design, mais simplesmente definido, é criar algo com uma intenção clara. Aplicar o design aos processos das pessoas começa com a articulação do impacto que se deseja que o trabalho tenha sobre os outros.
- As melhores práticas podem ser perigosas. Não existe uma melhor prática, apenas uma "prática certa" para a sua organização. A eficácia de uma prática é sempre específica ao contexto. O design é o oposto do pensamento da melhor prática.
- A descoberta é o primeiro passo do design, e implica pesquisar e investigar para entender o estado atual e o desejado tanto da experiência de empregado como da gerência de desempenho.
- A definição é a segunda etapa do projeto, em que o trabalho de descoberta é usado para criar uma articulação clara da experiência do funcionário pretendida. Uma definição bem-sucedida requer muitas vezes ajuda e várias rodadas de feedback. Conseguir clareza é um desafio, mas vale a pena.

## Referência

Design Council UK. Design: What is the Double Diamond?, 2018. Disponível em: https://www.designcouncil.org.uk/news-opinion/design-process-what-double-diamond. Acesso em: 3 maio 2018.

# 19

# Desenvolvendo e testando o seu sistema de gestão de desempenho

Quando a maioria das pessoas pensa em design, esta é a parte do processo que elas almejam. Criar novos produtos ou processos para resolver um problema. Essa é a parte divertida do design para a maioria das pessoas porque é uma oportunidade para ser criativo e inovar. É onde o *brainstorming* e as grandes ideias entram em jogo. É onde as perguntas que começam com "e se nós..." e "como nós poderíamos" são não só bem-vindas, mas também encorajadas.

O trabalho árduo feito nas etapas de Descobrir e Definir deve fornecer uma compreensão clara da experiência que você está tentando criar, a eficácia de suas abordagens atuais e as oportunidades que precisam ser aproveitadas. O passo Desenvolver no processo de design é uma etapa de divergência, em que o objetivo é visualizar e considerar muitas soluções possíveis como uma forma de encontrar a solução certa. É aqui que as Seções 2 a 4 deste livro podem servir de guia e inspiração para o seu trabalho. Se você se lembra, eu me referi a esta seção como um "livro de receitas" cheio de ideias para considerar, experimentar e adaptá-las às suas necessidades. É assim que o encorajo a usá-las.

Se ficarmos por um momento com a metáfora de cozinhar, o sistema de gestão do desempenho é a refeição, e você (e a sua equipe) é o chefe que a prepara. Para que essa refeição seja boa, deve ter o equilíbrio certo de ações complementares. Nesse caso, essas ações são chamadas de planejamento, cultivo e responsabilidade. Para decidir o que entra em cada ação, você deve primeiro conhecer seu público e que tipo de refeição está criando. Esse trabalho você já fez nos passos Descobrir e Definir. Só então você deve começar a procurar receitas e outra inspiração para o que pode preparar.

Se cozinhar não é a sua onda, vamos ser mais claros. Seu sistema de gerenciamento de desempenho deve incluir processos de planejamento, cultivo e responsabilidade para ser eficaz. Determinar quais processos ou abordagens serão adequados para a sua organização é o objetivo desta fase. Para encontrar a abordagem certa, é útil rever uma variedade de diferentes exemplos para inspiração. Às vezes, a abordagem correta pode ser encontrada olhando para o que outra organização fez e adaptando-a ao seu contexto. Uma vez ouvi alguém descrever pesquisa e desenvolvimento (R&D, em inglês) como "roubo e duplicação". Ao contrário do que pensam as melhores práticas, não se trata de procurar aquela melhor prática que não pode falhar, mas sim de avaliar as que podem ser "práticas certas" para sua empresa, uma vez que elas são adaptadas e testadas.

Você pode decidir que precisa criar algo a partir do zero se nenhuma das coisas que vê em outro lugar se parece com o que precisa. Por exemplo, a maioria das abordagens de feedback usadas nas organizações hoje em dia não são projetadas com uma boa compreensão das relações, da psicologia humana ou da ciência do cérebro. Assim, encontrar inspiração para um melhor processo de feedback em outras organizações pode ser desafiador. Há alguns bons exemplos compartilhados anteriormente no livro, como o almoço de feedback da Menlo, mas há muitas outras maneiras de abordar o feedback positivamente. Em vez de aplicar a abordagem de outra pessoa, você pode decidir se concentrar no que pode aprender sobre como os seres humanos processam feedback e buscar algumas novas abordagens que poderiam ser testadas e desenvolvidas especificamente para o seu contexto organizacional.

Conforme começar a desenvolver seu sistema, defina o desenvolvimento de soluções para cada um dos processos de desempenho individualmente no início para garantir que o processo geral não pareça sobrecarregado. Ao usar os capítulos anteriores deste livro, você pode guiar sua força-tarefa por meio do processo para identificar e considerar soluções potenciais para cada processo: planejamento, cultivo e prestação de contas.

Por exemplo, ao desenvolver possíveis abordagens para o plano de desempenho, use estas perguntas para orientar sua exploração:

- Como vamos garantir que todos tenham expectativas claras, tanto individualmente como em relação à equipe?
- Como podemos tornar as expectativas culturais relacionadas ao comportamento e aos valores mais claras?
- Como podemos tornar mais significativo o estabelecimento de metas e prioridades?
- Que abordagem podemos utilizar para garantir que os trabalhadores tenham o apoio e os recursos de que necessitam para serem bem-sucedidos?

Haverá muitas respostas possíveis para cada uma dessas perguntas. Os estudos de caso compartilhados ao longo do livro têm a intenção de demonstrar que existem muitas maneiras eficazes de abordar qualquer um desses processos. Ao considerar uma ampla gama de opções, é mais provável que você encontre a que melhor se adapta à sua cultura e equipe.

Quando sua força-tarefa identificar processos ou abordagens que acha que podem ser um ajuste possível para a organização, use as seguintes perguntas como um quadro para delinear o processo. Estas perguntas levam a pensar amplamente sobre o impacto do processo e, ao mesmo tempo, a definir especificações suficientes para garantir que haja clareza sobre como o processo funcionaria.

Questões de design de processos:

1. Nome/descritor: Como vamos chamar isto?
2. Detalhes: Como funcionará todo o processo?

3. Racional: Por que esta abordagem é correta para nós?
4. Função dos empregados: Qual é a responsabilidade dos empregados? O que é que eles vão fazer?
5. Função de gerente: Qual é a responsabilidade dos gerentes? O que eles vão fazer?
6. Outros papéis: Quem mais está envolvido? O que eles vão fazer?
7. Frequência: Quantas vezes vai acontecer?
8. Tecnologia: Como a tecnologia pode melhorar ou possibilitar este processo?

Dependências: Que outros processos de desempenho serão impactados?
Saídas: Quais são as medidas de sucesso para o processo?

Depois de colocar uma variedade de soluções na mesa para consideração, use essas perguntas para criar uma conversa que garanta o alinhamento com suas intenções. Isso o ajudará a começar a estreitar a lista com aqueles que podem ser mais adequados para a sua organização:

1. Esta abordagem passa no teste de relacionamento? Como constrói uma relação?
2. Como esta abordagem cria a experiência que pretendemos para os nossos colaboradores?
3. Por que acreditamos que esta solução é a melhor para nossos funcionários?

Conforme você trabalha na definição de abordagens para cada um dos três processos, é provável que encontre algumas que atendam ou impactem várias necessidades quando as esboçar com mais detalhes. Por exemplo, uma reunião um a um regular entre o gerente e o funcionário poderia ser intencionalmente projetada para ter impacto em todos os três processos: planejamento, cultivo e responsabilidade. Outros processos, como o estabelecimento de metas, podem ser mais limitados no foco.

# Entregar

Uma vez que sua força-tarefa tenha trabalhado no processo divergente de imaginar e desenvolver soluções potenciais, é hora de entrar na quarta fase do projeto, entregar. Essa fase tem duas partes. Você começa com testes e feedbacks para identificar quais das possíveis soluções que identificou compreendem o conjunto correto de processos para o seu sistema. Esse é um exercício de testar, repetir e validar quais soluções são de fato as práticas certas para a sua organização.

A segunda parte é implantar e implementar o novo sistema. Um novo sistema não é de grande utilidade a menos que a organização saiba sobre ele e o use. Esse trabalho é geralmente referido como gerenciamento e adoção de mudanças. Há livros inteiros escritos sobre esses temas, então não vamos nos aprofundar em nenhuma das áreas, porque não haveria maneira de fazer justiça a eles em poucas páginas. O que vamos rever são algumas recomendações gerais e dicas que achei eficazes por meio da minha pesquisa e da minha própria experiência.

## *Testes e feedback*

A etapa de entrega do processo de design nos leva a pensar como um empresário. Assim, você não pode ter qualquer sucesso se os seus potenciais clientes não gostarem ou não consumirem o seu produto. Antes de trazer um novo produto para o mercado, um empreendedor inteligente solicita feedback e testa variações do produto com os clientes para melhorar sua probabilidade de sucesso. O mesmo se aplica ao desenvolvimento de um novo "produto" de gestão do desempenho para gestores e trabalhadores. Antes de lançar algo de forma geral, é uma boa ideia buscar algum feedback e fazer alguns testes com aqueles que terão mesmo de usá-lo.

Existem várias maneiras de coletar feedback. Sua força-tarefa é seu primeiro grupo focal, certamente, mas como eles participaram do design e seleção de processos, pode ser difícil manter a objetividade necessária para avaliar verdadeiramente o impacto de um novo processo. As duas formas mais comuns de validar e testá-lo são grupos focais e pilotos.

## Revisão do grupo focal

Uma forma de obter rapidamente feedback sobre novos processos de desempenho é por meio de grupos focais. Ao compartilhar seu design de processo com um grupo de funcionários ou gerentes, você pode, no mínimo, medir as reações iniciais ao projeto. Uma vez que um dos objetivos deste projeto é criar um sistema que suporte uma experiência de funcionário que se pareça com um relacionamento saudável, esse tipo de feedback é crucial. Se um funcionário ou gerente reage negativamente a um dos seus novos designs quando simplesmente ouve falar dele, isso é provavelmente um sinal de que o design não está certo.

Lee Burbage, da The Motley Fool, resumiu como eles abordam os processos de design desta forma: "Nós optamos pelo atraente em vez do obrigatório." Com isso, ele quis dizer que os processos devem ser projetados de forma que os gerentes e funcionários queiram usá-los. Outra maneira de ver esta ideia seria que se você tiver que exigir que um funcionário ou gerente use seu processo, ele provavelmente não foi muito bem projetado. A resistência e a relutância dos participantes são feedback sobre o próprio processo. Trate-o como um sinal de que você pode precisar fazer algumas alterações.

Ao conduzir grupos focais para obter feedback sobre um novo processo ou processos, um bom resultado não é necessariamente uma aprovação universal e nenhuma crítica. Haverá sempre algumas críticas baseadas em diferentes preferências e experiências individuais. Particularmente devido à natureza desses processos de desempenho, algumas das críticas e ceticismo podem dever-se simplesmente a experiências passadas que têm pouco a ver com o que você projetou. Como indivíduo, se você sempre teve más experiências quando recebeu feedback, pode ser difícil aceitar que ele não é inerentemente desagradável. Se alguém tem isso como uma crença internalizada, qualquer menção de feedback é suscetível de desencadear uma resposta negativa. Essa pessoa provavelmente nunca demonstrará o mínimo de entusiasmo em qualquer novo sistema de feedback. No entanto, ouça com atenção as suas respostas, porque você vai precisar desenvolver a confiança deles ao longo do tempo. Ao compreender seus medos, você pode ser capaz de aliviar algumas de suas preocupações por meio da comunicação e do treinamento.

Os grupos focais podem fornecer alguns insights robustos sobre como os novos processos podem ser recebidos pelos funcionários e gerentes. Alguns desses comentários podem ser úteis para melhorar o próprio processo e outros podem ajudar a moldar como a comunicação e a gestão da mudança podem ser vistas.

## Programas piloto

A melhor maneira de validar um novo processo ou sistema é realmente testá-lo no ambiente de trabalho, para permitir que os gerentes e funcionários o experimentem. Esses testes são muitas vezes chamados de "pilotos". O objetivo de um piloto é testar o conceito e o design de um processo em uma fase inicial para garantir sua eficácia. Essa é uma boa maneira de garantir que, antes de investir substancialmente na construção de uma solução para toda a organização, você possa validar que é provável que ela tenha o impacto desejado.

Em um piloto, um líder normalmente se voluntaria para implantar o sistema ou novo processo em seu grupo por um período fixo de tempo para ver como ele funciona e medir o impacto. O objetivo de um piloto é validar que a concepção do processo funciona como pretendido, tanto em termos de impacto no desempenho como de maturidade do empregado. O piloto gera feedback sobre a experiência dos participantes do processo e fornece evidências de como ele funciona bem na produção dos resultados pretendidos.

Ao criar um piloto, a questão da tecnologia e da formação surge frequentemente. Se você estivesse implementando uma solução de forma ampla, provavelmente procuraria uma plataforma de tecnologia para automatizar e fazer o processo funcionar da forma mais suave possível para os envolvidos. Você também prepararia algum treinamento formal e recursos de apoio para ajudar a garantir que as pessoas estivessem mais bem equipadas para usar o sistema. Esse tipo de investimento de recursos e tempo muitas vezes não é prático para um programa piloto.

Ao desenvolver o piloto, você não está procurando testar a solução ideal, mas sim a maneira mais simples de validar que o processo funcionará. Por exemplo, vamos supor que você está procurando testar um novo processo de planejamento que envolve a criação de metas trimestrais entre gerente e funcionário com atualizações compartilhadas sobre o progresso a cada duas semanas. Para ter um piloto eficaz, você precisa garantir que os gerentes e funcionários tenham as habilidades para definir e atualizar essas metas. Você também precisa de uma maneira para que os objetivos sejam capturados, compartilhados e atualizados de forma colaborativa durante todo o trimestre.

Se você estivesse preparando o processo para uma ampla implementação, poderia criar materiais de treinamento formal ou vídeos sobre definição e medição de metas para disponibilizar sob demanda. Para facilitar o processo, você pode comprar o acesso a uma tecnologia de gerenciamento de desempenho ou meta. Mas, para um piloto, teríamos uma abordagem mais rápida e leve do processo. Em vez de criar materiais de treinamento formal, você pode programar algumas aulas de treinamento menos formais ou *webinars* para os funcionários e gerentes envolvidos no piloto para dar a eles o que precisam para começar. Quanto à tecnologia, poderia ser desenvolvida uma forma simples de folha de cálculo para ajudar a estruturar o processo. A abordagem de treinamento e tecnologia para o piloto pode não ser escalável ou ideal para uma implantação completa, mas desde que os fundamentos do processo funcionem e possam ser testados, então ele funciona.

Mais uma nota sobre tecnologia a considerar. Nos últimos anos, explodiu a disponibilidade de boas ferramentas para os vários processos de gestão do desempenho. A maioria dessas ferramentas está disponível como plataformas on-line que são acessíveis e fáceis de usar, especialmente para implantação em equipes menores. Ao configurar um piloto, pode valer a pena procurar uma ferramenta que seja simples e fácil de implementar. Embora não seja crítico, ter uma boa ferramenta para automatizar um piloto pode ter um impacto positivo na experiência do usuário e fornecer melhores informações sobre como o projeto pode funcionar quando totalmente implementado na organização.

**ESTUDO DE CASO** The Behavioural Insights Team

Mia Samaha, de The Behavioural Insights Team, em Londres, tem usado pilotos para desenvolver os processos de gestão de desempenho na sua organização. Depois de dois diretores diferentes em áreas separadas da organização terem perguntado sobre como melhorar os processos de feedback dentro de seus grupos, ela organizou um programa piloto para os dois grupos. Eles projetaram coletivamente um processo, encontraram uma ferramenta de tecnologia flexível da empresa de tecnologia Small Improvements para apoiá-lo e, em seguida, implementaram seu uso.

Como os funcionários e gerentes desses grupos-piloto têm usado o novo processo de feedback, eles também têm questionado os participantes sobre suas experiências com o novo processo. Ao coletar prós e contras dos usuários regularmente, eles têm sido capazes de usar essas informações para fazer melhorias contínuas no processo.

Uma das razões pelas quais Mia está entusiasmada com os programas piloto é que eles não só a estão ajudando a testar e melhorar esse novo processo, como também estão acumulando provas de que ele funciona. Essa evidência de efetividade é particularmente importante em sua empresa, uma vez que é uma organização de cientistas (e naturalmente céticos) de alta formação. Conduzir experimentos para validar o processo é culturalmente importante em The Behavioural Insights Team. É o que fazem para os clientes.

Os programas piloto podem ser extremamente valiosos quando bem executados. A extensão e o escopo do piloto podem variar de acordo com o que você está testando. Em geral, os grupos pilotos devem ser suficientemente amplos e diversificados para obter uma boa amostragem de como o processo irá funcionar em alguns contextos diversos. E devem durar o bastante para permitir que o processo tenha algum efeito, normalmente pelo menos três meses. Se tiver mais do que uma abordagem que a sua força-tarefa pense poder valer a pena testar, pode ser realmente poderoso executar dois pilotos separados simultaneamente com grupos diferentes dentro da empresa. Então, você pode deixar os resultados dos pilotos determinarem qual é o certo.

Um ponto-chave para um piloto bem-sucedido é a medição. Antes de lançar o piloto, documente claramente como você planeja medir o sucesso e como ele se apresenta. O feedback coletado do piloto pode ajudá-lo a resolver e corrigir quaisquer problemas com o processo antes de implementá-lo amplamente. E, mesmo que a sua organização não esteja cheia de cientistas, ter provas dentro da empresa de que o processo funciona e os funcionários gostam é muito valioso quando se trata de implementá-lo para todos.

Uma vez que precisamos criar um sistema que construa um relacionamento com os funcionários, é fundamental solicitar feedback deles e dos gerentes sobre o processo. Isso pode ser feito por meio de pesquisas, conforme ilustrado no estudo, por meio de grupos focais, ou mesmo em conversas individuais. Ao solicitar feedback sobre o piloto, é fundamental não só fazer perguntas sobre o que eles gostaram ou não gostaram, mas também entender como a experiência foi sentida. Eles se sentiram valorizados, concentrados, confusos etc.? Isso é importante ao avaliar os resultados do piloto no contexto da experiência do empregado que você está tentando criar.

No final de qualquer piloto, é importante realizar um relatório estruturado para registrar e documentar o que foi aprendido. Nesse caso, quando validar um processo ou grupo de processos, você vai querer prestar atenção no que será necessário para implementar o sistema para todos.

Questões a considerar no seu relatório sobre o programa piloto:

- O que funcionou como esperado?
- Do que as pessoas gostaram?
- O que não funcionou como esperado?
- Onde houve falta de adoção ou uso de um processo ou prática?
- Onde houve confusão sobre o processo?
- Onde as pessoas tiveram dificuldade com o processo?
- Que informações poderíamos ter fornecido de antemão que teriam tornado a adoção do processo mais fácil e mais rápida?
- Onde descobrimos lacunas de habilidades em que o treinamento pode ser necessário?
- Que mudanças no processo são necessárias antes de se lançar para novos grupos?

À medida que você relata o feedback e os resultados do piloto que coletou, será confrontado com determinações sobre os processos que está avaliando. Validamos que eles estão prontos para o lançamento completo? São necessárias algumas mudanças? Precisamos de mais testes?

Haverá momentos em que você precisará executar um segundo ou terceiro programa piloto para validar a eficácia das mudanças ou repetições que fez no processo inicial. Isso pode levar algum tempo. Mas, quando você considera que há décadas estamos usando processos de desempenho ineficazes e dolorosos, gastar mais três ou seis meses para acertar as coisas parece um pequeno investimento de tempo. Uma vez identificados os processos que irão compor o seu sistema de gestão de desempenho, o último passo antes da implementação é criar um mapa simples do processo do seu novo sistema de gestão de desempenho ao longo de um ciclo de um ano. No lado esquerdo, liste os nomes dos processos que você projetou para planejamento, cultivo e prestação de contas. No topo, liste os meses. Em seguida, mapeie quando cada processo acontecerá ao longo do ano. A Figura

10 é um modelo do mapa. Ela é um exemplo simplificado e reduzido para caber aqui.

**Figura 10** Mapa do sistema de gestão de desempenho — amostra de seis meses

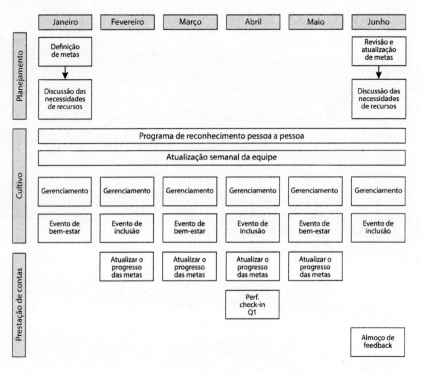

*Os almoços de feedback podem ser programados entre 1º de maio e 30 de junho.

Esse exercício de mapeamento do processo ajuda a garantir que os processos dependentes estejam na ordem certa e que você não tenha sobrecarregado meses específicos com excesso de trabalho de processo para o funcionário ou gerente. Ter um visual do processo também ajuda a criar clareza para gerentes e líderes em termos de suas expectativas e como tudo se encaixa. Além disso, esse mapa será valioso na identificação de ferramentas tecnológicas e no planejamento de suas atividades de gerenciamento de mudanças.

Agora você está pronto para implementar seu novo sistema.

---

### Principais conclusões

- O passo Desenvolver no processo de design é um processo de divergência cujo objetivo é visualizar e considerar muitas soluções possíveis como uma forma de encontrar a solução certa.
- O quarto e último passo no design é Entregar. Divide-se duas partes. Você começa testando as soluções possíveis para identificar aquele que é o conjunto certo de processos para o seu sistema. Uma vez testado e validado, você passa para a implementação completa.
- Os métodos eficazes para testar e receber feedback sobre os processos propostos incluem revisões de grupos focais e programas piloto.
- Uma vez identificados os seus processos de gestão de desempenho, o último passo antes da implementação é criar um mapa simples do seu novo sistema de gestão de desempenho ao longo de um ciclo de um ano.

# 20

# Implementando seu novo sistema de gerenciamento de desempenho

Tendo feito o trabalho árduo de criar o plano para um sistema de gestão de desempenho bem concebido para a sua organização, resta um grande passo: a implementação. Neste ponto, você deve ter um mapa do seu sistema e detalhes de cada um dos processos envolvidos. Agora é hora de considerar a melhor forma de automatizar, dar suporte e implementar esse sistema para acelerar sua adoção e maximizar o impacto. Isso significa desenvolver uma estratégia para a tecnologia, formação e comunicação necessárias para implementar com sucesso o sistema.

## Tecnologia

Quando se trata de gestão e processos de RH, a tecnologia pode amplificar o processo ou tornar-se um obstáculo. Quando eu era um jovem recrutador, ainda me lembro de ter sido forçado a usar o que só posso referir-me vagamente como tecnologia de "recrutamento". Isso foi há tanto tempo que a ferramenta era um simples programa de banco de dados executado em um servidor que alimentava o que costumávamos chamar de terminais de "tela verde" — essencialmente uma tela de monitor preta e verde com um teclado conectado. Lembro-me de ter sido forçado a passar horas usando esse sistema, inserindo o currículo e dados do cliente, para o que parecia ter absolutamente nenhum propósito. Na minha opinião, isso não me ajudou a fazer melhor o meu trabalho e me afastou de onde eu realmente fazia as coisas acontecerem, falando ao telefone. Esse é um exemplo extremo, mas encontrei sistemas de RH corporativos ao longo dos anos que pareciam tornar tudo mais incômodo e complicado.

Por outro lado, nos últimos anos, houve alguns avanços importantes na tecnologia, e eu trabalhei com ferramentas que tornaram os processos de gestão muito mais fáceis. Uma das mais notáveis foi a ferramenta que usei para automatizar reuniões individuais com as pessoas que supervisionei. Eu tinha desenvolvido ao longo dos anos um processo e uma estrutura para estas conversas que achei muito eficazes e que as pessoas tendem a gostar muito. Não precisava de um sistema de tecnologia para ser eficaz. Mas depois encontrei uma ferramenta que me ajudou a tornar o processo melhor, levando a mim e ao funcionário a preparar notas e a partilhá-las para análise e comentário antes da reunião propriamente dita. Isso nos permitiu percorrer um longo caminho antes de nos encontrarmos, o que significava que o nosso tempo juntos podia ser passado discutindo o que fosse mais importante. O processo também registrou uma narrativa das nossas conversas individuais ao longo do tempo, incluindo quaisquer notas que acrescentássemos após a reunião para nos lembrar dos compromissos ou decisões que tínhamos tomado. Essa ferramenta tecnológica amplificou o que já era um processo eficaz.

Quando começar a considerar o papel que a tecnologia deve desempenhar no seu novo sistema e como você pode usá-lo de forma mais eficaz, aqui estão algumas coisas para lembrar.

### A tecnologia é uma ferramenta, não uma solução.

A boa tecnologia é uma ferramenta para ajudá-lo a encontrar ou criar valor. Chegamos a um momento em que estamos inundados de opções tecnológicas, particularmente no espaço do que consideramos ser tecnologia de Recursos Humanos. Muitas dessas novas tecnologias estão posicionadas como a cura para tudo o que nos aflige. Mas as ferramentas sozinhas não constroem nem resolvem nada. É como construir uma casa, a menos que tenha uma planta, os materiais de construção certos e construtores qualificados, ter as melhores ferramentas do mundo não será de grande utilidade.

*Selecione a tecnologia que melhor se adapta à sua solução, e não o contrário.*

É por isso que estamos falando de tecnologia no último capítulo do livro. Quando você começa a comprar tecnologia muito cedo, é fácil se distrair com recursos e funcionalidades que parecem impressionantes, mas não se alinham ou suportam seus processos e a experiência que você está criando para seus funcionários. Projete seu processo primeiro, depois encontre a tecnologia que seja adequada e amplifique suas soluções. Ao garantir clareza de intenção sobre a experiência e o sistema que você está criando primeiro, e depois projetar seus processos antes de fazer qualquer compra de tecnologia, você estará muito menos propenso a se distrair com recursos que podem não importar. E, se tiver de modificar seu processo um pouco para caber nas capacidades da tecnologia, você pode tomar essa decisão na intenção de garantir que não está comprometendo o que é mais importante sobre o design do processo.

*A tecnologia deve ser de fácil de uso para seus gerentes e funcionários.*

Os dias dêem que era preciso oferecer aulas de formação para ensinar gestores e empregadores aprenderem a utilizar uma ferramenta tecnológica devem ficar para trás. No mercado de tecnologia de hoje, se você tem que oferecer treinamento aos funcionários sobre como usar a ferramenta, seu projeto é ruim. Conforme você implementa os novos processos de gerenciamento de desempenho, precisará oferecer treinamento em uma variedade de coisas, mas uma delas não deve ser a ferramenta tecnológica. Ao selecionar a ferramenta, peça a alguns funcionários que a acessem e naveguem para ver o que pensam. Se for difícil ou confuso para eles, continue à procura.

### A tecnologia não deve ser o padrão.

Há muitas maneiras de usar a tecnologia para melhorar e ampliar seus processos, mas só porque você pode, não significa que deve. A tecnologia amplifica o impacto do processo ou apenas o faz andar mais rápido? Isso ajuda a construir relacionamento ou possivelmente o prejudica? O exemplo que eu compartilhei anteriormente da ferramenta que usei para reuniões um a um é um exemplo em que a tecnologia realmente amplificou um processo e ajudou a construir um relacionamento. Tive conversas melhores e mais significativas com o meu pessoal como resultado dessa ferramenta. O exemplo oposto é o almoço de feedback da Menlo Innovations, apresentado no Capítulo 11. Para uma empresa de tecnologia, eles usaram uma abordagem decididamente não técnica para o feedback, que é extremamente eficaz para eles.

Quando chegar a hora de procurar tecnologia para automatizar seu sistema, a avaliação das opções deve ser fundamentada em como a tecnologia pode ajudar seu processo a ser mais eficaz e humanamente amigável. A abundância de produtos de tecnologia no mercado hoje significa que, se você olhar com atenção suficiente, é muito provável que encontre uma ferramenta que seja adequada para o seu processo e objetivos.

## Treinamento

Conforme você revisa suas novas atividades e processos de desempenho, é importante considerar as capacidades ou habilidades que os gerentes e funcionários precisarão para utilizar o processo de forma eficaz. Embora a tecnologia deva ser utilizável sem treinamento, as interações humanas envolvidas provavelmente não serão tão fáceis e intuitivas.

Por exemplo, se você se lembrar da história da Vistaprint do capítulo 12, uma parte importante do seu novo sistema de feedback pessoa a pessoa foi o treinamento de funcionários e gerentes sobre feedback. Eles foram treinados tanto em como dar quanto, talvez mais importante, como receber feedback com empatia. Sem capacidades melhoradas em torno do feedback, um bom processo e uma grande tecnologia podem ter pouco impacto.

Se o seu plano incluir o uso de abordagens *feedforward* em vez de feedback tradicional, os seus gestores (e funcionários) provavelmente precisarão de alguma formação e treinamento para fazer essa transição. Se os funcionários devem desempenhar um papel colaborativo no estabelecimento de metas, eles podem precisar de um entendimento básico de metas eficazes e de como defini-las. Se seus gerentes nunca consideraram como articular expectativas comportamentais para uma equipe, eles precisarão de algum apoio.

É vital pensar sobre que tipo de treinamento é necessário. A implementação de um novo processo que os trabalhadores não estão equipados para utilizar corretamente só irá gerar mais frustração e não melhorará o desempenho. Ao pensar sobre onde o treinamento pode ser necessário, considere estas dicas.

### Não presuma a competência do gerente e do líder.

Em qualquer sistema de gestão de desempenho, há uma dependência de gerentes e líderes para desempenhar um papel significativo em uma série de maneiras. Um ponto cego na implementação de novos sistemas de gestão de pessoas de qualquer tipo são os nossos pressupostos sobre a competência dos gestores nos fundamentos da gestão. Lembrando da história que contei sobre o sistema que implementamos no local onde trabalhei, que resultou na minha lista "não presta", a nossa maior falha na implementação desse sistema foi causada por uma suposição. Presumimos que os líderes executivos sabiam como dar feedback de forma construtiva. E presumimos que aqueles que se reportaram aos líderes executivos poderiam receber e processar com sucesso o feedback de uma forma que alimentaria seu desenvolvimento. Estávamos errados.

Há muitos gerentes e líderes que nunca receberam treinamento e desenvolvimento para aprender grandes habilidades de pessoas. E quanto mais tempo tiverem em gestão e quanto mais promoções conseguirem, mais difícil será para eles admitir (ou reconhecer) que não possuem essas habilidades. Não é até que alguma coisa ruim aconteça que essa deficiência de habilidade se torna dolorosamente visível como aconteceu na minha história. A melhor abordagem é não fazer suposições. Comece com os fundamentos e construa a partir daí. Mesmo os melhores atletas profissionais do mundo praticam os fundamentos de seu esporte diariamente como parte de sua preparação. Os gerentes podem sempre se beneficiar ao revisar e trabalhar os fundamentos de treinamento e liderança de pessoas também. Ao começar com os fundamentos, ele permite que até mesmo seus executivos tenham acesso a algum treinamento e desenvolvimento que podem nem ter percebido que precisavam.

No capítulo anterior, exploramos o valor de usar pilotos para testar e validar seus processos. O piloto é também uma rica fonte de informação sobre onde podem existir as maiores lacunas de competências e capacidades relacionadas com as expectativas do novo sistema. Como os grupos pilotos usaram o novo processo, onde eles se esforçaram? Onde houve conflito ou confusão? Investigar essa fricção no processo irá levá-lo a determinar se você tem um problema de design de processo ou uma lacuna de habilidades das pessoas que participam do processo.

Vamos usar o processo de almoço de feedback da Menlo Innovations como um exemplo novamente. Quando você considera a dinâmica desse processo, ele requer muitos participantes individuais. Exige que aqueles que fornecem feedback saibam como identificar e partilhar informações que serão úteis de uma forma construtiva. O receptor precisa ser capaz de ouvir e processar feedback por uma hora sem se tornar defensivo ou distraído. E, para que tudo isso funcione, tem de haver uma base de confiança e respeito entre todos.

Em um piloto de almoços de feedback, muitas coisas podem correr mal. Se não funcionar otimamente nas primeiras vezes (e seria surpreendente se funcionasse), o próximo passo será falar com os participantes do processo para compreender a sua experiência. Se a questão é a confiança, esse é obviamente um desafio cultural maior a ser enfrentado, mas um que você deve abordar para continuar. Também pode ser uma falta de habilidade em identificar como um bom feedback soa e se parece. Ou aprender como receber e processar feedback de uma forma que minimize a resposta emocional. Todas essas descobertas apontam para as intervenções de treinamento necessárias para garantir a implementação e o uso bem-sucedidos de seu novo sistema.

## Crie treinamento para estar disponível just-in-time.

É prática comum, ao implementar qualquer novo programa ou processo, treinar todos imediatamente quando o novo sistema é lançado. Parece ser a coisa certa a fazer. Por que não fornecer todo o know-how que os funcionários e gerentes podem precisar para usar este novo sistema imediatamente?

O problema reside no fato de a utilização de uma nova competência ser importante para a nossa capacidade de aprender e conservar. O "aprender fazendo" tem sido compreendido há muito tempo como uma das formas mais importantes de aprendizagem por adultos (Reese, 2011). Você pode me explicar como fazer alguma coisa. Pode me mostrar como se faz. Mas até que eu mesmo tenha que fazê-lo, o processo de aprendizagem nem sequer começou. Lembro-me de ter aulas de formação de supervisão e ler livros sobre gestão que falavam sobre como enfrentar situações difíceis com os funcionários. Mas ler sobre isso é muito diferente de sentar-se em frente a outro ser humano e realmente ter a conversa. Até que você tenha passado pela experiência algumas vezes, não pode realmente internalizar e começar a dominar as habilidades que precisa para fazê-las bem.

O desafio de projetar recursos de treinamento para um novo sistema de gerenciamento de desempenho é que as interações ou processos onde o treinamento é mais necessário acontecem durante todo o ano e, em alguns casos, são imprevisíveis em termos de quando serão necessários. Faz sentido treinar os gerentes desde o início sobre como estabelecer metas e conduzir reuniões individuais. Eles devem ter a oportunidade de praticar essas habilidades imediatamente. Mas, para habilidades como fornecer feedback crítico ou enfrentar problemas de desempenho, eles podem não ter a oportunidade de praticar essa habilidade durante meses. Nessa altura, é pouco provável que se lembrem muito do treino.

Preferimos o treino *just-in-time*. Só quando somos confrontados com uma necessidade é que nos tornamos mais motivados para aprender. As horas ou dias antes que eu esteja programado para fornecer a um funcionário algum feedback importante são quando eu quero o treinamento sobre como fazê-lo de forma eficaz. Assim, embora não seja necessariamente uma má ideia treinar os gerentes em todas as habilidades que eles precisam para ter sucesso no novo sistema, é importante também criar algum treinamento sob demanda que eles possam acessar para uma atualização quando a necessidade surgir. Criar uma biblioteca on-line de recursos *how to* de leitura rápida é uma forma de ajudar. Também é valioso capturar sessões de treinamento ou instrução em vídeos curtos que são fáceis de encontrar e acessar. O fornecimento desses recursos está alinhado com a forma como aprendemos e resolvemos problemas fora do trabalho. Em caso de dúvida, use o Google. Meu filho de vinte anos e seu amigo substituíram recentemente o tubo de distribuição em sua caminhonete a diesel (nem são mecânicos) usando vídeos gratuitos postados por mecânicos no YouTube. Torne mais fácil para os gestores (e funcionários) encontrar alguma ajuda e formação quando precisarem.

## Comunicação e *roll-out*.

Agora você está pronto para compartilhar esses novos processos com sua organização. Você investiu muito tempo e energia criando processos que funcionarão melhor e serão mais bem sentidos, tanto para os funcionários quanto para os gerentes. Garanta que seus esforços tenham o maior impacto possível, elaborando um plano de comunicação sólido.

Independentemente do quanto seu processo antigo não era apreciado, seu novo processo representa uma mudança desconhecida para funcionários e gerentes. Um esforço de comunicação bem planejado e robusto pode ajudar a diminuir a resistência que você encontrará durante a implantação.

Aqui estão algumas dicas para ajudar a orientar seus esforços de planejamento de comunicação.

*Venda, não diga.* Conforme você se comunica, destaque como e por que este novo processo é melhor do que o que você fez no passado. Mesmo que suas abordagens tradicionais de gerenciamento de desempenho pareçam ser universalmente odiadas, não assuma que isso significa que as pessoas aceitarão instantaneamente a nova abordagem. Pode ser útil pensar em como você se comunicaria sobre esses novos processos se fosse opcional para os funcionários e gerentes usá-los. Como você poderia convencê-los de que isso os ajudará a ter uma experiência melhor e a encontrar mais sucesso? Venda os benefícios do novo processo, não diga apenas o que está acontecendo.

*Partilhe o porquê.* Certifique-se de que seus funcionários entendam por que o novo processo foi criado. Se você fez o trabalho de definir e articular a experiência do funcionário em cuja criação sua organização está investindo, este é o momento de compartilhá-la. Aproveite essa oportunidade para reforçar o seu compromisso com os colaboradores. Conforme você se comunica sobre o novo sistema, seja transparente sobre o processo que foi usado para incluir feedback de funcionários e gerentes. Deixe claro que esse novo sistema foi criado pela empresa como uma forma de reforçar a experiência do colaborador. Compartilhe com eles o processo inclusivo que foi utilizado. Isso ajudará a criar a adesão e a adoção mais rapidamente.

*Segmente a sua comunicação.* Uma abordagem única não serve para tudo quando se trata de comunicação. Considere os diferentes tipos de funcionários em toda a sua organização (por hora, salário, não gerente, gerente, etc.) e pergunte "como isso me afeta?". Certifique-se de que o seu plano de comunicação esteja segmentado para responder a essa pergunta em detalhes para cada grupo distinto de funcionários. Ao considerar esses grupos, pense também sobre a melhor maneira de se comunicar com cada um. É importante que eles ouçam e compreendam o que está acontecendo. Em alguns casos, você pode estar mudando drasticamente a experiência deles. Imagine trabalhar por uma década sem ter muita comunicação com seu gerente e, de repente, ter *check-ins* semanais. Enviar um e-mail não vai fazer isso. Reuniões, vídeos, pôsteres, correspondências e e-mails devem ser considerados. E é melhor comunicar a mensagem usando vários métodos para levar em conta as preferências individuais também.

*Exagere.* Isso vale para o excesso de comunicação sobre a mudança. A "regra dos 7" do marketing sugere que precisamos ouvir uma mensagem sete vezes antes de realmente absorvê-la (Onibalusi, 2015). Os anunciantes entendem essa regra bem. É por isso que vemos o mesmo anúncio, slogan ou comercial de televisão vezes sem conta. Quanto mais vemos uma mensagem, mais provável é que a retenhamos. O objetivo é garantir que todos saibam o que está vindo (e por que) no momento em que chegar. Não sei se alguma vez vi uma organização exagerar na comunicação. O nosso instinto de comunicação interna é parar muito antes disso. Quando você acha que já comunicou o suficiente, é bem provável que nem sequer tenha feito metade da comunicação que deveria. Continue.

Tenha tempo para criar um plano de comunicação robusto para apoiar a implementação e adoção do seu novo sistema. Então trabalhe o seu plano, mesmo quando se fartar da mensagem. É preciso muito tempo, recursos e esforços para chegar a este ponto. Não deixe que uma falha na comunicação diminua o impacto de todo esse investimento.

## Acompanhe e celebre o progresso

Ao encerrar este último capítulo, dou um último conselho. Uma vez que seu novo processo esteja implementado e em uso, certifique-se de que você tenha um processo em andamento para rastrear e destacar o impacto do seu novo sistema. Esse deve ser um esforço contínuo, pois não só ajuda a reforçar a eficácia do programa, mas também fornece um alerta precoce de quando as coisas não estão funcionando de forma ideal.

Há uma variedade de maneiras de acompanhar o progresso do seu novo sistema de gerenciamento de desempenho. As medidas que você usa devem se conectar com as intenções e aspirações que articulou no processo de design. Quão bem você está entregando a experiência do funcionário que articulou?

As pessoas estão usando o sistema? Como as medidas organizacionais de desempenho foram modificadas?

Um sistema bem concebido e bem gerido deverá mostrar alguns resultados positivos significativos muito rapidamente. No mínimo, os gerentes e funcionários deveriam estar mais felizes pelo fato dos processos antigos e dolorosos do passado terem desaparecido.

Identificar e partilhar histórias de sucesso é a forma mais poderosa de reforçar e apoiar o novo sistema — especialmente em uma fase inicial. Haverá histórias, como a do Capítulo 8 da Baystate Health, sobre o primeiro reconhecimento on-line compartilhado por uma médica e um jardineiro. Anos de apreciação nunca expressos até que um novo sistema o tornasse possível. Ao contarr essas histórias, você pode não apenas reforçar o propósito do sistema, mas também proporcionar inspiração para que outros participem.

## Principais conclusões

- A implementação bem-sucedida de seu novo sistema de gerenciamento de desempenho requer o desenvolvimento de uma estratégia para tecnologia, treinamento e comunicação.
- A avaliação das ferramentas de tecnologia deve ser fundamentada em como elas podem ajudar o seu processo a ser mais eficaz e humanamente amigável. Lembre-se, só porque pode, não quer dizer que deva. É preciso ter propósito e agregar valor.
- Conforme você revisa seu novo sistema, incluindo as atividades e processos envolvidos, é importante considerar as capacidades ou habilidades que os gerentes e funcionários precisarão para utilizar o processo de forma eficaz. Ao considerar qual treinamento é necessário, não presuma competência, use a experiência piloto para identificar lacunas e desenvolva recursos de treinamento *just-in-time*.
- A comunicação é fundamental para uma implementação bem-sucedida. É necessário muito tempo, recursos e esforço para desenvolver um novo sistema, não deixe que uma falha na comunicação diminua o impacto de todo esse investimento.
- Certifique-se de medir e compartilhar histórias sobre o impacto dos novos processos. Isso reforçará a sua finalidade e incentivará a sua utilização.

## Referências

Onibalusi, B. The rule of 7: skyrocket your business growth with this marketing principle, *Effective Business Ideas*, 2015. Disponível em: https://www.effectivebusinessideas.com/the-rule-of-7/. Acesso em: 8 maio 2018.

Reese, H. The learning-by-doing principle, *Behavioral Health Bulletin*, 2011. Disponível em: http://psycnet.apa.org/fulltext/2014-55719-001.pdf. Acesso em: 8 maio 2018.